心 育 研 究 书 系

Research on Mental Health Education in
Colleges and Universities

高等学校心理健康教育研究

俞国良◎著

北京师范大学出版集团
BEIJING NORMAL UNIVERSITY PUBLISHING GROUP
北京师范大学出版社

序

——

　　书桌上放着"老学生"俞国良教授近几年撰著的几部"新书稿"，我感慨良多。

　　一是感慨时间过得真快，弹指一挥间，已有 26 年师生情缘，可是往事历历在目。现在，50 多岁的老学生叩请即将奔"八"的老导师命序，时不我待，于是欣然命序。应该说，俞国良教授是中国心理学界一位有学术造诣、社会影响、责任担当的心理学家。然而，为什么国良能成为这样一位颇有建树的学者呢？我想有三个原因。第一，他曾长期接受心理学的正规教育。他是原杭州大学(现浙江大学)心理系的本科生和研究生，是北京师范大学发展心理研究所的博士研究生。这充分表明正规专业教育对国良的发展，尤其是对他的创新精神起到了一个奠基作用。第二，他善于纳新。国良于 1993 年 9 月成为我的博士生，因成绩优异而提前答辩。1995 年12 月，北京师范大学授予他博士学位。其中有一年我将他送到美国佐治亚大学进行联合培养。在这一年中，他为博士论文的创新吸收了国外大量新材料、新文献、新研究，他把这个特点一直贯彻到了现在的研究和对博士研究生的培养上。第三，他勤奋刻苦。国良是一个在农村长大的孩子，20 多年风风雨雨的求学生涯铸就了他勤奋刻苦的秉性。我清楚记得，他在 1990 年的第一部 31 万字的专著《校园文化导论》的后记中，反复强调自己是一位农民的儿子；在 2000 年 7 月 18 日中央电视台《东方之子》的专访中，他多次向主持人白岩松阐述勤奋对于成长、成才的重要性。国良就是凭着这种吃苦耐劳的"拼命三郎"精神，严于自律和勤能补拙的正确心态，为日后发展打下了良好基础。

　　二是感慨无论做人、做事，还是做研究、做学问，"没有调查就没有发言权"，实乃至理名言。现在摆在我案头的几部新书稿，即"心育研究"系列，是国良在多年调查研究基础上形成的心理健康教育报告，其最大的亮点在于一切从调研中来，一切从实践中来；其最大的创新在于理论探索和政策研究相统一，调查研究与实验研究相结合。因而，国良在心理健康教育领域是拥有"发言权"的。与此同时，他是教育部高等学校心理健康教育专家指导委员会委员、教育部中小学心理健康教育专家指导委员会秘书长，以及国家卫生健康委员会精神卫生和心理健康专家委员会委员。可以说，他不只是拥有"发言权"，他的"发言"还是十分重要的！几部新书稿虽然内容不同，各有侧重，但互相之间交叉渗透，统一于理论与实践的相互促进之中，统一于"立德树人"的教育根本任务之中，统一于社会心理服务体系的建设之中，统一于回应新时代对心理健康教育的期待之中。据我所知，这可能是他就心理健康教育问题的一次集中"发言"。

在研究问题上，他强调学术研究与实践应用相结合。选题是开展研究的前提与基础，心理健康教育研究中既存在着学术问题，也存在着实践问题。一方面，我们需要了解心理健康的前因与后果，把握学生心理健康状况发展的一般规律，这属于心理健康教育研究中的学术问题；另一方面，我们需要在实践中预防学生心理行为问题的发生，促进学生心理素质的提高，这属于心理健康教育研究中的实践问题。国良开展的系列研究，既对心理健康教育的学科地位、理论思想、研究趋势、发展路径等一系列问题从学术上予以了回答，也对心理健康教育实践中存在的问题进行了归纳，并提出了能够指导实践的具体对策。按照他的观点，心理健康教育领域的研究是"跨学科的交叉融合式的应用基础研究"，这一属性决定了心理健康教育研究应兼具理论意义与实践关怀。

在研究视角上，他重视宏观视角与微观视角相结合。从我国心理健康教育发展的历史来看，其进步发展依靠的是自上而下的顶层设计和自下而上的实践探索之间的相互作用。国良作为教育部多个心理健康教育政策文件的起草人，能够从宏观的视角把握心理健康教育全局，从政策制定的角度探讨心理健康教育的发展。他的系列研究并不是将心理健康教育作为一个孤立的研究领域，而是在社会心理服务和思想政治教育的框架下，在"立德树人"根本任务和"幸福中国"的目标下对心理健康教育进行探讨，这种高站位让我们可以"鸟瞰"心理健康教育。另外，他的系列研究处处体现着自下而上的微观视角，反映着教育一线的实践探索。众所周知，当前国内高校都十分重视的"5·25"大学生心理健康节，最初就是由北京师范大学率先发起的，后来这一先进经验扩展到了全国。

在研究方法上，他追求理论研究与实证研究相结合。心理健康教育处于教育科学与心理科学的交叉点上，在研究方法上应注重理论研究与实证研究相结合。一方面，心理健康教育的研究应充分吸收心理学、教育学等相关学科的重要理论成果，在对学科发展历史进行回顾的基础上，在与国际心理健康教育发展态势的比较中，厘清心理健康教育与其他学科的关系，探讨心理健康教育的教育理念、发展路径与具体要求；另一方面，心理健康教育研究应综合运用访谈法、测量法、实验法等实证研究技术，收集心理健康教育的一手资料，突出心理健康教育研究的科学性与客观性。国良特别重视实证研究的价值，在全国范围内对学校心理健康教育现状进行了广泛而深入的调研，将大中小学校"一网打尽"，为今后的研究提供了重要参考。

在研究结论上，他探索普遍规律与特殊规律相结合。个体心理发展是连续性与阶段性的统一，这决定了在对学生进行心理健康教育的过程中，既要重视普遍规律，也要重视特殊规律。毫无疑问，心理健康教育过程中存在着普遍的教育规律，这些规律适用于所有群体。但需要注意的是，对于不同的群体来说，心理健康教育规律会有所区别、有所侧重。例如，他提出要以人为基本研究对象，以人的发展为研究核心，以现实教育问题为导向，运用心理学的研究方法，坚定地站在教育学的立场上，不断强化心理学与教育学研究范式的有机结合，建立跨学科的交叉融合式研究的新范式；在对学生心理健康的操作性定义进行界定时，他认为，学习、自我、人际、情绪是不同年龄阶段学生心理健康的共同维度，这是心理健康教育需要重视的普遍规律。但对中学生来说，社会适应已成为心理健康的重要内容；相比于初中生，高中生的心理健康教育还包含着生涯规划，这些都是心理健康教育需要强调的特殊规律。

我衷心希望，上述研究成果是该研究领域的一个重要标志，更是能够提供一级可供攀爬的登山梯。

现在社会上有一句老人不爱听的话，叫作"长江后浪推前浪，前浪死在沙滩上"。作为一个老学者，我却持有迥然不同的理念。我的教育理念是，培养出超越自己、值得自己崇拜的学生！我希望我的学生"打倒"导师、超越导师；我也希望我学生的学生"打倒"我的学生、超越我的学生，形成"长江后浪推前浪，一浪更比一浪高"的局面。这样，我们国家的兴旺发达、中华民族的繁荣富强才有希望！否则，必然落得"黄鼠狼下崽，一代不如一代"的结局。因此，国良的研究成果足以说明，我相当一批弟子已经远远地超过了我。我十分欣赏这样的一句口头禅——"长江后浪推前浪，东流前浪捧腹笑"，愿与知我者共勉。同时，这也是一个老学者治学心路的真实写照！

是为序。

林崇德

于北京师范大学

2019 年 9 月

自 序

————

这是"心育研究"书系之《高等学校心理健康教育研究》。

从历史上看，无论任何时候，高等学校都与时代同呼吸共命运。可以说，高等学校既是社会发展的"上风口"，也是社会现实的"风向标"，更是时代精神气质概貌的"浏览器"。

当代高等学校学生正处于社会转型的特殊历史发展时期。改革开放以来，我国由传统型社会向现代型社会快速转型，出现了包括经济、文化、心理等诸多领域密集的、普遍的、根本性的社会结构性变革。这一转型不仅带来了社会结构的深刻变化，也给人们的思想观念和心理状态带来了巨大冲击。大学生是国家未来的栋梁，大学阶段正是大学生"三观"（世界观、人生观、价值观）形成的重要时期，高等学校能否做好社会转型期大学生心理健康教育工作，将决定着这一特殊历史时期3700万在校大学生心理健康的整体水平高低和能否"可持续发展"。

以2017年大学生毕业季为例，南开大学某寝室6名乐观、自信的女生全部被保送研究生，而陕西某高校1名学生因自卑和抑郁在宿舍上吊身亡。安徽某高校的1对大四情侣正在忙着拍毕业照，与他们一同出镜的是他们4年来通过共同努力所取得的137张荣誉证书；而辽宁某高校1名男生因感情纠纷在刺死同校女友后自杀，两条鲜活的生命溘然逝去。

面对截然相反的事件时，我们不禁要问，为什么同样时代背景下的"天之骄子"却有着迥然不同的选择？实际上，这反映了大学生在心理素质、心理健康水平上的差异。秉承"学术研究服务社会"的宗旨，我和课题组就近几年"高等学校大学生心理健康教育研究"的成果，从高职院校调研报告、普通高校调研与比较报告、实证研究报告等部分进行了梳理，冀望这些研究成果对进一步加强和深化高等学校思想政治教育工作，特别是加强心理健康教育工作的主动性、针对性和实效性，具有一定参考价值。

为了了解在社会转型特殊历史时期，我国高等学校大学生心理健康教育工作的现状、特点与发展趋势，2016 年 10 月，受教育部思想政治工作司和高等学校大学生心理健康教育专家指导委员会委托，我主持完成了《高等学校学生心理健康教育指导纲要》编制研究。我们对清华大学、河南大学、陕西省咸阳职业技术学院等全国 15 所高校进行了焦点访谈和问卷调查，试图全景式地系统梳理我国高等学校大学生心理健康教育工作的现状、特点和存在的问题。结果表明，普及、推进和深化新时期大学生心理健康教育工作，树立正确的心理健康教育观念至关重要。在宏观层面上，应坚持正确的心理健康教育方向，树立牢固的心理健康教育意识，由问题导向向积极心理品质培育转轨。在微观层面上，应努力实现由心理健康教育向心理健康服务转型，夯实大中小学心理健康教育的衔接，实施"分类指导、均衡发展"战略，以及大胆探索网络心理健康教育的新路径。

2016 年初至 2017 年 6 月，为了把握高职院校心理健康教育的现状和特点，我受中国职业技术教育学会德育工作委员会委托，主持完成了"高职院校心理健康教育工作和学生心理健康状况调查"课题。我们采用自编问卷，对高职院校的 14912 名学生、468 名专兼职教师和 326 名教育管理者对心理健康教育的认知与评价，进行了大规模的网络调查和纸质调查。结果表明，高职学生对心理咨询与心理健康课程、心理健康教育形式的多样性及全员参与程度、获取心理健康服务的自主性等方面的满意度较低。进一步研究发现一部分高职生存在自卑心理，自卑人数随着年级升高呈逐渐增加的趋势，专兼职教师对心理健康教育职教特色的评价较高，与学生的较低评价存在着较大反差；同时，高职院校心理健康教育制度还不够完善，课程设置未达到相关标准，师资队伍的专业化水平较低，但高职院校教育管理者对当前心理健康教育工作比较满意。在上述调查研究基础上，我们对当前高职院校大学生心理健康现状与存在的问题进行了分析，并从正确认识高职教育地位、加强心理辅导制度建设、建设具有高职特色的心理健康教育体系、丰富心理健康教育形式、加强教师队伍建设、努力实现由心理健康教育向心理健康服务转型等方面提出了具体建议。

　　为了了解目前普通高校学生、专兼职教师和教育管理者对心理健康教育的认知与评价，我们对全国7个省市（北京、河南、陕西、湖北、浙江、贵州、广东）的11所普通高校进行了大样本纸质问卷调查。对全国10405名大学生的调查结果表明，大学生对心理健康教育内容有多样化的需求，但满意度较低；大学生对心理健康教师和心理咨询师专业性认可度较低，对网络心理健康教育的体验较差，对大中小学心理健康教育衔接情况满意度较低。针对491名专兼职教师的调查结果表明，普通高校对心理健康教育的重视程度较高，但制度保障仍然不足；普通高校已普遍开设心理健康教育课程，但课程质量仍需提高；普通高校心理咨询中心运转状态良好，但应进一步扩大职责范围；普通高校心理健康教育专兼职教师的专业化水平还较低，应注重培训与科研的作用；网络心理健康教育已经起步，但利用程度仍然较低。对253名教育管理者的调查结果表明，普通高校教育管理者应提高对心理健康教育的要求，推动心理健康教育工作向纵深发展；进一步推进心理健康教育制度建设，并保证制度的顺利落实；在对心理健康教育兼职教师的要求上，既要注重教师的工作能力，也要注重教师的专业水平；在对心理健康教育专职教师的管理上，既要抓好工作效果，也要抓好队伍建设；教育管理者还应注意保障心理健康教育的特色，重视学生的实际心理需要。

　　同时，我们对不同地区、不同类型高等学校心理健康教育的现状进行了对比研究。结果表明，与东部地区高校相比，中西部地区高校心理健康教育在制度落实、课程设置、心理咨询室建设、师资力量和经费支持等方面均较为薄弱；重点高校心理健康教育的效果最好，普通高校心理健康教育课程的普及度较高，但存在着形式化倾向，高职院校心理健康教育较为落后，且学生对心理健康教育的认识浮于表面。

　　近年来，我们以大学生为对象进行了一系列实证研究。我们把近15年来发表的、把职业决策自我效能感量表作为工具的58篇文献、26501个独立样本作为研究资料，对文献中的性别、年级、生源地等因素的不同水平在职业决策自我效能感上的标准均差，以及与该指标相关的部分社会心理与生涯变量进行了元分析。我们以近5年某省市高校大学生自杀数据为例，描述了大学生自杀的现状，探索了大学生自杀的原因及风险因素。我们采用整群取样方法对北京市两所高校的673名大学生进行了问卷调查，考察了学业求助行为与成就目标在无聊状态与学业拖延行为关系中的作用。我们又针对 409 名大学生被试，采用问卷法考察无聊倾向对总体主观幸福感的影响，以及情绪调节效能感的中介作用。我们特别对大学生创造力和心理健康的关系做了研究，结果发现：艺术类大学生的创造力较为突出，社科类大学生的创造力较差；创造性思维的年级差异明显，二年级和三年级大学生优于一年级大学生；大学生心理健康水平不容乐观，主要表现是对人际敏感、有强迫症状和偏执，同时，焦虑和抑郁也显著高于全国常模；不同专业的大学生在心理健康水平上有显著差异，理工类、管理类大学生的心理健康水平较高，艺术类、经济类大学生居中，社科类大学生的心理健康水平较低。我们又将创造力作为内源潜变量，心理健康和创造性人格作为外源潜变量，三者构成的结构模型表明，大学生的创造力受其创造性个性和心理健康的积极影响，富有创造性人格的个体心理更健康。这说明心理健康或心理正常是个体创造力的基础，也是大学生创造力发展、发挥的必要条件。诸如此类的实证研究，为高等学校开展心理健康教育工作提供了科学依据和数据支撑。

最后，有两点需要特别说明：一是本书虽由我独立署名，实际上却是领导课题组成员集体劳动的"果实"。衷心感谢教育部思想政治工作司俞亚东副司长和吕治国处长、职业教育与成人教育司王杨南副司长和邬跃处长、任占营处长具体指导，教育部高等学校大学生心理健康教育专家指导委员会主任林崇德教授亲自指点，北京大学苏彦捷教授、清华大学李焰教授、中国人民大学雷雳教授、北京师范大学罗晓路教授等 49 所高等学校的专家参与了调研工作的准备与讨论。特别是我的博士生王浩、赵凤青、王勍、王琦、李森等，在访谈、问卷数据资料的收集整理与调研报告初稿撰写中做了大量工作。一句话，上述所有参与者功不可没！二是此书虽为"智库"类著作，却不是以单位或项目课题组名义发表的，旨在奉行"文责自负"的原则，书中缺点、不足应由我负责检讨。同时，本书也意在抛砖引玉，"醉翁之意不在酒"。恳切希望同行和各单位的相关"智库"，能关注和重视高等学校心理健康教育工作和大学生心理健康问题，为他们的健康与幸福固本强基。

俞国良

于北京西海探微斋

2019 年 6 月 6 日

目 录 | CONTENT

第四篇 实证研究报告

第五篇 结 语

第一篇

总论

为了了解在社会转型特殊历史时期，我国高等学校大学生心理健康教育工作的现状、特点与发展趋势，我们对清华大学、河南大学、陕西省咸阳职业技术学院等全国 15 所高等学校进行了焦点访谈与调查研究。结果表明，普及、深化和全面推进新时期大学生心理健康教育工作，树立正确的心理健康教育观念至关重要。在宏观层面上，应坚持正确的心理健康教育方向，树立牢固的心理健康教育意识，由问题导向向积极心理品质培育转轨；在微观层面上，应努力实现由心理健康教育向心理健康服务转型，夯实大中小学心理健康教育的衔接，实施"分类指导、均衡发展"战略，并大胆探索网络心理健康教育的新路径。在上述理论思路观照下，我们全景式地系统梳理了我国高等学校大学生心理健康教育工作的现状、特点和存在的问题，并根据我国国情，有的放矢地提出了提高新时期大学生心理健康教育工作绩效的对策和建议。

第一章

————

大学生心理健康教育观念的宏观思考：访谈证据

改革开放以来，中国由传统型社会向现代型社会快速转型。这一转型不仅带来了社会结构的深刻变化，也给人们的思想观念和心理状态带来了巨大冲击。研究者认为，社会转型所引发的信仰缺失、功利化倾向等都会对个体的心理健康产生负面影响。[1][2] 然而，辛自强等人对大学生心理健康变迁进行的横断历史研究却发现，从1986年至2010年，我国大学生的心理健康整体水平呈逐步提高的趋势。这是因为学校这一微社会系统对大学生的心理健康起到了保护作用，大学生心理健康教育工作者的努力功不可没。[3] 据此，我们可以认为，高等学校能否做好心理健康教育工作，决定着社会转型期大学生心理健康的整体水平高低。

为了了解在社会转型特殊历史时期，我国高等学校大学生心理健康教育的现状、特点与发展趋势，并为今后的工作提供指导，教育部《高等学校学生心理健康教育指导纲要》编制研究课题组对清华大学、河南大学、陕西省咸阳职业技术学院等全国15所高等学校进行了焦点访谈与调查研究。这15所高等学校分布全国各地（包括少数民族地区），既有"985""211"等重点高校，又有一般普通高校，也有高职院校和民办高校。在访谈与调研中，各高等学校心理健康教育专兼职教师、学生工作管理者、辅导员、学生代表等，就心理健康教育存在的问题与对策各抒己见。通过调研，我们发现，各高等学校对心理健康教育工作

————

[1] 吴晓义、缴润凯：《转型时期的信仰缺失及其对个体心理健康的影响》，载《东北师大学报（哲学社会科学版）》，2006(1)。
[2] 陈光辉、刘世华：《社会转型期大学生功利化倾向及教育防范》，载《思想教育研究》，2016(4)。
[3] 辛自强、张梅、何琳：《大学生心理健康变迁的横断历史研究》，载《心理学报》，2012，44(5)。

的重视程度不断增强，各方面工作较前几年有了很大起色。例如，许多高等学校落实了生均10元的经费标准，努力扩大了心理健康教育课程的覆盖面，配置了专职心理健康教育教师等。与此同时，他们在心理健康教育工作中也遇到了一些问题。例如，师资配备薄弱、转介机制运转不良、专职教师个人发展空间不足等。特别是在心理健康教育观念上，他们对心理健康教育的认识仍存在偏差，对于心理健康教育的目标、任务、内容和途径等存在模糊认识。这影响了心理健康教育的实际效果。为了全面推进和深化高等学校大学生心理健康教育工作，我们认为，有必要对心理健康教育观念上存在的几个问题进行澄清。

一、坚持正确的心理健康教育方向

在访谈调研中我们发现，一些高等学校的心理健康教育工作和思想政治教育工作缺乏整合，即心理健康教育仅被看成心理健康教育或心理咨询中心的工作，而与思想政治教育工作关系不大。究其原因，一方面，思政工作者对学生心理行为问题的认识程度不够，简单地将其等同于道德问题、思想问题；另一方面，心理健康教育工作者过分强调其专业性，抵触思政工作者介入自己的工作。实际上，这两种观点都是片面的、偏激的。我们认为，尽管心理健康教育和思想政治教育在附庸对象、内容和任务以及工作原则上存在差异，但两者的终极目标具有一致性、所遵循的教育规律具有一致性、服务主体具有一致性。[①]特别是在社会转型时期，一个人的心理行为问题和思想观念问题并不能截然分开。例如，当今社会中存在着一种信仰缺失的倾向，这会导致大学生缺乏理想信念的支撑，在平时的学习、生活中表现为感觉空虚、生活没有目标；在遇到困难时表现为畏缩不前；在遭遇挫折时容易被现实击倒，出现所谓"空心病"现象。参与访谈的河南某高校心理健康教育中心的教师根据日常观察发现，具有利他奉献精神的大学生有着更高的心理健康水平，而自我中心主义者的心理健康水平往往较低。

---

① 俞国良：《现代心理健康教育》，71~79页，北京，人民教育出版社，2007。

因此，在实际工作中，我们必须坚持在思想政治教育的框架下开展心理健康教育，坚持正确的心理健康教育方向。在 2016 年 12 月召开的全国高校思想政治工作会议上，习近平总书记明确指出："我国高等教育肩负着培养德智体美全面发展的社会主义事业建设者和接班人的重大任务，必须坚持正确政治方向。"心理健康教育是高等教育应有的内涵，也是思想政治教育的重要组成部分，坚持正确的政治方向无疑是首要前提。高校心理健康教育工作要深入贯彻习近平总书记系列重要讲话精神，坚持唯物主义观点，排除唯心主义、封建迷信和伪科学的干扰。例如，课题组在访谈时发现，个别心理健康教育教师为了"增强心理健康教育的活动性"，利用星座、塔罗牌等为学生"查看运势"；甚至还有个别教师在心理健康教育中对学生进行传销式"洗脑"。要杜绝这种伪科学式心理健康教育，就必须把心理健康教育纳入思政工作体系，在学校党委和学生工作部门指导下科学、规范地开展心理健康教育工作，同时有利于增强心理健康教育的针对性、实效性。当前，我国高校心理健康教育专职教师还比较欠缺，尽管参与访谈调研的高校均已配备了专职教师，但相比于庞大的学生群体，仅靠专职教师根本无法满足心理健康教育工作的需要。可喜的是，我国高等教育体系拥有一支人数众多、素质优秀的政工队伍，包括党团工作者、思政工作者、辅导员等。将心理健康教育作为思政工作的重要组成部分，充分调动这支队伍的力量，才能弥补心理健康教育专职教师缺乏的短板。

二、树立牢固的心理健康教育意识

心理健康教育是一项系统工程，做好大学生心理健康教育工作需要政府、社会、学校、家庭和学生自身通力合作。高等学校是大学生心理健康教育工作的主要阵地，但并不意味着承担大学生心理健康的全部责任。我们在访谈调研中发现，高校心理健康教育中存在的一个普遍困惑是，当大学生出现精神疾病时，学校应该怎么办？其原因就是对于心理健康教育工作的任务不甚明确。实际上，高等学校心理健康教育的根本任务是提高全体师生的心理健康意识。学校从来就没有治疗精神疾病的责任，当遇到这种情况时，学校要做的工作就是将大学生送往专业医院就诊。

(一) 提高大学生的心理健康意识，形成去污名化的校园氛围

高等学校心理健康教育的重要任务是要使大学生了解什么是心理健康，以及知道出现心理行为问题后应该怎么办。当前，社会对于心理行为问题的接受程度仍然处于较低水平，使学生出现心理行为问题后不敢暴露，将心理冲突压抑在内心中，进而加重了心理行为问题的严重程度，并可能导致恶性事件的发生。国外研究表明，对大学生来说，污名是影响其接受心理健康服务的一大障碍。[①] 广东某高校的 1 位学生代表认为，如果大学生有心理行为问题，则会"失去很多伙伴"，处于被排斥的位置。因此，高校心理健康教育的当务之急是使大学生认识到出现心理行为问题是一件正常的事情，每个人都有可能出于某些原因而产生心理上的困扰与不适，从而形成一种去污名化的校园氛围。这种校园氛围的形成，有利于大学生敢于暴露心理冲突，缓解内心的紧张、痛苦，也有利于学校对大学生心理行为问题的觉察与监管。

(二) 提高教师的心理健康意识，形成全员教育的强大合力

开展高等学校心理健康教育工作，不能仅仅依靠心理专职教师，思政工作者、专业教师都应承担对学生进行心理健康教育的责任。陕西省 1 位高校教师反映，心理健康教育中心的教师与学生之间并没有太多深入接触，能主动到心理健康教育中心求助的学生往往并没有太严重的心理问题。因此，对学生心理行为问题的觉察主要依靠辅导员和专业任课教师。在广东调研时，1 位辅导员告诉我们，其所在高校有名学生坚决不写毕业论文，但论文的指导教师并没有

---

① Marsh，C. N. & Wilcoxon，S. A.，"Underutilization of mental health services among college students：An examination of system-related barriers，"*Journal of College Student Psychotherapy*，2015，29(3)，pp. 227-243.

意识到这是学生出现心理行为问题的征兆，当辅导员发现问题时，离该学生的自杀倒计时只剩 3 天。如果每一位教师都能树立心理健康意识，就能及时发现学生可能存在的心理行为问题，极大地促进心理健康教育工作的开展。然而，有些教师对没有心理学专业背景的教师参与心理健康教育表示担忧。例如，北京某高校的 1 位辅导员表示，在对学生进行心理健康教育时，特别担心自己说错话而对学生造成负面影响。我们认为，对辅导员、思政工作者和专业任课教师进行心理健康教育的培训是非常必要的，但需要明确的是，他们的主要任务并不是治疗学生的心理疾病，而是及时发现学生的心理行为问题，并上报心理健康教育中心处理或转介医疗机构。也就是说，各高校要形成专职教师带动兼职教师，专兼职教师带动全体教师，全员参与、全程参与，共同做好心理健康教育工作的局面。

三、由问题导向向积极心理品质培育转轨

教育部《关于加强普通高等学校大学生心理健康教育工作的意见》明确提出，要"帮助大学生树立心理健康意识，优化心理品质，增强心理调适能力和社会生活的适应能力，预防和缓解心理问题"。可以看出，"预防和缓解心理问题"只是大学生心理健康教育工作的一个部分，各高校在实际工作中，应努力实现心理健康教育由问题导向向积极心理品质培育转轨。这一理念不仅顺应教育政策潮流，也与世界心理健康教育的发展趋势相一致。心理健康双因素模型认为，心理疾病和心理幸福感是两个相互独立的维度，没有心理疾病并不代表心理幸福水平高。[①] 俞国良等在此基础上提出，心理健康教育的目标不仅要关注怎样预防和解决学生的心理行为问题，更要关注怎样培育学生的积极心理品

---

① Suldo, S. M. & Shaffer, E. J., "Looking beyond psychopathology: The dual-factor model of mental health in youth," *School Psychology Review*, 2008, 37(1), pp. 52-68.

质。① 然而，在目前的大学生心理健康教育工作中，问题导向依然占据主导地位。在访谈调研中，有些教师坦言，当前大学生心理健康教育还是更多地关注对有心理行为问题学生的干预，而忽视对学生积极心理品质的培育。因此，促进心理健康教育由问题导向向积极心理品质培育转轨，是各高校面临的一项重要任务。正如浙江某高校 1 位教师指出的，大学生心理健康教育"不仅要使心理不健康的学生变得健康，也要使心理健康的学生变得更为健康"。

广东某高校 1 位领导认为，心理健康教育包括三个方面，即"对全体学生的教育、对部分学生的预防、对个别学生的干预"。在心理健康教育问题导向理念中，对心理疾病的预防与干预是心理健康教育工作的首要任务，而注重积极心理品质的培育，实际是要把对全体学生的教育放在更为重要的位置上。心理健康教育要提高全体学生的积极心理品质和心理健康素质，并使他们掌握心理调适的基本方法，课程无疑是实现这一目标的重要抓手。研究表明，高校开设心理健康教育课程有助于提高大学生的心理健康水平。②③④ 在调研中，我们了解到，中国人民大学开设覆盖全体本科生的心理健康必修课后，本科生中只发生过一起极端恶性事件。这表明，心理健康课程的开设不仅是必要的，而且是有效的。当前，我国各高校都十分重视心理健康课程的开设，但由于各种条件受限，课程效果还有待进一步提高。例如，在访谈中，有高校表示，当前更关心怎样把心理健康教育课上起来、怎样把心理健康教育相关工作开展起来，顾不上关心心理健康教育教师的资质，因此存在着心理健康教育工作者专业化水平不高的现状；有高校表示，由于将心理健康教育课程作为必修课开设，只能以大班形式授课，可能会影响心理健康课的实际效果；还有高校表示，单看心理

---

① 俞国良、李天然：《社会转型中青少年心理健康的结构与特点探索》，载《西南民族大学学报（人文社会科学版）》，2016，37(8)。

② Fernandez, A., Howse, E., Rubio-Valera, M., et al., "Setting-based interventions to promote mental health at the university: A systematic review,"*International Journal of Public Health*, 2016, 61(7), pp. 797-807.

③ Hassed, C., De Lisle, S., Sullivan, G., et al., "Enhancing the health of medical students: Outcomes of an integrated mindfulness and lifestyle program,"*Advances in Health Sciences Education*, 2009, 14(3), pp. 387-398.

④ Shek, D. T., "Development of a positive youth development subject in a university context in Hong Kong,"*International Journal of Disability Human Development*, 2012, 1(3), pp. 173-179.

健康教育课程，似乎开课难度不大，但如果还要开设入学教育、就业指导等课程，就使得教务处在排课上存在很大困难。我们认为，尽管这些困难的存在会影响心理健康课程的实际效果，但只要开课，就会有助于学生心理健康意识的提高。各高等学校应首先开设心理健康课程，在此基础上努力提高课程的实效性。

总之，在社会转型期，随着经济社会的快速发展，人们对心理健康的重视程度越来越高，对心理行为问题有了更为科学的认识。促进大学生心理健康教育工作的健康发展，必须坚持正确的教育方向，树立正确的教育观念，而坚持心理健康教育的正确政治方向是完成立德树人根本任务的首要前提。在此基础上，要明确心理健康教育两个层次的任务。一是提高全体师生的心理健康意识；二是培育学生积极心理品质。前者是当前心理健康教育迫切需要解决的一个问题，也是实现后者的前提条件。对大学生心理健康教育的方向与任务予以明确，能够统一高校心理健康教育工作者的思想认识，从而有助于实际工作的开展和工作绩效的提升。

第二章

———

大学生心理健康教育观念的微观考量：访谈证据

在具体的实现方式层面，心理健康教育工作者应树立怎样的教育观念？教育部《高等学校学生心理健康教育指导纲要》编制研究课题组在对清华大学、河南大学、陕西咸阳职业技术学院等15所高校进行访谈调研的基础上认为，为了保障心理健康教育的正确实现方式与实施策略，心理健康教育工作应由心理健康教育向心理健康服务转型，夯实大中小学心理健康教育的衔接，实施"分类指导、均衡发展"战略，以及大胆探索网络心理健康教育的新路径。

一、由心理健康教育向心理健康服务转型

在访谈调研中，我们发现，尽管各高等学校开设了心理健康教育课程，并积极开展了丰富多彩的心理健康教育活动，但学生参与度并不是很高，有的学校需要强迫学生或学生干部参与这些活动。湖北的1位学生代表指出，学生对于心理健康教育存在一定程度的抵触情绪，认为自己没有心理问题，老师让自己参加活动是在"找麻烦"。一方面，这表明学生并没有树立正确的心理健康意识；另一方面，也表明学校没有提供与学生心理需要相匹配的心理健康教育。这种现象启示我们，高校心理健康教育工作者更多的是在根据自己的设想设计教育内容、设定教育形式，忽视了对学生内心真实需要的觉察。在大学生心理健康教育中，一是要尊重学生的主体地位，增强心理健康教育的自主自助程度；二是要实现从心理健康教育向心理健康服务转型，从学生自身的需要出发，提

供他们真正需要的心理健康服务。[①] 我们要树立心理健康服务的理念，努力了解大学生所想所需，充分把握社会转型背景下大学生心理健康的新特点新诉求，在内容与方法上体现时代特点，尤其要注意在生活与学习中实现对大学生的心理健康教育。

(一) 开展宿舍心理健康教育，增强心理健康教育的生活性

在调研过程中，有教师指出，宿舍是生活矛盾的集散地，与此同时，也可以成为心理健康教育的重要场所。有些学生不愿意到心理咨询室去，在宿舍中，教师更容易实现与学生的接触。例如，宝鸡文理学院新闻传播学院在宿舍楼内开设了"闻传聊吧"，使心理辅导进入宿舍，收到较好效果；北京师范大学珠海分校对学生实行社区式管理，把社区工作站作为心理健康教育的重要工作基地，配备了兼职辅导员负责心理健康教育工作。宿舍心理健康教育的开展，弥补了课堂教育的不足，扩大了心理健康教育覆盖范围，增强了心理健康教育的生活性，有助于学生及时获得心理健康服务。

(二) 开展心理情景剧等活动，增强心理健康教育的活动性、体验性

活动是心理健康教育的重要载体。通过访谈调研，我们发现，学生对心理情景剧的参与热情很高，这一活动形式对他们的心理成长大有助益。陕西省咸阳职业技术学院一位政工教师在座谈会上动情地说，就连自己都被学生表演的心理情景剧触动了。我们认为，心理情景剧是一种非常好的心理健康教育活动形式，有利于学生在自我表演、自我体验中获得心理成长。在积极开展心理健康教育活动的同时，各高校应注意对活动把关并请专家予以指导。有些活动的趣味性很高，但不能使学生从中获得成长；有些活动缺乏专业性，只是为了活动而活动，失去了开展活动的意义。例如，针对跟风开展团体心理辅导的现象，就有教师评论："团辅被玩坏了。"

---

① 俞国良、侯瑞鹤：《论学校心理健康服务及其体系建设》，载《教育研究》，2015，36(8)。

二、夯实大中小学心理健康教育的衔接

许多高校反映，心理行为问题并不是一时导致的。许多学生在大学时期出现心理问题可能是由之前的成长经历所致，而在中小学时期，心理健康教育缺失是一个非常突出的因素。精神病理学的研究表明，大学阶段正是精神分裂症、抑郁症、双向情感障碍等心理疾病的多发期。[①] 也就是说，许多精神疾病不会在中小学阶段发生，但在中小学阶段，心理健康教育缺失可能会导致学生在大学时出现精神或心理疾病。目前，中小学阶段的心理健康教育同样存在着问题解决式的教育倾向，在教育过程中，教师只关心出现心理疾病的学生，而对学生潜在的心理危机不够重视。这就导致大学生心理问题的出现犹如"煮饺子"的过程，即心理问题在中小学阶段没有立即出现，反而在大学阶段爆发出来了。因此，夯实大中小学心理健康教育的衔接，首先要认识到中小学心理健康教育是大学生心理健康教育的基础。

强调大中小学心理健康教育的衔接，实际上是在强调高等学校心理健康教育的可持续发展和创造性发展。从事创造性学习和创造性活动，要以个人的心理正常和健康为基本条件。[②] 学生在不同成长时期面临着不同的发展问题，针对学生不同发展阶段的心理特点开展心理健康教育，才能为学生的可持续发展和创造性发展提供保障。《中小学心理健康教育指导纲要(2012年修订)》指出，中小学心理健康教育的重点内容包括"认识自我、学会学习、人际交往、情绪调适、升学择业以及生活和社会适应等"。而对于大学生而言，心理健康教育的主要内容显然应与中小学阶段有所区别。通过调研，我们发现，大学生更容易在人际交往、恋爱婚姻、就业创业与生涯规划等方面出现心理困惑。因此，夯实大中小学心理健康教育的衔接，要注意对不同年龄阶段心理健康教育的内容进

---

① Kay, J. & Schwartz, V., *Mental health care in the college community*, Chichester, Wiley-Blackwell, 2010, pp. 1-20.

② 俞国良：《我国中小学心理健康教育的现状与发展》，载《教育科学研究》，2001(7)。

行区分，既要体现大中小学心理健康教育在树立心理健康意识、优化心理品质等方面的一致性，又要体现大学阶段和中小学阶段心理健康教育内容的差异性和递进性。

夯实大中小学心理健康教育的衔接，还要注意做好大学入学适应期的心理健康教育工作，切实解决好新生的"高考后遗症"问题。参与调研的高校教师反映，由于大学阶段的学习、生活方式与中小学阶段存在很大区别，许多大学生在刚入学时会表现出明显不适应。有的表现为理想、目标缺失，不知道大学时光应该怎样度过；有的表现为无法从高考失利的阴影中走出来；有的表现为对住校生活不适应，人际关系紧张；有的表现为在逃离高考的重压后一味玩耍，荒废学业。夯实大中小学心理健康教育的衔接，要牢牢把握学生从中学向大学过渡时的心理特点，关注他们可能出现的心理行为问题，帮助他们正确度过入学适应期，为大学时期的顺利发展打下基础。

三、实施"分类指导、均衡发展"战略

在心理健康教育的推进过程中，要注意对不同类型学校的学生、不同学习层次的学生进行区分，针对各自的心理特点进行分类指导。

首先，应注意普通高校与高职院校心理健康教育的区别。在访谈调研中，湖北某高职院校教师认为，高职生由于在初、高中时学习成绩较差，经常被老师忽视，存在着一定程度的受挫心理和自卑心理，情感较为脆弱。陕西一所高职院校教师指出，高职生有着更多的迷茫与焦虑情绪，对自己的人生缺乏规划。针对高职学生的心理特点，高职院校多位教师认为，应促使他们多参与活动、参加技能比赛等，增加他们的成功体验；教师应多和学生谈心，多给予学生鼓励。也有教师认为，高职院校的心理健康教育工作应结合高职生的心理特点因材施教，在课程设置、教材教法上应体现出高职特点。

其次，就普通高校而言，重点本科院校和一般本科院校的学生，理工类和

文史类学生也面临着不同的心理问题。如重点本科院校学生周围都是非常优秀的同学，因而平时会感受到较大的学业压力，而一般本科院校学生在考研和就业时处于较为劣势地位，可能会使他们更为毕业后的择业与出路担忧。

最后，本科生和研究生的心理特点也存在区别。正如北京某高校学工部 1 位领导所言，本科生有心理行为问题的人数多，但程度较轻；研究生有心理行为问题的人数少，但程度较重。中国人民大学参与调研的研究生代表纷纷表示，与本科生不同，研究生除了要面对学业问题外，还要承受更为紧迫的婚恋和经济压力，并且在遇到心理行为问题时主要靠自己调节。尤其是博士生，他们情感宣泄出口较少，往往更容易出现心理行为问题。

另外，在访谈调研过程中，我们发现，不同区域高校的心理健康教育工作之间存在较大差异，相比于经济欠发达地区，经济发达地区心理健康教育工作总体水平更高。这首先反映在心理健康意识层面，经济发达地区的大学生对心理健康知识有更为深入的了解，教师和学生家长能够更为科学、客观地看待心理问题，当学生出现心理问题时，学校与家长能够进行更顺利的沟通。除此之外，经济发达地区的高校在心理健康教育师资配置、经费落实和场地配置上都优于经济欠发达地区的高校。在实际工作中，国家应坚持均衡发展的原则，对各区域大学生心理健康教育状况进行宏观把握，推进区域高校之间心理健康教育均衡、协调发展。在访谈调研中，我们发现，民办高等学校对于均衡发展的呼声更高。例如，湖北一所民办高校教师认为，与公办高校相比，民办高校在资源配置上存在较大差距，由于师资力量欠缺，日常管理工作占据教师的大量时间，因而教师能够开展心理健康教育工作的时间和精力非常有限。均衡发展战略的实施，有助于各高校心理健康教育的协调发展，从心理健康这一层面推动教育公平，保障大学生平等受教育权。

四、大胆探索网络心理健康教育的新路径

当前，我国大学生心理健康教育存在很多不足，对于许多高等学校来说，

人、财、物的配置仍然不能完全满足提供完善的心理健康服务的需要。在这种情形下，为了更好地推进心理健康教育、提高心理健康教育的实效性与吸引力，可以说各高校都在"摸着石头过河"。各高校应在充分论证的基础上，积极探索、创新心理健康教育与服务的新路径。特别是随着科技的快速发展，网络已成为当代大学生生活的必需品，如何利用网络开展大学生心理健康教育，已成为一个新课题。

(一) 利用网络开设心理健康教育课程

鉴于面授课程存在一些困难，高校可以充分利用互联网优势，探索在新媒介上提供心理健康教育课程的方式。国外研究者大量研究发现，网络心理健康教育的成效显著。[1] 我国一些高校也对此进行了实践探索。如北京师范大学珠海分校开设 36 课时的心理健康教育必修课，包括 32 课时的网上教学和 4 课时的线下教学。网上教学节省了大量的师资和教学场地，使 4 课时的线下教学实现了小班教学，提高了教学的针对性。广州大学自编《大学生心理健康教育与拓展训练(微课版)》，这一教材包含 12 节微课，学生通过扫描二维码即可观看学习。

(二) 利用网络进行其他形式的心理健康教育

尽管各高校都设立了心理咨询室，并配置了专职教师负责心理咨询工作，但出于污名化等原因，很多大学生不愿意主动到咨询室寻求帮助。网络心理干预由于具有无地域界限、免费、匿名性强等优势，能够增加大学生接受心理健康服务的可能性。[2] 国外许多高校开展了基于互联网的预防与干预项目，并取

---

[1] Clarke, A. M., Kuosmanen, T. & Barry, M. M., "A systematic review of online youth mental health promotion and prevention interventions," *Journal of Youth and Adolescence*, 2015, 44(1), pp. 90-113.

[2] Kauer, S. D., Mangan, C. & Sanci, L., "Do online mental health services improve help-seeking for young people? —A systematic review," *Journal of Medical Internet Research*, 2014, 16(3), p. 66.

得了良好成效，如日常情绪监控①、提供同伴支持②等。当前，国内高校在提供网络心理预防与干预方面还很欠缺，今后应努力开展此类工作。除此以外，各高校可以通过建立网页、开通微博和微信公众号等方式普及心理健康知识，增强大学生对心理健康和心理行为问题的正确认识。

(三)打造心理健康服务网络平台

湖北1位教师指出，面对当前复杂的网络环境，一方面，大学生心理健康教育要遏制网络对学生心理的负面影响；另一方面，学校要积极创造有利于学生心理健康的网络环境，如搭建心理健康教育网络平台、开展权威的网络心理咨询活动等。也有教师建议，探索网络心理健康教育的新路径，尝试建立心理健康信息化管理系统，有助于对学生心理健康状况进行监管，也有助于心理健康教育工作者之间进行更为及时的沟通。

总之，在心理健康教育具体实施过程中，要努力实现由心理健康教育向心理健康服务转型。无论是夯实大中小学心理健康教育的衔接，还是实施"分类指导、均衡发展"战略及大胆探索网络心理健康教育的新路径，其核心与实质都是从学生的角度出发，提供与学生相适应的心理健康服务。心理健康教育工作者只有牢固树立心理健康服务意识，才能够获得学生的理解与信任，才能够让他们在接受教育的过程中感到被尊重，才能够保障心理健康教育各项目标的顺利实现。我们相信，在正确的心理健康教育观念指引下，我国高等学校心理健康教育一定能够取得更大进步，一定能够为培养一流人才、建设一流大学提供坚实心理保障。

---

① Kauer, S. D., Reid, S. C., Crooke, A. H. D., et al., "Self-monitoring using mobile phones in the early stages of adolescent depression: Randomized controlled trial," *Journal of Medical Internet Research*, 2012, 14(3), p. 67.

② Horgan, A., McCarthy, G. & Sweeney, J., "An evaluation of an online peer support forum for university students with depressive symptoms," *Archives of Psychiatric Nursing*, 2013, 27(2), pp. 84-89.

第三章

————

大学生心理健康教育工作的全景展望：调研证据

目前，我国高等学校大学生心理健康教育工作受到国家高度重视，并取得了显著成效，大多数高校设立了专门心理健康教育工作机构。然而，大学生的心理健康状况依然不容乐观。[1] 研究者对有留守经历大学生的调查发现，在这些学生中，有35.58%的人存在某种心理障碍[2]；把症状自评量表（SCL-90）作为调查工具的多项研究也表明，大学生的心理健康状况比全国常模严重[3]。此外，高校大学生心理健康教育工作也存在一些问题，如心理健康教育工作和思想政治工作缺乏有机整合、心理健康教育工作仍以问题导向为主等。[4] 然而，以往的研究大多数仅从学生视角开展调查。为此，我们从大学生、心理健康教育教师以及教育管理者三维视角，基于大样本问卷调查的结果，系统梳理了我国高等学校大学生心理健康教育工作的现状、特点以及存在的问题，并根据我国国情，有的放矢地提出提高新时期大学生心理健康教育工作质量、工作绩效的对策和建议。

————

[1] 盛立英、侯文、徐曼等：《医科大学生心理健康状况及其影响因素分析》，载《中国公共卫生》，2014，30(8)。

[2] 刘海霞、王玖、林林等：《高校有留守经历大学生心理健康现况调查》，载《中国卫生统计》，2015，32(4)。

[3] 陈小异、李明蔚：《大学生主观幸福感与心理健康研究》，载《重庆大学学报(社会科学版)》，2014，20(3)。

[4] 教育部：《中国普通高等学校德育大纲》，载《中国高等教育》，1996(2)。

一、调研目的、方法、对象、内容

(一) 调研目的

为进一步加强和深化新时期大学生心理健康教育工作，我们从学生、教师和管理者三个视角，通过大样本问卷调查，了解我国现阶段大学生心理健康教育的现状、特点和存在的问题，为编制《高等学校学生心理健康教育指导纲要》提供理论指导和实证依据。

(二) 调研方法

我们以课题组自编的《普通高校心理健康教育基本情况调查问卷》(包括教师问卷、学生问卷和教育管理者问卷)为工具，在全国 7 个省市(北京、河南、陕西、湖北、浙江、贵州、广东)的 11 所高校，展开了对学生、专兼职教师和教育管理者的大样本调查。

(三) 调研对象与调研内容

调研的高等学校分布全国各地(包括少数民族地区)，其中既有"985""211"等重点高校，也有普通高校以及高职院校和民办高校。调研对象与内容如表 3-1 所示，我们使用 SPSS16.0 对数据进行了统计分析。

表 3-1 调研对象与调研内容

调研对象	学生	专兼职教师	管理者
调研人数	10405 人	185 人	253 人
调研题目	30 道题	54 道题	36 道题

续表

调研内容	心理健康教育总体状况、学校心理健康教育课程、学校心理咨询工作、学校其他心理健康教育活动、网络心理健康服务、教职工全员参与程度、大中小学心理健康教育的衔接以及获取心理健康服务自主程度的评价	学校心理健康教育制度建设、心理健康课程建设、心理咨询室建设、心理健康教育的师资队伍建设及网络心理健康教育现状	学校心理健康教育基本情况、心理健康教育制度建设、对心理健康教育兼职教师的要求和对心理健康教育专职教师的管理、高职院校教育管理者对心理健康教育高职特色的认知与评价

二、大学生心理健康教育工作的现状

20 世纪 90 年代以来，教育部出台了一系列大学生心理健康教育工作的政策文件。1995 年，教育部颁布的《中国普通高等学校德育大纲（试行）》中就明确指出："要把心理健康教育作为高等学校德育的重要组成部分。"[1] 2001 年，教育部颁布《关于加强普通高等学校大学生心理健康教育工作的意见》，强调指出："加强大学生心理健康教育工作是新形势下全面贯彻党的教育方针、实行素质教育的重要举措，是促进大学生全面发展的重要途径和手段，是高等学校德育工作的重要组成部分。"特别是 2017 年 1 月，国家卫生计生委（现国家卫生健康委）、中宣部、教育部等 22 个部门联合印发《关于加强心理健康服务的指导意见》，再次强调："高等院校要积极开设心理健康教育课程，开展心理健康教育活动；重视提升大学生的心理调适能力，保持良好的适应能力，重视自杀预防，开展心理危机干预。"可见，大学生心理健康教育上升到国家战略层面的高度。目前，高等学校心理健康教育工作已进一步展开，且初见成效。

（一）心理健康教育工作得到各高校的大力支持

调查显示，80%的高校对心理健康教育工作十分重视，76.7%的高校将心

---

[1] 转引自俞国良、王浩：《社会转型期大学生心理健康教育观念的思考：访谈证据》，载《黑龙江高教研究》，2017（3）。

理健康教育工作列入绩效评估。其中，93.3%的主管学校心理健康教育工作的领导、91.4%的学校其他党政部门以及94.1%的院系对心理健康教育工作提供了全方位支持。74.4%的学校将心理健康教育作为评价院系思政工作成效的重要指标。在专项经费拨付上，96%的学校每年都能够提供至少1万~5万元的经费，有些学校还会根据实际情况拨付更多的经费。由此可见，目前大学生心理健康教育工作已经得到了各高等学校的普遍支持。

(二)心理健康教育工作的组织和管理规范

从组织层面看，调查数据显示，95.2%的高校成立了心理健康教育工作组织领导机构，有专门的心理健康教育工作机构，如心理咨询中心或心理健康教育中心等。从管理层面看，95.6%的高校制定了心理健康教育工作的具体规章制度，以规范和加强本校的心理健康教育工作。71.7%的高校对心理健康教育相关制度的落实情况是到位的。90.4%的高校对辅导员、班主任和思想政治课教师等进行了有关心理健康教育方面的业务培训，提高了专兼职教师的心理辅导与心理咨询技能，改进了心理健康教育方法。94.7%的管理者认为本校专职心理健康教育教师有机会参加学术会议、专业培训或进修，有约一半的高校为保障专职心理健康教育教师的心理健康水平采取了切实有效的措施。92.4%的管理者认为本校规范了对专职心理健康教育教师的管理。

(三)心理健康教育的实际工作措施落实到位

首先，从心理健康普查层面看，92.9%的高校对新生进行了心理健康状况的普查。82.8%的高校会对学生的心理健康问题进行筛查，对存在心理疾病或精神疾病的学生进行转介。其次，从教育工作层面看，大多数高校开设了各种形式的心理健康教育课程、专题讲座以及专题活动，配备了心理咨询室，聘用了专兼职心理咨询与辅导教师，拨付了专门经费。调查表明，82%的高校开设了心理健康教育必修课，97.6%的高校设有心理咨询室和专职心理咨询教师。

97.2%的高校开设了专题讲座或专题活动，86.1%的学校充分利用网络开展了丰富多彩的心理健康教育工作。72.8%的高校心理健康教育中心建立了专门网站，并通过网站(网页)、微博、微信等多媒体手段，宣传心理健康知识。66%的学生能够通过网络获得相关的心理健康服务。最后，从对特殊群体的关注来看，73.9%的学校关注了经济困难和学习困难等特殊群体；93.4%的学校关注了行为异常、遭遇负性生活事件的学生。由此可见，我国高等学校心理健康教育的工作开展得有声有色，实际工作措施落实基本到位。

三、大学生心理健康教育的特点

(一)教育形式各具特色

由于高校设有专门的心理健康教育机构，大学生的时间也相对灵活，因此，相比于中小学校，高校心理健康教育的工作形式更加灵活，如进行心理健康测评、开设心理健康教育相关课程(包括必修课和选修课)、开办心理健康知识讲座、进行团体辅导和个别辅导、宣传心理健康知识、干预心理危机等。调查表明，68.5%的高校的心理健康教育课程采用讲授与活动相结合的方式。68.4%的教师会开设一些讲座或组织其他活动提高大学生的心理健康水平。此外，79.8%的高校利用心理测试系统和其他心理健康测评系统等配套设施深入开展心理健康教育工作。

在每年5月25日大学生心理健康日，高校会根据每年的主题开展心理健康教育特色活动。比如，开展心理情景剧比赛、心理素质拓展大赛、心理微电影比赛、心理之家建设展览等。

(二)教育内容贴近大学生实际需要

相比于中小学心理健康教育，高等学校心理健康教育能够更加贴近学生实际需要。例如，某高校根据本校对2003年到2014年咨询记录的分析，发现大学生常见的前 9 大心理行为问题分别是，情绪困扰、自我认识与接纳问题、人际关系障碍、学业困扰、恋爱问题、家庭问题、性格与人格问题、职业发展问题、压力问题。为此，该高校开设了团体辅导式心理健康教育课程。调查显示，46.1% 的大学生认为这门课程的效果很好。[①] 从我们的调查研究来看，高校心理健康教育的主要内容涵盖了 5 个主题，即心理健康知识的普及、学习心理的调适、人际交往能力的提升、自我与情绪的调适和求职就业的指导。

(三)教育成效显著

心理辅导与咨询是高校心理健康服务的核心。[②] 调查显示，67.9 的高校专职心理健康教育教师同时负责课程教学、心理咨询和心理健康宣传工作，以心理辅导与咨询为主。心理咨询与心理辅导的内容主要涉及大学生情绪、自我、恋爱、人际交往、学习、求职就业等方面的心理行为问题，对于发展性的问题以及提升心理素质方面的辅导相对较少。调查表明，12.9% 的大学生接受过心理咨询，其中有 46.3% 的大学生通过咨询获得了帮助与社会支持。近年来，我国高校心理健康教育工作取得了较好的效果，大学生的心理健康状况有了较大改善。研究者对从 1986 年到 2010 年采用症状自评量表（SCL-90）的研究报告进行了横断历史的元分析。结果表明，25 年来，9 个因子均值分别下降 1% 至13%，其中偏执、人际关系、抑郁、敌对因子变化明显。[③] 这说明 25 年来大学生的心理行为问题逐渐减少了，即大学生心理健康整体水平正在逐步提高。我们的调查也表明，57.8% 的心理健康教育教师认为心理咨询的效果很好，37.9% 的心理健康教育教师认为本校的心理健康教育工作令人满意。从大学生的视角来看，61.4% 的大学生认为自己了解心理健康状况，53.7% 的大学生认为自己的心理很健康，认为自己心理不太健康的大学生比例仅占 4%。这说明经过多年的教育实践和努力奋斗，我国高校心理健康教育工作取得了较大成效，

---

① 章吉、黄大庆、章星波：《"团体辅导式"心理健康教育课教学论析》，载《教育研究与实验》，2016(6)。
② 俞国良、侯瑞鹤：《论学校心理健康服务及其体系建设》，载《教育研究》，2015，36(8)。
③ 辛自强、张梅、何琳：《大学生心理健康变迁的横断历史研究》，载《心理学报》，2012，44(5)。

大学生心理健康意识明显增强，心理健康水平有了明显提高。

四、大学生心理健康教育存在的问题

(一) 教育途径和教育内容缺乏系统性

从心理健康教育的途径看，虽然高校开展了各具特色的心理健康教育工作，但是，这些工作缺乏系统性。例如，有些高校还没有开设心理健康教育相关课程，有些学校虽然开设了课程，但一学期仅有 4 课时，这显然不能满足大学生的实际需要。从大学生的视角来看，83.8%的大学生认为有必要开展各种形式的心理健康教育。从高校心理健康教育的内容看，虽然高校的心理健康教育比较全面地覆盖了大学生学习、人际交往、恋爱、情绪与自我、求职与就业等方面内容，但是调查结果显示，大学生还希望能够在环境适应、自我管理、人格发展等方面获得提高(图 3-1)。

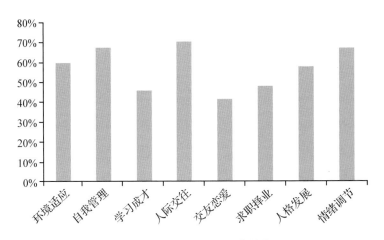

图 3-1　大学生希望获得提高的方面

(二) 对心理健康教育教师的管理不够完善

调查表明，54.7%的高校没有明确规定专职心理健康教育教师的工作内容和范围，50.9%的高校没有制定心理健康教育教师的绩效考评方法。这在一定程度上限制了专职心理健康教育教师的职称晋升。相比于一般的教师岗位，82.3%的高校管理者认为，专职心理健康教育教师更不容易得到晋升，54.5%的专职心理健康教育教师也有同样认识。同时，他们的职称晋升没有统一的标准与途径。据调查，42.6%的专职心理健康教育教师的晋升岗位为教师岗位，44.1%为教师管理(含思政)岗位，还有13.3%为其他岗位。同时，专职心理健康教育教师的工作职责不明确，不仅要负责心理健康教育教学工作、心理咨询工作(48.3%的教师同时兼任这两项工作)，还要负责学生工作和心理健康的宣传工作。对此，47.8%的管理者认为，专职心理健康教育教师的工作强度较大。导致这一结果的主要原因是，专职教师的人数太少，负责的工作范围太大。在被调查的11所高校中，30.5%的高校专职心理健康教育教师在2人以下。

(三)心理健康教育工作的特色不够明显

调查显示，61.2%的高校管理者认为，高职院校心理健康教育工作应与普通高校有所区别。31.9%的教师认为，心理健康教育工作的相关制度应具有针对性，39.5%的教师认为，心理健康课程应体现具体的育人目标。然而，实际情况是，仅有43.2%和35.4%的教师认为，心理健康教育课程与心理健康教育教材体现了职业教育特点。仅有28%的高职学生认为，学校心理健康教育课程符合他们的心理特点和发展需要。此外，65.9%的大学生认为心理健康教育过程中应该具有的自主性特色凸显得还不够。上述结果表明，不同类型高校心理健康教育工作的特色还不够突出。

(四)心理健康教育专职教师的敬业精神和专兼职教师的专业水平有待提升

心理健康教育教师的敬业精神和职业道德至关重要。在调研中，我们发现，有些高校的心理健康教育专职教师对参加培训、提高咨询技巧非常热衷，乐此不疲，却对本校心理健康教育工作投入较少的时间和精力，甚至每周对学生的服务时间不超过3小时，但是，在外培训和兼职却远远超过这一时间。除了专职心理健康教育教师外，各院系辅导员、班主任和思想政治课教师(占兼职教师人数的90.8%)也承担了一部分心理健康教育的工作，甚至担任了心理健康教育课程任课教师。调查显示，他们在从事心理健康教育前，17%的教师从事文化课教学，21.3%的教师从事专业课教学，23.8%的教师从事思想政治课教学，26.2%的教师从事行政管理工作，还有一小部分来自医生及其他岗位。只有17.7%的心理健康教育兼职教师的专业是心理学。值得关注的是，专职心理健康教育教师的专业化水平良莠不齐。其中，只有约一半的教师取得了心理健康教育方面的资格证书(心理咨询师证书等)，认为自己的心理健康专业知识水平能够很好地胜任当前工作的仅占40%，认为自己的心理健康专业水平能够胜任当前工作的仅为42.5%。因此，这部分专兼职教师有必要系统学习心理学课程以及心理健康教育理论与技能，以提高开展心理健康教育的理论与实践能力。表3-2列出了教师自身对专业知识和技能进行再学习的期望。从中可以看出，教师自身对进一步培训以提高自己心理健康教育理论和实践水平有着比较迫切的需要。高校应进一步提供心理健康教育教师进行专业知识学习和专业技能培训的机会，以提高专兼职教师心理健康教育能力，增强心理健康教育效果。

表3-2　教师对专业知识和技能培训的期望

主题	是否需要进一步培训	很需要	83%
		不确定	16.2%
		不需要	0.8%
	需要哪些方面的培训	理论	8.7%
		实践	30.1%
		理论与实践结合	61.2%
	希望培训的方式	集中培训	72.9%
		分散培训	22.7%
		自学	4.4%
	培训的时间和频率	每年一周	21.1%
		每年两周	54.7%
		每月两天	24.2%

五、大学生心理健康教育的对策

（一）形成心理健康教育工作的合力

高等学校心理健康教育工作主要由心理健康教育中心（心理咨询中心）总体负责，工作内容包括开展心理健康教育活动、安排课程、开展心理咨询与辅导活动、危机干预和处理等。在院系层面，各院系的辅导员和班主任对学生情况更为了解和熟悉，他们也是心理健康教育服务体系中的重要组成部分。有的高校心理健康教育课程主要由辅导员讲授，他们能够在第一时间了解到学生的心理状态。班级和宿舍也是开展心理健康教育工作的有效阵地。一些高校设立了班级心理委员，他们定期在班级内开展心理健康主题班会活动，取得了良好效果。大学生党团和社团组织活动往往会吸引很多同学参与。因此，高校可以依托党团组织和社团组织开展心理健康教育活动，如开展朋辈辅导、专题讲座、实践活动等，这会激发更多同学积极参与。心理健康教育工作与学生管理工作相互结合，相互促进，这是增强心理健康教育力量的合理选择。

（二）拓展心理健康教育工作的途径

开展心理健康教育，除发挥课堂主渠道作用外，还要充分利用互联网优势，逐步推进心理健康教育工作的信息化，构建与时俱进的心理健康教育服务体系。目前，由吉林大学牵头，联合清华大学、北京大学等高校共同完成的"大学生心理健康教育"在线课程可以说是一个很好的探索。[①] 大规模开放式在线课程（慕课）是新时代产生的一种新型学习模式，高校构建慕课式大学生心理健康教育课程体系，有助于促进心理健康教育工作的改进，从而帮助学生减少心理行为问题的产生，提升大学生心理健康水平。心理健康教育中心可以通过自己的网站实现心理健康知识的宣传、心理咨询与辅导的预约等功能，也可以进一步

[①] 马建青：《大学生心理健康教育课程 30 年建设历程与思考》，载《思想理论教育》，2016(11)。

通过微博、微信等网络平台推送心理健康知识、心理调适的技巧和方法，提高心理健康工作的针对性、时效性。调查表明，目前心理咨询的主要形式还是以单独面谈为主(91%)，高校应进一步重视与拓展团体咨询、网络咨询途径。

(三)提高师资队伍的专业化水平和职业道德

高校要进一步提高心理健康教育师资队伍专业化水平，提升专兼职教师的敬业精神和职业道德。在专业化过程中，高校要对相关从业人员的学历背景、专业技能以及工作绩效等方面进行考核。一方面，高校要给专业教师的职业发展提供路径。例如，高校在教师参加必要的技能培训上提供条件和支持，保障心理辅导教师能够参与督导、进行案例分析、获得同行的社会支持。需要指出的是，心理辅导的技术和理论流派五花八门，尤其是近年来，从国外引进众多方法，专兼职教师应根据实际工作需要，选择培训。把大量时间和精力投入教育培训的本末倒置做法是不可取的。另一方面，高校要严格考核心理健康教育工作的效果，设置合理考核机制，为专兼职教师的职业发展提供制度保障。

(四)加强心理健康教育的科研工作

虽然，我国大多数高校开展了心理健康教育工作，但是，近一半高校都没有开展相关科研工作。40.5%的高校对心理健康教育的科研工作不够重视，认为这仅仅是对心理健康教育工作的锦上添花。从学生角度来看，认为心理健康教育课程对他们有帮助的比例仅为47.4%。实际上，心理健康教育的科研工作，一方面，可以探究影响大学生心理健康的因素，寻求提高心理健康水平的途径；另一方面，可以进一步为开展心理危机干预工作提供理论指导。我们的调研也显示，73.3%的心理健康教育教师认为科研工作能对心理健康教育工作起到帮助和支撑作用。因此，为了提高心理健康教育教师的理论水平，高校应积极支持专兼职心理健康教育教师参加学术会议，申报和参与科研课题工作，进一步提升科研能力和理论水平，使他们更好地服务于大学生的心理健康教育工作。

六、调研结论

目前，我国大学生心理健康教育工作得到教育行政部门和高校的高度重视与大力支持，心理健康教育工作的组织和管理更加规范，措施更加到位，教育形式灵活，教育内容贴近学生需要，教育成效显著。但是，工作中也存在着一些问题。如心理健康教育的特色需要进一步加强，教学内容的系统性与教育途径的多样性需要完善，心理健康教育专职教师的敬业精神和兼职教师的专业水平有待提升。高等学校应力求形成多方面的教育合力，进一步拓展教育途径，提高师资队伍水平，通过开展科研工作，提升心理健康教育品质。

第二篇

高职院校
调研报告

　　为了把握高职院校心理健康教育的现状和特点，我们采用自编问卷，就高职院校学生、专兼职教师和教育管理者对心理健康教育的认知与评价，进行了大规模的网络调查和纸质调查。我们首先对 14 所高职院校的 14912 名学生进行了问卷调查。结果表明，学生对心理咨询与心理健康教育课程、心理健康教育形式的多样性及全员参与程度、获取心理健康服务的自主性等方面的满意度较低。基于现状和存在的问题，我们认为，高职院校应以普及心理健康教育意识为核心，切实加强制度建设与课程设置，实行全员参与、自主自助的心理健康服务新模式。进一步，我们发现一部分高职生存在自卑心理，人数随着年级升高呈逐渐增加趋势；教师对心理健康教育职教特色的评价较高，与学生的较低评价存在着较大反差。增强高职院校心理健康教育特色，对症下药，有助于消除高职生自卑心理，提高心理健康素质。接着，我们对北京、浙江等 7 个省市的 468 名高职院校心理健康专兼职教师进行了调查研究。结果发现，高职院校心理健康教育制度还不够完善，课程设置未达到相关标准，师资队伍专业化水平较低；在对学生心理行为问题和心理疾病的筛查和干预上，高职院校都予以了较高程度的重视。最后，我们对北京、江苏等 7 个省市的 326 名高职院校教育管理者进行了调查研究。结果发现，高职院校教育管理者对当前心理健康教育工作比较满意，但各院校在制度的具体落实上还存在不足，兼职教师的专业化水平较低，学校对专职教师的管理上存在不规范之处。高职院校教育管理者应切实履行对心理健康教育的领导责任、建设责任、管理责任和参与责任。在调查研究基础上，我们对高职院校大学生心理健康现状与存在的问题进行了分析，并从正确认识高职教育地位、加强心理辅导制度建设、建设具有高职特色的心理健康教育体系、丰富心理健康教育形式、加强教师队伍建设、努力实现由心理健康教育向心理健康服务转变六个方面提出具体对策建议。

第四章

———————

心理健康教育：高职院校学生的认知与评价

开展高职院校心理健康教育是培养与我国社会主义现代化建设要求相适应的高素质劳动者和技能型人才的重要环节。党的十七大提出"大力发展职业教育"，党的十八大强调"加快发展现代职业教育"，党的十九大明确提出"要推动职业教育精准改革"。现代职业教育既要求学生具有过硬的职业素质，也需要具有良好的心理素质。开展高职院校学生心理健康教育，不仅是现代职业教育的根本要求，而且是落实素质教育的必然要求。以往文献多从理论层面反思高职院校心理健康教育工作，缺乏实证研究；或多从教师视角分析现状与对策，缺乏从学生视角分析的相关研究。本研究依据教育部《关于加强普通高等学校大学生心理健康教育工作的意见》以及相关政策文件，编制了《高职院校心理健康教育基本情况调查问卷(学生问卷)》，旨在通过对高职院校学生的调查研究，了解目前高职院校学生对心理健康教育工作的认知与评价，并针对当前高职院校心理健康教育中存在的主要问题提出对策与建议，为促进高职院校心理健康教育工作的专业化、规范化和科学化提供依据。

一、调研方法

本研究采用自编问卷，对全国 14 所高职院校学生进行调查研究，了解学生对目前心理健康教育的认知与评价。

(一)调研工具

在访谈调研基础上，我们自编了调查问卷。问卷内容包括，高职院校学生对心理健康的一般认识，对学校心理咨询的评价（心理咨询次数、形式、效果和心理咨询师水平），对心理健康课程的评价（课程形式、内容和效果等），对学校其他心理健康教育活动的评价，对教职工全员参与程度的认识，对其获取心理健康服务自主程度的评价，对高职院校与中等职业学校在心理健康教育上衔接情况的认识，以及对高职院校心理健康教育工作的整体评价八个方面。

（二）调研对象

本调研选取北京、河北、河南、湖南、江苏、浙江、云南 7 个省市的 14 所高职院校学生为调研对象，共收回 14912 份问卷。其中，剔除未填写所在学校或所填学校为本科院校、高中的问卷 35 份，最终收回有效问卷 14877 份，回收率 99.77%。

二、调研结果

（一）高职院校学生对心理健康的一般认知

学生心理健康水平是高职院校心理健康教育质量的客观指标，提高学生心理健康水平的关键在于提升学生心理健康意识。调查表明，64.2%的学生了解心理健康，33.2%的学生不确定自己是否了解心理健康，2.6%的学生不了解心理健康。58.1的学生评价自己的心理健康程度较高，39.4%的学生认为自己的心理健康水平一般，2.5%的学生认为自己的心理健康水平较差。整体来看，虽然近 2/3 的学生心理健康意识和心理健康水平较高，但有超过 1/3 的学生心理健康意识和心理健康水平不容乐观。

（二）高职院校学生对心理咨询工作的认知

调查表明，目前高职院校对心理健康教育的重视程度有所提升。其中，81.1%的学生所在学校设置了心理咨询中心，18.9%的学生不知道所在学校是否设置了或认为学校没有设置心理咨询中心，12.4%的学生接受过心理咨询。在接受过心理咨询或心理辅导的学生中，62.8%的学生咨询过 1 次，34.9%的学生咨询过 2~10 次，2.3%的学生咨询过 10 次以上。就心理咨询形式而言，52.0%的学生采取单独面询的方式，31.5%的学生参与团体咨询，16.5%的学生采用电话或网络咨询的形式。就心理咨询师水平而言，62.3%的学生认为心理咨询师的水平较高；35.2%的学生认为心理咨询师水平一般，2.5%的学生认为心理咨询师水平较低。就咨询效果而言，60.2%的学生认为心理咨询对自身心理健康"很有帮助"，35.9%的学生认为咨询效果一般，3.9%的学生认为咨询对自己"没有帮助"（表4-1）。

表 4-1　高职院校学生对心理咨询经历的认知与评价

咨询次数		咨询形式		咨询师水平		咨询效果	
1 次	62.8%	单独面谈	52.0%	很有水平	62.3%	很有帮助	60.2%
2~10 次	34.9%	团体咨询	31.5%	一般	35.2%	一般	35.9%
10 次以上	2.3%	电话或网络咨询	16.5%	水平不高	2.5%	没有帮助	3.9%

调研结果还表明，高职院校学生对心理咨询的接纳程度较高。67.6%的学生对心理咨询持接受态度，29.2%的学生不确定，3.2%的学生比较排斥。当被问及身边其他同学是否参与过心理咨询时，72.1%的学生认为"有"，7.9%的学生认为"没有"，20.0%的学生表示"不知道"。从整体上看，超过 2/3 的学生对心理咨询持积极、接纳的态度，但仅有约 1/10 的学生接受过心理咨询。这说明他们对心理咨询的认识与行动之间尚有一定距离。

(三) 高职院校学生对心理健康教育课程的认知

高职院校学生对心理健康教育课程的认知主要体现在关注课程的开设情况、开展形式、趣味性、针对性和实效性等方面。调查结果表明，74.5%的学生所在学校开设了心理健康教育课程，12.3%的学生所在学校没有开设心理健康教育课程，13.2%的学生不知道学校是否有相关课程。在课程形式方面，53.2%的学生报告课程讲授与活动相结合，42.7%的学生报告课程以讲授为主，4.1%的学生报告课程以活动为主。在课程趣味性方面，43.1%的学生对课程很有兴趣，超过一半的学生认为课程一般，2.3%的学生认为课程无趣。在课程的针对性方面，56.8%的学生认为课程符合学生的心理特点与发展需要，近一半的学生认为课程安排一般或不符合学生的心理特点和发展需要。在教师水平方面，64.8%的学生认为教师水平较高，33.9%的学生认为教师水平一般，1.3%的学生则认为教师水平较低。在课程实效性方面，过半的学生认为能够从课程中获得帮助，45.1%的学生认为课程一般，收获较少，3.1%的学生认为课程对其没有帮助(表4-2)。总之，由于心理健康教育课程在教师的专业素质、课程的趣味性、课程的针对性、课程的实效性等方面存在不足，所以对心理健康教育课程给予高评价人数仅占50%左右。

表 4-2　高职院校学生对心理健康教育课程的认知与评价

授课形式		对课程的兴趣		是否符合学生心理特点	
以讲授为主	42.7%	很有兴趣	43.1%	很符合	56.8%
以活动为主	4.1%	一般	54.6%	一般	42.3%
讲授与活动相结合	53.2%	毫无兴趣	2.3%	很不符合	0.9%
是否符合学生的发展需要		教师水平		课程收获	
很符合	57.2%	很有水平	64.8%	很有帮助	51.8%
一般	41.8%	一般	33.9%	一般	45.1%
很不符合	1.0%	水平不高	1.3%	没有帮助	3.1%

(四)高职院校学生对其他心理健康教育活动的认知与评价

丰富多彩的心理健康教育活动有利于高职院校学生心理健康意识和心理健康水平的提高。调研结果显示，55.6%的学生所在学校经常举办心理健康讲座或其他心理健康活动，52.1%的学生所在党团组织开展以心理健康为主题的活动，64.2%的学生知道学校有心理健康相关社团组织，69.1%的学生所在班级设立了心理委员，58.7%的学生所在班级会组织与心理健康有关的主题班会或活动(表4-3)。由此可知，目前高职院校学生对学校心理健康服务与相关活动的了解情况不容乐观，约一半的学生有一定了解，另一半学生则不关注或不了解。

表 4-3　高职院校学生对学校心理健康服务与相关活动的了解情况

	学校讲座与活动	党团组织活动	大学生社团	设立班级心理委员	班级主题班会或活动
是	55.6%	52.1%	64.2%	69.1%	58.7%
否	11.9%	13.4%	8.3%	30.9%	41.3%
不知道	32.5%	34.5%	27.5%		

(五) 高职院校学生对心理健康教育全员参与的认知

高职院校心理健康教育工作需要辅导员、教育管理工作者、专业教师全员参与和共同努力。调研结果表明，45.2%的专业教师很关注学生的心理健康，47.2%的专业教师不重视学生的心理健康，甚至有7.6%的专业教师完全不关注学生的心理健康。就辅导员及其他教育行政人员对学生心理健康的重视程度而言，53.7%的学生认为他们很关注，39.6%的学生认为"一般"，6.7%的学生认为他们完全不关注学生心理健康(表4-4)。结果表明，大约50%的任课教师、辅导员和教育管理工作者关注学生心理健康教育中全员参与的必要性，但仍然有一半的教师对全员参与的必要性缺乏认识。

表 4-4　高职院校学生对心理健康教育"全员参与"的认知

心理健康课程之外的各专业教师是否关注学生的心理健康		辅导员及其他教育行政人员是否关注学生的心理健康	
很关注	45.2%	很关注	53.7%
一般	47.2%	一般	39.6%
不关注	7.6%	不关注	6.7%

(六) 高职院校学生对心理健康服务中自主程度的认知与评价

高职院校学生获取心理健康服务的自主程度是学校心理健康服务体系和师资力量的综合体现。调研结果表明，在需要心理健康服务时，57.1%的学生认为能够很方便地获得帮助，35.0%的学生不知道能否获得及时帮助，7.9%的学生认为自己不能获得及时帮助。对自己在心理健康教育中自主性程度的评价结果显示，46.3%的学生认为自己自主性较高，49.9%的学生认为自己自主性一般，3.8%的学生认为自己自主性较差。从整体上看，高职院校学生在获取心理健康服务方面具有一定的自主程度，但仍偏低。

（七）高职院校学生对心理健康教育与中小学、中等职业学校衔接的认知与评价

学生在发展过程中获得全程式心理健康教育，有利于提高心理健康意识和水平。调研结果显示，57.8%的高职院校学生在中小学或中等职业学校接受过心理健康教育，42.2%的学生没有接受过心理健康教育。在接受过心理健康教育的学生中，51.2%的学生很满意，46.5%的学生认为一般，2.3%的学生不满意。可见，中小学校或中等职业学校的心理健康教育有待普及、加强与深化。

（八）高职院校学生对心理健康教育的整体评价

调研结果表明，47.9%的高职院校学生对所接受的心理健康教育整体上很满意，47.9%的学生一般，4.2%的学生表示不满意。对于接受心理健康教育的必要性，85.5%的学生认为非常有必要，10.6%的学生不确定是否有必要，3.9%的学生认为没有必要。由此可见，高职院校学生的心理健康意识和心理健康水平仍不高，学生对心理健康教育现状的满意度也不乐观，但是，学生对高质量心理健康教育的需求却很强烈。

三、分析与讨论

高职院校心理健康教育的任务是提高学生心理健康水平，培养具有良好心理素质的劳动者和技能型人才。与普通高校大学生相比，高职院校生源结构复杂、学习自觉性差、综合素质低，在学业、自我发展、情绪调节能力、人际关系和社会适应等心理健康指标上的表现相对较差。调研结果进一步表明，有近

一半高职院校学生的心理健康水平有待提高，加强高职院校心理健康教育具有重要的现实意义。本次调研从学生视角关注高职院校心理健康教育在制度建设、心理咨询中心与课程建设、师资队伍建设、心理健康服务体系建设方面的现状，揭示了高职院校心理健康教育中存在的问题。针对这一现状，我们提出一些建议。

(一)国家政策应更有针对性地体现对高职院校心理健康教育的重视和指导

制度建设是心理健康教育工作开展的关键环节，没有良好的制度保障，学校和教师都无法积极有效地开展工作。尽管国家出台了一系列有关高等学校心理健康教育的文件，但对高职院校缺乏针对性，导致高职院校对心理健康教育的重视程度不足，教师的工作开展情况与教育效果都不理想。高职院校教育对象的特殊性决定了心理健康教育的目的、方法、途径和具体内容的特殊性。国家需尽快出台关于高职院校心理健康与心理咨询的基本制度，以政策和法律法规的形式，对这项工作的原则、任务、方法、形式和内容进行明确规定，以加强对心理健康教育工作的规范与引导。①

(二)高职院校应把提升学生心理健康意识作为加强心理健康教育的立足点

俞国良等提出，心理健康教育目标是实现自主自助的心理健康服务新模式②，其首要任务在于提高大学生心理健康意识③，使其自觉、全面、正确地认识自己。调研结果表明，有超过1/3的学生对心理健康认识模糊，心理健康意识淡薄。究其原因，一方面，很多高职院校在教育工作中，常把心理健康教育

---

① 王浩、俞国良：《高职院校心理健康教育的现状与对策研究》，载《中国职业技术教育》，2016(2)。
② 俞国良、侯瑞鹤：《论学校心理健康服务及其体系建设》，载《教育研究》，2015，36(8)。
③ 王椿阳：《高等学校心理健康教育课程的调查与分析——提高大学生心理健康意识是心理健康教育的关键》，载《教育与教学研究》，2013(3)。

与思想政治教育混淆，传达给学生模糊甚至错误的概念；另一方面，很多高职院校对心理健康教育重视程度不够，宣传教育工作做得不够，往往形式多，实质少，理论多，实践少。因此，高职院校应加大宣传力度和范围，使学生了解心理健康对其成长发展的重要性与必要性，强化学生的心理健康意识与心理健康能力，提高学生参与心理健康教育的积极性、主动性。具体而言，教师可以定期开展课程教学与举办相关讲座，灵活使用校园心理咨询平台、校园广播和刊物等宣传媒介、新媒体工具等网络平台，全方位地进行心理健康知识的宣传、普及，营造积极健康的校园环境和文化氛围，引导学生主动关注自身的心理行为问题并积极寻求帮助。尤其需要强调，大学生已经成为使用新媒体工具的主力军，使用新媒体工具是当前心理健康知识宣传与普及的一种更直接、有效的方式[①]。合理使用新媒体工具可以提高心理健康知识在学生群体中的"曝光率"，扩大心理健康知识的宣传范围，增强学生心理健康意识。

(三) 加强心理健康课程和心理咨询中心的软硬件建设，提高专业性和规范性

与普通高校相比，高职院校的心理健康教育起步晚、基础弱、发展慢，近年来，高职院校对心理健康教育工作较为重视，普遍设置了心理咨询中心和心理健康教育课程，并建立了相应的心理健康服务体制机制。调研结果表明，约2/3 的学生接受过心理咨询，在接受过心理咨询的学生中，有超过半数学生认为心理咨询对其个人发展确实有很大帮助。同时，心理健康教育课程也得到超过半数学生的认可与好评，多数学生认为心理健康教育很有必要。可见，高职院校心理咨询中心与心理健康课程建设态势良好，高职院校学生对心理健康教育现状持包容与接纳的积极态度。然而，目前仍然有近一半学生认为心理咨询和心理健康教育课程质量一般或对其没有实质性帮助。如何切实提高学校心理咨询中心的软硬件建设，提高心理健康教育的师资力量，是当前高职院校心理健康教育面临的又一个重要任务。

---

① 胡平建：《新媒体背景下大学生网络心理健康教育现状与对策》，载《中国成人教育》，2014(24)页。

高职院校需要从硬件上加强对心理健康教育的经费投入，完善心理咨询室场地与设施设备建设，在此基础上，加强心理辅导制度建设，以制度手段确保相关工作落实。高职院校需要保障教师上岗、编制、薪酬、职称评定等制度，提高心理健康教育师资队伍的规范性；改变当前以兼职教师为主的现状，壮大专职教师队伍，强化教师培训机制，提升教师的心理素质和专业素质，切实提高高职院校心理健康教育的专业性。具体而言，在心理咨询工作中，咨询师应在单独面谈与团体辅导基础上，灵活采用多种咨询形式，如电话和网络心理咨询，针对学生的不同心理需求采取更有效的咨询形式；咨询师也应结合学生对心理咨询效果的反馈，加强反思、交流与学习，以提升自身专业水平。在心理健康课程方面，教师应该灵活采用讲授、活动等多种授课方式，结合学生的心理特点和发展需要，在心理健康课程的趣味性、针对性和实效性等方面进行大幅改善与提高。学校应为心理健康教育课程教师和心理咨询师提供高质量的学习进修机会，提高师资队伍整体质量，增强学生对课程与心理咨询的信任度与参与度。

(四)高职院校心理健康教育应提倡全员参与，鼓励开展全方位心理健康活动，增加学生的积极体验与自主参与程度

教育部在《关于进一步加强和改进大学生心理健康教育的意见》中明确指出："高校所有教职员工都负有教育引导大学生健康成长的责任"，现实却不容乐观。调研结果表明，专业教师、辅导员、教育行政人员对学生心理健康教育的认识不足，行动不够，高职院校心理健康教育尚无法实现全员参与。除心理咨询和心理健康教育课程外，高职院校普遍开展了各种形式的心理健康教育活动，如党团活动、社团活动、班级主题活动等，极大地增加了学生获取心理健康知识的途径和学习心理健康知识的热情。但是，这些活动的质和量远远不足，无法保证学生可以从不同途径全方位地获得心理健康教育。此外，高职院校尚未建立健全心理健康服务体系，心理健康教育工作尚不能体现学生自主性，即学生不能在需要时及时获得心理辅导。正如调查结果所示，学生在获取心理健康服务中的自主程度不高，仅有一半学生有较高的自主性，近一半学生不能自主地进行心理咨询或不知从何处获取帮助。

因此，我们必须强调心理健康教育的全员参与，调动一切可能力量，使得全体教职工参与到心理健康教育中来。[①] 高职院校应将心理健康教育目标与职业人才培养目标相结合，将心理健康教育理念渗透到其他课程与活动中，达到常态化。高职院校应通过开展形式多样的活动，丰富心理健康教育形式，增加学生的积极心理体验，营造积极健康的心理氛围，切实提高学生的心理健康意识与心理健康水平。

四、调研结论

第一，高职院校学生心理健康意识仍显淡薄，应加大宣传力度，以提高学生的心理健康意识和接受心理健康教育的主动性。

第二，高职院校心理咨询中心与心理健康教育课程建设态势良好，但仍需加强咨询中心和课程的软硬件建设，以提高其专业性和规范性。

第三，高职院校心理健康服务体系尚不健全，应提倡全员参与，鼓励开展全方位心理健康活动，增加学生的积极体验，提高自主参与程度。

---

① 吴龙梅：《把心理健康教育变成全体教师的使命》，载《人民教育》，2016(15)。

第五章

———

心理健康教育：高职院校学生的自卑与超越

《2016 中国高等职业教育质量年度报告》指出，在过去 5 年中，高职教育在校企合作、产教融合方面已取得显著成效，高职院校的综合办学实力逐年提高，高职毕业生在待遇与素质上都获得了持续提升。[1] 然而，我们认为，对此评价除了要关注高职院校学生的"硬实力"外，更应关注他们的"软实力"，如思想道德素质、心理健康素质、职业价值观念等。有研究者指出，由于高职学历层次低于本科，因此，高职院校学生存在着较为严重的自卑心理[2][3][4]，这无疑会对他们的择业、就业、创业和培养高素质劳动者、技能型人才产生不良影响。为了了解高职院校学生的自卑心理现状，我们对全国 7 个省市 14 所高职院校的14912 名学生进行了问卷调查，以考察自卑是否是他们的一个普遍心理特点。如果这种现象确实存在，高职院校在开展心理健康教育过程中"对症下药"就显得尤为重要。同时，我们还考察了 468 名高职院校心理健康专兼职教师对心理健康教育的认知与评价，并将其与高职院校学生的认知与评价进行比较。在此基础上，我们就如何通过增强高职院校心理健康教育特色，消除高职院校学生自卑心理这一问题进行了初步探讨。

———

[1] 刘红：《我国高等职业教育年度报告制度形成历程与发展状况——〈2016 中国高等职业教育质量年度报告〉发布》，载《中国职业技术教育》，2016(22)。
[2] 应金萍、徐竞、庄朝霞：《高职院校心理健康教育现状、趋势及对策》，载《职教论坛》，2010(15)。
[3] 孙温平：《高职院校学生自卑心理调查与干预策略研究——以某职业学院为例》，载《中国职业技术教育》，2010(24)。
[4] 武艳：《高职院校大学生心理健康现状及对策》，载《山西师大学报(社会科学版)》，2012，39(A4)。

一、调研方法

我们课题组于 2016 年 10 月至 12 月采用自编的《高职院校心理健康教育基本情况调查问卷（学生问卷）》和《高职院校心理健康教育基本情况调查问卷（教师问卷）》，对北京、河北、河南、湖南、江苏、浙江、云南 7 个省市的 14 所高职院校进行了网络问卷调查，共回收有效学生问卷 14877 份，教师问卷 468 份。《高职院校心理健康教育基本情况调查问卷（学生问卷）》共有 24 道题目，其中 7 道题考察高职院校学生的自卑心理状况，2 道题考察高职院校学生对心理健康教育职教特色的认知与评价。《高职院校心理健康教育基本情况调查问卷（教师问卷）》共有 50 道题目，其中 9 道题考察教师对心理健康教育职教特色的认知与评价。我们将这 18 道题抽选出来，对高职生的自卑心理特点及其与心理健康教育的关系进行探讨，使用 SPSS16.0 对数据进行了分析。

二、调研结果

（一）高职院校学生的自卑心理特点分析

1. 高职院校学生的入学动机

由于高职教育学历层次低于本科教育，因此，很多人将高职教育视为"二等教育"，认为学生选择去高职院校读书多是出于分数较低的无奈。我们首先对学生选择高职院校就读的动机进行了考察。78.2% 的学生表示选择高职院校的动机是"高考成绩上不了本科，只好上高职"，21.8% 的学生表示"高考成绩能上本科，但还是选择了高职院校"。这表明，虽然并不是所有学生的高考成绩都没有达到本科分数线，但大部分学生的确是由于无法进入本科院校而选择了高职院校。

2. 高职院校学生的自卑心理及年级发展趋势

高职院校大部分学生由于高考成绩较低选择接受高职教育，这可能是高职生产生自卑心理的现实基础。调查结果发现，11.2%的高职生认为相比于普通全日制本科生，自己会低人一等，31.0%的高职生认为一般，57.8%的高职生没有这种感受。显然，存在自卑心理的高职生所占比例较小，并没有达到普遍存在的程度。需要引起注意的是，随着年级的升高，存在自卑心理的高职生人数呈上升趋势，一年级为10.2%，二年级为14.1%，三年级为14.4%，一、二、三年级认为自己并不差于本科生的人数比例分别为58.6%、56.2%、53.6%，呈逐渐下降趋势（图5-1）。研究者认为，群体认同能够对个体的心理健康产生影响①，群体认同的缺失会导致自卑感的产生②。因此，我们对高职生群体认同水平进行了考察。结果表明，34.2%的高职生认同水平较高，63.0%的高职生认同水平一般，2.8%的职生认同水平较低。总体上看，高职生的群体认同水平较低，这可能对他们的自卑心理产生消极影响。换言之，高职生自卑心理的产生与发展可能与所处环境有一定关系。

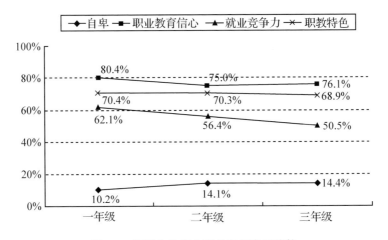

图 5-1　高职生自卑心理的年级发展趋势

3. 高职生对职业教育和自身就业的信心及年级发展趋势

高职生自卑人数比例随着年级升高呈逐渐增加趋势，这可能与环境有关，也

---

① 王勃、俞国良：《群体认同与个体心理健康的关系：调节变量与作用机制》，载《心理科学进展》，2016，24(8)。

② 管健：《社会认同复杂性与认同管理策略探析》，载《南京师大学报(社会科学版)》，2011(2)。

可能与高职生对职业教育和高职生就业竞争力的评价较低有关。为此，我们考察了高职生对职业教育的信心以及知觉到的在未来就业中的竞争力。结果表明，79.1%的职生认为在我国的教育体系中，职业教育会越来越重要，3.0%的高职生认为不会，17.9%的高职生表示"不知道"。一、二、三年级认为职业教育会越来越重要的人数比例分别为80.4%、75.0%和76.1%（图5-1），认为职业教育不会越来越重要的人数比例分别为2.5%、4.4%、4.9%。总体上看，二、三年级高职生对职业教育未来发展的信心低于一年级高职生。

在对就业竞争力的评价上，60.2%的高职生认为和本科生相比，自己在未来就业中有竞争力，30.7%的高职生认为差不多，9.1%的高职生认为没有竞争力。在年级发展趋势上，认为在未来就业中有竞争力的高职生从一年级的62.1%，下降到了二年级的56.4%，再下降到了三年级的50.5%（图5-1），而认为在未来的就业中没有竞争力的高职生从一年级的8.2%，增加到二年级的11.3%，再增加到三年级的12.3%。也就是说，在接受高职教育过程中，高职生不仅没有由于掌握了更多专业知识与技能，而对职业教育和自身就业产生信心，反而越来越不看好职业教育和自身职业发展前景，这是需要引起重视的另一个现象。

4. 高职生对高职院校教育教学的评价及年级发展趋势

高职生对职业教育和自身发展的信心随年级的升高而降低，从一个侧面反映了高职院校的教育教学存在一定问题。研究者认为，职业教育特色性不强可能是影响高职教育地位和毕业生就业竞争力的一个重要因素。[①] 我们考察了高职生对高职院校教育教学特色的认知与评价。结果表明，70.3%的高职生认为学校的教育教学体现了职业教育特色，8.6%的高职生认为没有体现职业教育特色，21.1%的高职生表示"不知道"。这与对职业教育和自身发展信心的结果相一致，高职生对教育教学的评价在年级发展趋势上同样存在越来越差的倾向。一、二、三年级认为学校的教育教学体现了职业教育特色的人数百分比分别为70.4%、70.3%、68.9%（图5-1），认为没有体现职业教育特色的人数百分比分

[①] 王浩、俞国良：《高职院校心理健康教育的现状与对策研究》，载《中国职业技术教育》，2016（2）。

别为 8.1%、9.5%、11.5%。在被问及学校的教育教学是否与本科教育雷同时，20.9%的高职生认为雷同，25.8%的高职生否认，53.3%的高职生表示"不知道"。

(二)心理健康教育的职教特色：教师与学生的认知与评价

我们考察了心理健康教育专兼职教师对心理健康教育职教特色的认知与评价，并将其与学生的认知与评价进行对比，以探讨心理健康教育工作是否满足学生心理发展的实际需要。

1. 教师对心理健康教育职教特色的认知与评价

调查结果表明，51.6%的教师认为高职院校心理健康教育工作的相关制度对高职生具有针对性，70.4%的教师认为自己任教的心理健康教育课程体现了职业教育的育人目标，68.8%的教师认为自己任教的心理健康教育课程体现了职业教育特点(表 5-1)。在课程内容方面，82.9%的教师认为自己任教的心理健康教育课程包含了创业心理的相关内容，90.0%的教师认为自己任教的心理健康教育课程包含了生涯规划的相关内容(表 5-2)。在教材方面，84.9%的教师表示自己使用的心理健康教育教材是针对高职院校学生专门编写的，73.1%的教师认为自己使用的心理健康教育教材体现了职业教育特点(表 5-3)。从总体上看，教师对于心理健康教育职教特色的评价处于较高水平。

表 5-1　心理健康教育的职教特色

制度是否具有高职针对性		课程是否体现了 职教育人目标		课程是否体现了 职教特点	
是	51.6%	是	70.4%	是	68.8%
一般	40.4%	一般	27.4%	一般	28.3%
否	8.0%	否	2.2%	否	2.9%

表 5-2　心理健康教育课程内容的职教特色

课程是否包含创业心理的相关内容		课程是否包含生涯规划的相关内容	
是	82.9%	是	90.0%
否	17.1%	否	10.0%

表 5-3　心理健康教育教材的职教特色

教材是否针对高职生		教材是否体现了职教特点	
是	84.9%	是	73.1%
否	15.1%	一般	23.5%
		否	3.4%

2. 师生对心理健康教育职教特色评价的差异

上面的调查结果很难对高职生自卑心理随年级升高越来越严重的现象进行解释。如果高职院校的心理健康教育工作对职业教育属性予以了充分重视，在教育教学中体现了职教特色，那么，存在自卑心理的高职生应该随着年级的升高而逐渐减少。我们设想，这可能是由于教师对于心理健康教育职教特色的评价与高职生所感受到的实际情况存在差异，即教师的评价并不能够代表高职生的真实感受。为此，我们以心理健康教育课程为例，为教师和学生设置了两道相似的题目，以考察师生在对心理健康教育职教特色的评价上是否存在差异。结果表明，在心理健康教育课程是否符合高职生的心理特点上，82.5%的教师选择"是"，但只有56.8%的高职生选择"是"。在心理健康教育课程是否符合高职生的发展需要上，80.8%的教师选择"是"，但只有57.2%的高职生选择"是"（表5-4）。结果表明，师生在认知上存在较大差异，这种差异已达到统计学上的"显著性"，教师对于心理健康教育职教特色的评价要远高于高职生的评价，这可能就是高职生的自卑心理随年级升高而更加严重的原因之一。

表 5-4　师生对心理健康教育职教特色评价的差异

	课程是否符合高职生心理特点		课程是否符合高职生发展需要	
	教师	学生	教师	学生
是	82.5%	56.8%	80.8%	57.2%
一般	16.1%	42.3%	17.8%	41.8%
否	1.4%	0.9%	1.4%	1.0%

三、分析与讨论

自卑是一种感到自己无法超越别人、轻视自己的消极情感，不仅直接影响个体的心理健康，也会对个体的学习、工作和日常生活带来负面影响。高职生由于学历层次低于本科生，可能会产生更多的自卑体验。为此，我们围绕自卑心理对 14912 名高职生进行了问卷调查。调查结果显示，大约 1/10 的高职生存在明显的自卑心理，并没有人们想象的那样普遍。但需要引起我们注意的是，存在自卑心理的高职生随年级的升高呈上升趋势。与此类似，高职生对职业教育和自身就业的信心，以及对高职院校教育教学职教特色的评价，都随着年级的升高而逐渐降低。这表明，高职院校的教育教学并没有体现鲜明的职业教育特色，没有使高职生感到通过学习增加了就业竞争力，也没有使高职生对未来的职业发展获得更充足的信心，在一定程度上反映了高等职业教育的欠缺之处。《国务院关于加快发展现代职业教育的决定》明确指出，要"促进形成'崇尚一技之长、不唯学历凭能力'的社会氛围，提高职业教育社会影响力和吸引力"。高职院校教育者和管理者应深刻认识到，提升社会对于高职教育的认可程度，除了需要政策引导和人们思想观念的转变外，更重要的是高职院校应通过教学改革，进一步提升职业教育特色和内涵发展，提高毕业生的职业素质和就业竞争力。

研究者认为，我国职业教育的课程设计落后于市场需求，课程内容囿于学科式思维，使毕业生无法适应时代发展。[1] 有研究者指出，一些高职院校或者片面重视技能训练而忽略综合职业能力教育，或者对学生进行压缩版的学科教育，这都会对高职毕业生就业竞争力产生负面影响。[2] 这些现象的存在，都是高职教育职教特色不强的表现。调查结果发现，8.6%的高职生认为学校的教育教学没有体现职业教育特色，20.9%的高职生认为学校的教育教学与本科教育雷同。这提示高职院校应进一步构建具有高职特色的课程体系，将提升教育教学的职教特色作为提高学生就业竞争力的重要途径。

心理健康教育是高等职业教育中不可忽视的一部分。高职院校需要增强职教特色，提供与高职生的心理特点与发展需要相匹配的心理健康教育。研究者认为，为了建设具有高职特色的心理健康教育体系，高职院校的心理健康教育要具有高职特色，不应与本科院校的心理健康教育相雷同。调查结果表明，尽管心理健康教育教师认为自己任教的课程很好地适应了高职教育，但高职生对这一点并不买账，他们对心理健康教育职教特色的评价并没有达到教师所知觉的水平。这表明在实际的心理健康教育过程中，教师往往根据自己的想法进行教育，而忽视了高职生的真实感受。从心理健康的角度看，消除高职生的自卑心理、提升他们的自信心本身就是心理健康教育工作的一项重要内容。调查结果同样反映了高职院校的心理健康教育工作存在不足之处。这提示高职院校心理健康教育工作者，应从高职生的心理特点和发展需要出发，有针对性地开展心理健康教育工作。换句话说，高职院校心理健康教育也应与专业教育一样，突出职教特色，顺应职业教育的育人目标，把握高职生职业心理、就业心理、创业心理，在教育教学过程中体现心理健康教育的服务意识。

师生在心理健康教育评价上的差异，本质上反映了心理健康教育教师缺少"服务意识"，教师只是从"授道者"角色出发对高职生进行自上而下的教育，而没有以"服务者"身份了解学生的真实需求。高职院校应努力推进心理健康教育

---

① 贺耀敏、丁建石：《职业教育十大热点问题》，99~116页，北京，中国人民大学出版社，2015。
② 郑月波：《高职院校学生就业竞争力现状与提升路径》，载《中国成人教育》，2015(24)。

向心理健康服务转型①，这需要高职生、教师、管理者共同努力。高职生应形成正确的心理健康意识，提高自己参与心理健康教育的主动性，积极提出心理健康教育方面的意见与诉求，自下而上地推动心理健康服务体系建设。教师应增多与高职生沟通的机会，听取高职生对心理健康教育课程的感受与建议，努力感受高职生的所思、所想、所需，提供与他们的心理特点和发展需要相匹配的心理健康服务。高职院校管理者应进一步加大对于心理健康教育工作的监管力度，提高教师对心理健康教育工作的重视程度，实行科学的考核办法，在对心理健康教育教师进行考核时将高职生的评价摆在更为重要位置，从制度上保证高质量心理健康服务工作的有序推进。

实际上，自卑心理虽然是一种消极的情感体验，但也是高职生获得进步的动力来源。正如著名心理学家阿德勒所说："我们每个人都有不同程度的自卑感，因为我们都发现我们自己所处的地位是我们希望加以改进的……它们是人类地位之所以增进的原因。"②高职院校心理健康教育教师一定要善于把握高职生身上可能存在的自卑心理，注意引导高职生将自卑情感向积极方面转化，使之成为推动自身努力奋斗的强大动力，达到"知耻而后勇"的实际教育效果；防止高职生自卑情感的进一步泛化，导致其对自我全面否定，甚至形成"破罐子破摔"的思想。可以说，高职生的自卑心理既有可能是他们追求进步的出发点，也有可能是他们放弃努力的堕落点。高职院校心理健康教育工作者只有牢固树立心理健康服务意识，不断增强心理健康教育的职教特色，提供符合高职生实际需要的心理健康教育，才能帮助高职生消除自卑心理，变得自信，走向更为成功、健康、幸福的明天。

---

① 俞国良、侯瑞鹤：《论学校心理健康服务及其体系建设》，载《教育研究》，2015，36(8)。
② A·阿德勒：《自卑与超越》，黄光国译，45~63页，北京，作家出版社，1986。

四、调研结论

第一，部分高职生存在着自卑心理。自卑人数随着年级升高呈逐渐增加的趋势，自我感觉并不差于本科生的人数随着年级升高呈逐渐减少趋势，且群体认同水平较低。

第二，高职生对职业教育和高职生就业竞争力的评价较低。高职生对职业教育未来发展的信心随年级升高呈逐渐下降趋势，在未来就业中缺乏竞争力的人数随着年级升高呈逐渐增加趋势，对高职院校教育教学评价在年级发展趋势上同样存在着越来越差的倾向。

第三，心理健康教育专兼职教师对高职院校心理健康教育职教特色评价较高，与高职生的评价存在较大差异，这说明教师的评价并不能够代表高职生的真实心理感受。高职院校要增强心理健康教育特色，对症下药，消除高职生自卑心理，积极有效地全面提高心理健康素质。

第六章

_____

心理健康教育：高职院校专兼职教师的认知与评价

教育部网站显示，全国目前共有高等学校 2595 所，其中高职院校 1359 所[①]，占据高等教育的"半壁江山"。随着国家对职业教育的日益重视以及产教融合、校企合作的不断深化，高职教育在培养高素质技能型人才和经济社会发展中的作用愈发凸显。然而，人才培养不仅仅是提升理论和技能水平，人才可持续发展还必须以心理健康为基础。因此，高职院校的心理健康教育工作受到广泛关注。通过对已有文献的梳理，我们发现，高职院校心理健康教育在课程设置、师资配置及具体工作的落实上都存在一些不足。[②] 这些文献中，有的发表时间较早，已不能代表当前高职院校心理健康教育的真实状况，有的只是从主观上对高职院校心理健康教育状况进行分析，缺少实证支持。为了更好地把握高职院校心理健康教育的现状，我们使用自编的《高职院校心理健康教育基本情况调查问卷(教师问卷)》，对北京、河北、河南、湖南、江苏、浙江、云南 7 个省市共 468 名高职院校心理健康教育专兼职教师进行问卷调查，考察了他们对心理健康教育工作现状的认知与评价。

一、调研方法

我们于 2016 年 10 月至 12 月以自编的《高职院校心理健康教育基本情况调查问卷(教师问卷)》作为研究工具，对北京、河北、河南、湖南、江苏、浙江、

_____

① 教育部：《2016 年全国高等学校名单》，http://www.moe.gov.cn/srcsite/A03/moe_634/201606/t20160603_248263.html，2016-06-03。

② 王浩、俞国良：《高职院校心理健康教育的现状与对策研究》，载《中国职业技术教育》，2016(2)。

云南 7 个省市的高职院校进行了网络与纸质问卷调查。该问卷由 50 道题目组成，旨在考察教师对高职院校心理健康教育制度建设、课程建设、心理咨询中心建设和师资队伍建设状况的认知与评价。7 所高职院校的心理健康教育专兼职教师、从事心理健康教育工作的辅导员共 468 人填写了问卷。我们使用 SPSS16.0 对数据进行了分析。

二、调研结果

(一) 高职院校心理健康教育的制度建设

心理辅导制度指学校心理辅导工作的规章制度，是心理健康教育服务体系的核心。[1] 调查结果表明，有 53.5% 的教师认为当前高职院校心理健康教育工作的相关政策、规章是完善的，58.2% 的教师认为当前高职院校心理健康教育工作的相关制度具有可操作性（表 6-1）。近一半教师认为当前高职院校心理健康教育制度不够完善或者可操作性不强。尤其在经费支持方面，只有 46.1% 的教师认为自己的工作得到了经费支持。这种状况必将影响心理健康教育的实际效果。

表 6-1　高职院校心理健康教育制度建设的现状

制度是否完善		制度是否具有可操作性	
完善	53.5%	具有可操作性	58.2%
一般	38.1%	一般	38.5%
不完善	8.4%	不具有可操作性	3.3%

心理健康教育是一项系统工程，做好高职生心理健康教育工作，不仅是专兼职教师的事情，同样需要学校领导的支持和各部门、院系的积极配合。调查结果表明，58.6% 的心理健康教师表示学校非常重视自己的工作，69.5% 的教师认为学校主管领导非常支持心理健康教育工作，68.1% 的教师认为学校其他

---

① 俞国良、赵军燕：《论学校心理辅导制度建设》，载《教育研究》，2013（8）。

党政部门能够积极协助配合他们完成工作，71.2%的教师认为学校各院系能够积极配合他们的工作（表6-2）。结果表明，学校主管领导和相关部门对心理健康教育给予较高重视，并在实际工作中发挥了重要作用。

表 6-2　主管领导和相关部门在心理健康教育中的支持、配合情况

学校重视程度		主管领导支持		党政部门协助		各院系配合	
非常重视	58.6%	非常支持	69.5%	积极协助	68.1%	积极配合	71.2%
一般	35.6%	一般	27.6%	一般	28.0%	一般	27.2%
不重视	5.8%	不支持	2.9%	协助不积极	3.9%	配合不积极	1.6%

（二）高职院校心理健康教育的课程建设

课程是心理健康教育的重要抓手，加强心理健康教育课程建设有助于学生增强心理健康意识、掌握心理健康知识。教育部印发的《普通高等学校学生心理健康教育课程教学基本要求》对心理健康教育课程的性质、课时等予以明确规定，即"作为公共必修课设置2学分，32～36个学时"。调查表明，在课程性质上，43.2%的教师任教的心理健康教育课是必修课，32.2%的教师任教的心理健康教育课是选修课，24.6%的教师任教的心理健康教育课既有必修课，也有选修课。在课时上，45.3%的教师表示学生在校期间接受心理健康教育课程的总课时数等于或多于36课时，54.7%的教师表示学生在校接受心理健康教育课程的总课时数少于36课时。在开课时间上，在大一、大二和大三开设心理健康教育课的教师比例分别是87.8%、10.6%和1.6%。这表明许多高职院校在课程建设上仍存在很大不足，没有达到教育部对于心理健康教育课程教学的基本要求。另外，绝大部分心理健康教育课程在大一开设，忽视了大二和大三学生接受心理健康教育的需要。

在教学形式上，23.7%的教师以讲授为主，12.2%的教师以活动为主，64.1%的教师采用讲授与活动相结合的方式。在备课形式上，53.0%的教师采用集体备课，43.9%的教师采用个人备课，另有3.1%的教师不备课。在课程效果上，54.3%的教师认为课程收到很好的效果，42.8%的教师认为课程的效果一

般，2.9%的教师认为课程效果不好。除了授课外，71.2%的教师还以讲座或其他活动形式在学校开展心理健康教育工作。这表明，大多数高职院校心理健康教育教师能够充分利用各种教学形式，提高心理健康教育的实际效果。

在教材方面，68.3%的教师使用教育部审定教材，12.8%的教师使用自编教材，14.5%的教师使用自选教材，4.4%的教师没有教材。对于使用什么类型的教材，《普通高等学校学生心理健康教育课程教学基本要求》没有明确，只是规定"课程教材使用优质教材"。然而，调查结果发现，尽管绝大多数教师在授课时使用了教材，但只有62.4%的教师认为教材能够满足实际教学需要，64.3%的教师对所使用的教材感到满意(表6-3)。这表明加强高职院校心理健康课程建设，应将教材建设作为一个重要方面。

表6-3　高职院校心理健康教育教师对教材的评价

教材是否能够满足教学需要		对教材是否满意	
能够满足	62.4%	满意	64.3%
一般	32.8%	一般	31.8%
不能满足	4.8%	不满意	3.9%

(三)高职院校心理健康教育的心理咨询中心建设

心理咨询中心或心理健康教育中心是高职院校对学生进行心理健康教育的核心机构，承担着对学生进行心理辅导、心理咨询的责任，也要负责对心理障碍和精神疾病学生的转介工作。调查发现，除课程教学外，39.9%的心理健康教育教师还承担着心理咨询工作。其中，57.1%的教师周均接待学生5人次及以下，32.7%的教师周均接待学生6~10人次，10.2%的教师周均接待学生10人次以上。在咨询方式上，72.1%的教师采用单独面谈，18.3%的教师采用团体咨询，9.6%的教师采用电话或网络咨询。认为咨询效果很好、一般和不好的教师分别占60.6%、36.0%和3.4%。在硬件设施上，76.5%的教师表示学校已配备了心理健康教育所需的心理测试工具和其他配套设施。

在对学生心理问题和心理疾病进行筛查和转介方面，93.4%的教师表示学校会对新生的心理健康状况进行普查，89.9%的教师表示除了新生普查外，学校也会对其他学生的心理健康问题进行筛查。90.9%的教师表示他们会对经济上、学习上存在困难的学生予以更多关注，87.0%的教师会对行为异常、遭遇负性生活事件的学生予以更多关注。针对存在精神疾病的学生，83.1%的教师表示学校已建立了转介机制。

（四）高职院校心理健康教育的师资队伍建设

心理健康教育师资队伍的专业水平决定心理健康教育的专业化程度。通过对心理健康教育教师的专业背景进行分析，我们发现，具有心理学专业背景的教师占29.0%，再加上具有相关专业背景（教育学、医学、思想政治教育）的教师也只占49.6%（表6-4）。在从事心理健康教育课教学工作之前，65.5%的教师主要从事非心理学相关工作，只有34.5%的教师一直从事心理健康教育教学工作或心理咨询工作（表6-5）。这表明当前高职院校心理健康教师的专业化水平还比较低。

表6-4　高职院校心理健康教育教师的专业背景

专业	心理学	教育学	医学	思想政治教育	其他
百分比	29.0%	11.3%	2.9%	6.4%	50.4%

表6-5　教师从事心理健康课程教学前的主要工作

之前的工作	百分比	之前的工作	百分比
一直从事心理健康教学	26.5%	心理咨询	8.0%
文化课	8.8%	行政管理人员	9.7%
专业课	22.6%	校医	0.6%
思政课	10.1%	其他	13.7%

在最终取得的学位方面，44.0%的教师具有硕士及以上学位，31.7%的教师具有学士学位，24.3%的教师没有学位，只具有专科及以下学历。在从事心理健康教育工作年限上，47.1%的教师为1年及以下，31.5%的教师在2~5年，21.4%的教师为6年及以上。另外，44.7%的教师获得了心理健康教育方面的资格证书，55.3%的教师没有相关资格证书。

由于很多心理健康教育教师不具有心理学专业背景或者没有取得相关资质，是否能够胜任心理健康教育工作，就成为一个非常值得关注的问题。调查发现，从专业知识水平方面看，46.3%的教师认为自己能够胜任心理健康教育工作，11.3%的教师认为自己不能够胜任当前工作，42.4%的教师对自己能否胜任不太确定。从专业技能水平方面看，48.4%的教师认为自己能够胜任心理健康教育工作，9.3%的教师认为自己不太能够胜任当前工作，42.4%的教师对于自己能否胜任不太确定。可以看到，当前高职院校心理健康教育教师对于自己能否胜任工作的自我评价较低，因此，对高职院校心理健康教师进行专业培训就显得尤为重要。调查结果表明，当前心理健康教育教师的培训不能满足实际的工作需要，只有34.6%的教师认为经常参加心理健康方面的学术会议或培训。心理健康教育教师对于参加培训的呼声较为强烈。75.1%的教师认为自己迫切需要接受进一步专业培训，72.4%的教师希望培训能够将理论与实践相结合，73.9%的教师希望培训能够以集中培训的方式进行（表6-6）。在培训的时间与频率上，36.2%的教师倾向于每年一周，35.0%的教师倾向于每年两周，28.8%的教师倾向于每月两天。在学校领导是否支持自己参加心理健康方面的会议或培训上，56.0%的教师认为非常支持，38.4%的教师认为一般，5.6%的教师认为不太支持。

表6-6　高职院校心理健康教育教师对培训的认知与评价

是否经常参加培训		是否需要进一步培训		希望获得哪方面培训		希望的培训方式	
经常	34.6%	很需要	75.1%	理论	13.8%	集中	73.9%
一般	38.7%	不确定	21.4%	实践	13.8%	分散	19.5%
很少	26.7%	不需要	3.5%	二者结合	72.4%	自学	6.6%

除培训以外，教师进行心理健康教育科研也有助于提高素质，对心理健康教育工作起到积极推动作用。[①] 调查表明，80.5%的教师认为进行科研能够对

---

① 金玲华：《论高校心理健康教育教师的专业发展》，载《山西财经大学学报》，2011，33（A2）。

心理健康教育工作起到帮助作用，68.3%的教师表示学校很重视心理健康教育的科研工作，32.3%的教师不进行任何形式的心理健康教育科研工作。

最后，我们还对心理健康教育教师对心理健康教育工作的整体评价进行了考察。调查显示，61.3%的教师对目前学校心理健康教育工作感到很满意，33.8%的教师认为一般，4.9%的教师感到不满意。在心理健康教育教师职务职称晋升方面，32.1%的教师认为相比于其他专业课程教师，心理健康教育教师更容易得到晋升，27.2%的教师认为专业课程教师更容易得到晋升，40.7%的教师认为两者差不多。

三、分析与讨论

教育部《关于进一步加强和改进大学生心理健康教育的意见》指出，大学生心理健康教育工作要努力提高大学生心理健康教育和心理咨询工作水平，大力加强大学生心理健康教育队伍建设，切实建立和完善大学生心理健康教育领导体制与工作机制。为此，我们从制度建设、课程建设、心理咨询中心建设、师资队伍建设四个方面，对高职院校心理健康教育的工作现状进行了调研，既能够考察各高职院校对相关政策的落实程度，也能够发现在实际工作中存在的长处与不足。这四个方面的建设是相互促进的，任何一个环节存在弱点都会对心理健康教育效果产生影响。制度建设是心理健康教育工作的重要保障，没有完善的制度，心理健康教育工作的开展就没有依据和保障；课程建设是心理健康教育工作的重要抓手，是学生接受心理健康教育的必要途径；心理咨询中心是开展心理健康教育的基本条件，是对学生进行心理咨询并及时进行转介、防止极端恶性事件发生的主要力量，为心理健康教育工作提供机构保障；师资队伍建设是心理健康教育工作的人才保障，直接决定着心理健康教育工作的专业化、科学化程度。一言以蔽之，建设高职院校心理健康教育体系要从这四个方面齐抓共管，全面进行"四位一体"布局，推进心理健康教育工作的协调发展。

在制度建设方面，近一半的教师认为当前高职院校心理健康教育的相关制度不够完善。一方面，要求各高职院校加紧制定完善相关制度；另一方面，国家应加快出台相关政策，积极推动高职院校心理健康教育制度的发展，力争形成一个以纲领性文件为核心、以具体工作要求与标准为辅助的指导体系。当前，国家对于高职院校心理健康教育的指导仍较为滞后，发布的文件与政策都是针对普通高校的，而没有强调高职教育的特殊性。例如，教育部在 2002 年发布的《普通高等学校大学生心理健康教育工作实施纲要（试行）》对普通高等学校心理健康教育的指导思想、主要任务、主要内容、途径与方法等予以了明确，但并没有对高职院校和本科院校的心理健康教育予以分类指导，导致高职院校在具体的工作中没有明确的政策依据。这提示相关部门，在制定关于高等学校心理健康教育工作相关政策时，应考虑到高职院校的特殊性，予以更有针对性的指导。

在课程建设方面，调查结果表明，大部分高职院校开始进行心理健康教育的课程教学，专兼职教师能够充分利用多种形式开展心理健康教育工作。但是，课程性质与课时数量方面仍存在诸多不足。首先，许多高职院校以选修课的形式开设心理健康教育课，影响到这门课程的覆盖面，不能使全体学生接受心理健康教育课程教学。其次，54.7% 的教师表示学生在校接受心理健康教育的总课时数低于 36 课时，无法保障课程教学的实际效果。高职院校应明确认识到，开设心理健康教育课程的根本目的是提高全体学生的心理健康意识，让课程覆盖到每个学生，保证足够课时，才能够使学生正确认识心理健康，也才能创造去污名化的校园氛围，使学生能够正确看待、处理、解决自身的心理行为问题。高职院校应狠抓落实，保证心理健康教育课程的课程性质和课时数量。另外，相关文件对于心理健康教育的教材并没有明确规定，这导致实际工作中使用的教材良莠不齐，进而影响到课程的实际效果。加强高职院校心理健康教育课程建设，应将规范教材的使用作为一项重要内容，相关部门应组织力量编写教材，满足心理健康教育工作需要。

心理咨询中心或心理健康教育中心承担着高职院校心理健康教育的主要工作。调查发现，绝大部分高职院校建立了较为完善的心理行为问题与心理危机的排查、转介机制，这表明高职院校对于学生的心理问题和心理疾病重视程度较高。教育工作者在实际工作中，要避免心理健康教育的医学化倾向，即认为心理健康教育就是解决学生的心理行为问题。高职院校应推进心理健康教育由问题导向向积极心理品质转轨，在做好对心理障碍、心理疾病的预防、识别与转介工作的同时，关注学生积极心理品质的培育，提高他们的心理素质。高职院校可以积极探索单独面谈咨询以外的其他类型咨询方式。尤其是随着网络和移动通信的发展，手机等电子产品已成为大学生生活中的重要组成部分。研究者认为，网络心理咨询具有无地域界限、免费、匿名性高等优势①，但与此同时，网络心理咨询也面临着一些困境②。在这种形势下，如何利用网络媒介开展心理咨询，需要广大教师和研究者进行更为深入的实践探索。

师资队伍建设为构建高职院校心理健康教育体系提供人才保障。调查结果显示，只有29.0%的心理健康教师具有心理学专业背景，24.3%的教师不具备本科以上学历。这一结果表明，高职院校师资队伍在专业化程度上有待提高，高职院校应加大心理学专业人才的引进力度，提高心理健康教育师资的专业水平。此外，高职院校和相关部门还应积极对心理健康教育教师进行培训，提高他们的知识与技能水平。尽管社会上存在着多种多样的心理健康教育培训，但这些培训存在两个突出问题：一是缺少官方指定的培训，高职院校教师无法判断培训是否具有权威性；二是培训过于注重理论，许多教师参与培训后无法获得实际操作技能上的提高。这提示我们，在对心理健康教育教师进行培训时，尤其要注重提高培训的可操作性。在课程教学培训方面，可以像思想政治理论课一样，由官方提供精品课、样板课，让教师知道心理健康教育课讲什么、以怎样的形式讲。在开展心理咨询及转介方面，应为心理问题的预防与干预提供

---

① Kauer, S. D., Mangan, C. & Sanci, L., "Do online mental health services improve help-seeking for young people? —A systematic review," *Journal of Medical Internet Research*, 2014, 16(3), pp. 314-331.

② 孙远：《高校网络心理咨询的困境与对策》，载《黑龙江高教研究》，2014(1)。

具体化的操作流程，让一线教师明确知道怎样处理实际问题。高职院校心理健康教育教师应积极开展科研活动，发挥科研对教育教学的引领作用，加强沟通交流，分享各自在心理健康教育工作中的成功经验，取长补短，相互促进。

四、调研结论

第一，高职院校心理健康教育工作制度尚不够完善，可操作性有待加强。

第二，大部分高职院校开设了心理健康教育课程，但课程设置尚未达到相关标准。

第三，高职院校非常重视对于心理行为问题和心理疾病的筛查与干预，未来应更为重视对于学生积极心理品质的培育。

第四，高职院校心理健康教育专兼职教师的专业化水平有待提高，除了加大心理学专业人才引进力度外，应提供具有可操作性的专业培训。

第七章

———

心理健康教育：高职院校教育管理者的认知与评价

在 2016 年 12 月召开的全国高校思想政治工作会议上，习近平总书记在讲话中指出，要"整体推进高校党政干部和共青团干部、思想政治理论课教师和哲学社会科学课教师、辅导员班主任和心理咨询教师等队伍建设，保证这支队伍后继有人、源源不断"。师资队伍是高职院校心理健康教育的骨干力量，而对这支队伍的领导、建设与管理则是教育管理者的重要任务，教育管理者只有对心理健康教育形成正确认知，才能完成这项工作。心理健康教育是高校思想政治工作的重要组成部分，高职院校心理健康教育要坚持正确的政治方向，高职院校教育管理者，尤其是思政工作者要直接参与到心理健康教育工作中来。当前，高职院校心理健康专兼职教师的数量十分欠缺，只有让思政工作者参与到心理健康教育的实际工作中，才能为心理健康教育提供充足的师资保障。这除了需要高职院校教育管理者掌握基本的心理学理论与技术外，同样需要教育管理者对于心理健康教育有正确的思想认识。为此，我们使用自编的《高职院校心理健康教育基本情况调查问卷（教育管理者问卷）》对北京、河北、河南、湖南、江苏、浙江、云南 7 个省市共 326 名高职院校教育管理者进行了问卷调查，考察他们对心理健康教育工作及心理健康教育师资队伍建设的认知与评价。在此基础上，我们对高职院校教育管理者在心理健康教育工作中的领导、建设、管理和参与责任进行了分析与讨论。

一、调研方法

我们于 2016 年 10 月至 12 月把自编的《高职院校心理健康教育基本情况调

查问卷(教育管理者问卷)》作为研究工具，对 7 个省市的高职院校进行了网络与纸质问卷调查。该问卷由 32 道题目组成，考察了教育管理者对于高职院校心理健康教育基本情况、制度建设与考核情况的认知与评价，以及他们对心理健康教育兼职教师的要求和对专职教师的管理情况。7 所高职院校的领导、学生工作者、党团工作者共 326 人填写了问卷。我们使用 SPSS16.0 对数据进行了分析。

二、调研结果

(一)心理健康教育工作的基本情况

调查表明，89.0%的教育管理者表示学校开设了心理健康教育必修课程，95.7%的教育管理者表示学校设有专门的心理咨询中心和专职心理咨询教师，97.2%的教育管理者表示学校在课程教学以外开展了其他形式的心理健康教育工作，如举办专题讲座或开展专题活动等，93.3%的教育管理者表示学校会对班主任、辅导员和思政课教师等进行有关心理健康教育方面的培训(表 7-1)。73.0%的教育管理者对学校心理健康教育工作感到满意，25.5%的教育管理者认为一般，对心理健康教育工作感到不满意的只有 1.5%。这表明，从高职院校教育管理者的角度看，心理健康教育工作运转状态良好。

表 7-1 心理健康教育工作的基本情况

	开设心理健康课	开设心理咨询室	举办其他活动	进行心理健康教育培训
是	89.0%	95.7%	97.2%	93.3%
否	11.0%	4.3%	2.8%	6.7%

(二)心理健康教育的制度建设与考核评价

在心理健康教育的制度建设方面，96.9%的教育管理者表示学校成立了心理健康教育工作组织领导机构，96.9%的教育管理者表示学校成立了心理健教育工作专门机构，如心理咨询中心或心理健康教育中心，96.3%的教育管理者表示学校制定了心理健康教育工作相关规章制度和工作制度。在考核方面，87.7%的教育管理者表示学校对心理健康教育工作进行考核并列入绩效评估，88.0%的教育管理者表示将心理健康教育工作作为评价各院系思政工作成效的重要指标，88.7%的教育管理者表示上级单位每年都会对学校的心理健康教育工作进行督导、检查和指导（表7-2）。结果表明，高职院校在组织机构设置和制度建设上做了许多工作，取得了初步成效。调查结果同时表明，制度的制定并不等同于制度的落实，只有76.7%的教育管理者认为心理健康教育相关制度落实情况很好，23.3%的教育管理者认为制度落实情况一般。

表7-2 心理健康教育的考核情况

	是否列入绩效评估	是否是评价思政工作成效的重要指标	是否进行督导、检查和指导
是	87.7%	88.0%	88.7%
否	12.3%	12.0%	11.3%

(三) 教育管理者对兼职心理健康教育教师的要求

开展高职院校心理健康教育工作，不能只靠少数专职教师，兼职教师是高职院校开展心理健康教育工作的重要力量。调查结果表明，在心理健康兼职教师来源方面，86.8%的教育管理者表示学校的兼职教师以辅导员、班主任和思政课教师为主，这表明思政工作者在心理健康教育工作中发挥了重要作用。在选择兼职教师时，87.5%的教育管理者认为教师的人格与心理健康程度非常重要。认为教师的授课技能、从业时间与经验以及拥有相关资格认证非常重要的教育管理者分别占83.0%、80.7%、80.3%。与这些因素相比，教师的专业背景和学历学位在教育管理者看来并不是特别重要，只有74.0%和62.2%的教育管理者认为这两者非常重要（图7-1）。

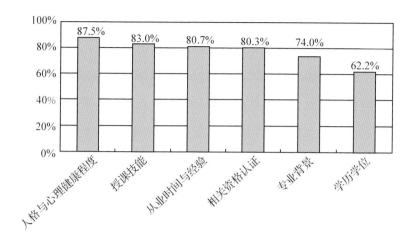

图 7-1 高职院校教育管理者对兼职心理健康教育教师的要求

（四）教育管理者对专职心理健康教育教师的管理

教育部《普通高等学校学生心理健康教育工作基本建设标准》明确要求，每所高等学校心理健康教育专职教师的数量不得少于 2 名。调查表明，87.7% 的教育管理者表示学校已配备了专职心理健康教育教师，其中，12.9% 的教育管理者表示学校有 1 名专职教师，15.8% 的教育管理者表示学校有 2 名专职教师，71.3% 的教育管理者表示学校专职教师为 3 名及以上。这表明，大部分高职院校达到了教育部要求的配备专职教师的数量标准。

我们对教育管理者怎样对专职教师进行管理进行了调查。在专职教师的职责范围方面，61.1% 的教育管理者表示专职教师以教育教学和心理咨询为主，38.9% 的教育管理者表示专职教师以学生工作和心理健康宣传为主。从工作量角度看，69.7% 的教育管理者表示学校对于专职教师的工作量有具体的规定，55.4% 的教育管理者认为目前专职教师的工作强度很大。在考核上，68.8% 的教育管理者认为学校已对专职教师的绩效考评建立了系统的考核评价方案（表 7-3）。

在专职教师的薪酬方面，66.7% 的教育管理者表示学校有明文规定按行政人员的标准执行。在职称晋升途径方面，52.3% 的教育管理者表示专职教师按照教师岗位晋升，40.7%的教育管理者表示专职教师按照教育管理(含思政)岗位晋升，7.0%的教育管理者表示专职教师以其他途径晋升。相比于一般教师岗位，44.3%的教育管理者认为专职心理健康教育教师更容易得到晋升，5.6%的教育管理者持相反观点，50.1%的教育管理者对此表示不确定。在管理的规范程度上，70.0%的教育管理者认为高职院校对专职教师的管理非常规范，28.6%的教育管理者认为一般，1.4%的教育管理者认为管理不够规范(表7-3)。

表 7-3 高职院校对专职心理健康教育教师的管理情况

	是	不确定	否
是否有工作量的具体规定	69.7%	27.9%	2.4%
是否有系统的专门考核方案	68.8%	28.4%	2.8%
薪酬是否明文规定按行政人员标准执行	66.7%	29.1%	4.2%
相比一般教师岗位，是否更容易晋升	44.3%	50.1%	5.6%
管理是否规范	70.0%	28.6%	1.4%

除了对专职心理健康教育教师的职责管理和人事管理外，66.4%的教育管理者认为专职教师拥有较多的机会参加学术会议、专业培训或进修，2.4%的教育管理者认为这样的机会较少，31.2%的教育管理者认为一般。68.2%的教育管理者表示学校建立了专业的服务体系以保障专职教师的心理健康状态，3.5%的教育管理者对此表示否认，28.3%的教育管理者对此感到不确定。总体上，74.2%的教育管理者对专职教师的工作满意度较高，1.0%的教育管理者对他们的工作表示不满意，24.8%的教育管理者对专职教师的工作满意度一般。

三、分析与讨论

我们从基本情况、制度建设与考核、对兼职教师的要求和对专职教师的管理四个方面，考察了高职院校教育管理者对心理健康教育工作的认知与评价。结果发现，高职院校教育管理者对于当前心理健康教育工作有着较高评价，表明高职院校在工作开展、制度建设、专兼职教师的聘用与管理上都取得了积极成效。与此同时，我们也可以看出工作中存在的一些不足。

首先，大多数高职院校已建立了心理健康教育的工作制度、考核制度以及督导制度，但在制度的落实上存在不足。调查发现，近 1/4 的教育管理者认为制度的落实情况一般，表明高职院校在制度建设上存在着形式化倾向。一些高职院校将心理健康教育当成是"规定动作"，认为心理健康教育就是"走过场"。这种形式主义的心态，导致一些高职院校将开展心理健康教育视为应付上级检查的任务之一，使心理健康教育流于形式。

其次，在选择兼职教师时，教育管理者较为看重教师的人格与心理健康程度、授课技能、从业时间与经验以及拥有相关资格认证，不太看重教师的专业背景和学历学位。尽管应克服"唯学历论"的偏见，但心理健康教育教师的专业背景和学历必然会对高职院校心理健康教育的专业化水平产生影响。高职院校教育管理者在选择兼职教师时之所以对专业和学历不太重视，可能是由于高职院校中心理学专业的高学历人才较少。在今后的工作中，高职院校需加大对心理学专业教师的引进力度，提高心理健康教育师资队伍的专业化程度。

最后，有的高职院校没有配备专职教师或专职教师数量没有达到相关标准，在对专职教师的人事管理和业务培训上还存在不规范之处和不足之处。尤其是在专职教师的晋升方面，专职教师通过何种渠道获得职业发展，仍需要相关政策进一步明确和高职院校进行更多实践探索。

需要强调的是，这些问题不是仅依靠心理健康教育教师就能够得妥善解决的，还需要高职院校教育管理者付出努力。在以往的研究中，研究者通常关注政策制定部门应该怎样做，专兼职教师应该怎样做，或者辅导员、班主任应该在心理健康教育中发挥怎样的作用，忽视了高职院校教育管理者在心理健康教育中应承担怎样的职责。我们认为，高职院校教育管理者在进一步完善心理健康教育工作中的作用举足轻重，需要发挥领导责任、建设责任、管理责任和直接参与责任。

第一，高职院校教育管理者应加强心理健康教育工作的领导。心理健康教育是高校思想政治工作的重要组成部分，在思想政治教育的框架下开展心理健康教育是高校坚持社会主义办学方向的必然要求。研究者认为，高校心理健康教育必须以马克思主义为指导①，将社会主义核心价值观融入大学生心理健康教育内容之中②③。高职院校要强调教育管理者对心理健康教育的第一责任，把握心理健康教育工作的正确方向，坚持唯物主义观点，克服封建迷信、伪科学等对心理健康教育工作的干扰，尤其要防止有人借助心理健康教育对大学生的价值观进行腐蚀、西化。调查结果显示，实际工作中存在着制度落实不到位的情况，高职院校教育管理者要加大对心理健康教育工作的监管力度，保障各项制度落地见效。

第二，高职院校教育管理者应加强心理健康教育师资队伍建设。研究者指出，我国高校心理健康教育师资队伍存在"低龄化、低职称化、低专业化、低专职化"的特点④，这些特点同样存在于高职院校中，这就要求高职院校加强心理健康教育师资队伍建设。对此应从两方面着手，即保证师资队伍的"质"和"量"。从"质"的方面看，首先应加大高素质专业人才的引进工作力度，提升专业人才整体学历水平，提高心理健康教育师资队伍的专业化程度。这就要求各高职院校进一步提高办学质量和教师待遇，引导心理学专业毕业生在择业中克服对职业教育的偏见，吸纳更多高素质心理健康教育工作者投身高职教育。此外，高职院校教育管理者应积极组织举办各类培训会、研讨会、工作坊，鼓励专兼职教师参与科学研究，提高专兼职教师的理论和技能水平。从"量"的方面看，高职院校既要增加专职教师的数量，使之达到相关文件政策的要求，降低专职教师的工作量，也要进一步扩充兼职教师队伍，提高全体教师的心理健康教育意识，努力形成专职教师带动兼职教师，专兼职教师带动全体教师，全员

① 胡凯：《试论构建我国大学生心理健康教育体系的指导思想和基本原则》，载《思想理论教育导刊》，2008(4)。
② 胡凯、夏继春：《社会主义核心价值体系的心理建设思路探析》，载《伦理学研究》，2009(4)。
③ 武光路：《社会主义核心价值观如何融入大学生心理健康教育》，载《中国党政干部论坛》，2016(11)。
④ 马建青：《大学生心理健康教育课程30年建设历程与思考》，载《思想理论教育》，2016(11)。

参与、全程参与，共同做好心理健康教育工作的局面。

第三，高职院校教育管理者应优化心理健康教育专兼职教师的管理。高职院校对心理健康教育专兼职教师的管理还存在诸多不规范之处。对专职教师来说，首先是他们的人事管理序列亟待明确。在调查中，一些专职教师按教师岗位接受管理，另一些专职教师按教育管理岗位接受管理，这导致对专职教师管理的混乱，也使得专职教师对自身的职业定位和职业发展规划不甚明确。一些高职院校的心理健康教育中心设置在学生工作部之下，有研究者认为，这种"依附式管理"导致进人途径与用人方式等方面缺乏自主权，应该努力使心理健康教育机构独立建制，实现人事编制独立和预算单列。① 我们认为，"依附式管理"尽管存在一些弊病，但有助于充分调动学生工作的行政力量开展心理健康教育，在现阶段有利于实际工作开展。问题的关键在于，应进一步完善对于专职教师的考核办法，明确专职教师的人事编制序列，打通上升渠道，使心理健康教育专职教师获得与辅导员同等的待遇。对兼职教师来说，高职院校应进一步明确对兼职教师工作量的计算，规范兼职教师的薪酬待遇，提高兼职教师参与心理健康教育的积极性。

第四，高职院校教育管理者应参与到心理健康教育工作之中。当前，兼职教师仍是高职院校开展心理健康教育工作的骨干力量。教育管理者以兼职教师身份直接参与其中，能够弥补师资队伍不足的短板。许多教育管理者的工作范围涉及学生工作，他们对学生的生活状况、学习状况和心理状况比较了解，有助于将解决学生的心理问题与解决实际问题相结合，这是教育管理者参与心理健康教育的一大优势。在实际工作中，可以将思想政治教育与心理健康教育进行更为紧密的结合。思想政治教育与心理健康教育之间存在着密切联系，两者的终极目标具有一致性、所遵循的教育规律具有一致性、服务主体具有一致性②，将两者进行结合、渗透，能够发挥两者之间的互补作用。一方面，思想

---

① 冯铁蕾：《高校心理健康教育师资依附性管理存在问题及应对》，载《中南民族大学学报（人文社会科学版）》，2012，32(3)。
② 俞国良：《现代心理健康教育》，71~79 页，北京，人民教育出版社，2007。

政治教育应借鉴心理健康教育的基本方法，增强学生对思想政治教育的"心理认同"①，促进思想政治教育由"经验型"走向"科学型"②；另一方面，心理健康教育应注重对学生进行价值观引导，"在心理发展的基础上提升思想观念、道德观念、政治观念"，促进学生心理素质的全面发展。③

总之，高职院校教育管理者是决定心理健康教育工作成效的一支重要力量。加强心理健康教育工作的领导，能够保证心理健康教育的正确方向；加强心理健康教育师资队伍建设，能够为心理健康教育提供根本人才保障；优化对心理健康教育专兼职教师的管理，有助于明确教师的职责定位，激发他们的工作热情。教育管理者直接参与心理健康教育工作能进一步壮大心理健康教育的师资力量，推动实现思想政治教育和心理健康教育在实际工作中的进一步融合。高职院校教育管理者只有切实履行领导、建设、管理和参与责任，才能为心理健康教育工作的顺利开展提供基础保障与条件保证。

四、调研结论

第一，高职院校教育管理者对心理健康教育工作比较满意，但一些高职院校在制度的具体落实上存在不足；兼职教师的专业化水平较低，教育管理者对专职教师的管理存在不规范之处。

第二，高职院校教育管理者应进一步履行心理健康教育的领导责任、建设责任、管理责任和参与责任。

---

① 邹金霞：《论高职院校大学生思想政治教育的"心理认同"》，载《高教探索》，2016(8)。
② 朱友岗：《高校心理健康教育与思想政治教育应有机结合》，载《江苏高教》，2006(6)。
③ 佘双好：《中国高校心理健康教育模式的生成与发展》，载《学校党建与思想教育》，2016(7)。

第八章

————

高职院校心理健康教育：现状、问题与对策

随着国家对高等学校心理健康教育工作的重视程度日益增加，心理健康教育已成为高等教育的重要内容，培养具有良好心理素质的大学毕业生是高校的一项重要任务。高职教育作为我国高等教育体系中的重要组成部分，既具有高等教育的普遍特点，又具有职业教育的特殊性。在深化教育领域综合改革的形势下，党的十九大报告强调"要推动职业教育精准改革"。因此，随着高职教育的重要性愈发凸显，如何更好地把握高职生的心理发展特点，进一步加强和改进高职生心理健康教育，成为高职教育中亟待深入思考的一个重要问题。

一、高职院校学生心理健康的现状

一些研究者使用症状自评量表（SCL-90）对高职院校学生的心理健康状况进行了调查，结果并不乐观。陈启山、温忠麟发现，在被试样本中，有明显心理症状者为 1.6%，有轻度症状者为 21.9%[1]；边文颖的调查结果显示，被试在各因子上的得分均显著高于全国青年常模[2]；应金萍、徐竞、庄朝霞对宁波市 5 所高职院校学生的心理普查数据进行了分析，结果发现，在六年内学生心理问题的检出率由 13.8% 上升到了 20.6%[3]。这些研究结果揭示出当前高职院校学生心理健康状况的严峻性。

---

[1] 陈启山、温忠麟：《高职大学毕业生的应对方式与心理健康的关系》，载《心理发展与教育》，2005，21（2）。

[2] 边文颖：《关于高职生心理健康状况的调查研究》，载《教育理论与实践》，2011，31（1）。

[3] 应金萍、徐竞、庄朝霞：《高职院校心理健康教育现状、趋势及对策》，载《职教论坛》，2010（15）。

有研究者对高职生和普通高校本科生心理健康水平进行了比较。例如，张宇迪对 2001—2010 年高职生在症状自评量表(SCL-90)上的 51 项测试结果进行了元分析，结果发现，高职生在强迫、人际关系敏感、恐怖和精神病性 4 个因子上的得分高于成人常模，但在各因子上与本科生常模均无显著差异。[①] 这表明，高职生心理健康水平从总体上并不比本科生差，但这一研究结果并不能否认高职生心理特点的独特性。具体而言，与普通高校本科生相比，高职生存在较为明显的自卑心理。邱开金的调查发现，约 50% 的高职生认为"进职业院校读书是无可奈何的选择"，主要原因是"升学考试成绩不好"。[②] 应金萍、徐竞、庄朝霞收集的日本大学生人格问卷(UPI)数据显示，高职生的自卑心理明显高于本科生。[③] 孙温平对某职业学院的调查发现，41% 的学生存在较强的自卑感。[④] 可以看出，由于社会中仍存在"唯学历论"的思想，以及高职院校在高招过程中录取批次靠后等，高职生将高职教育视为"二等教育"，产生了较为严重的自卑心理，影响了心理健康。

除了高职生的一般特点外，高职生中某类群体的心理健康状况也应受到关注。一些研究者发现，高职院校中贫困生和女生的心理健康水平较低。例如，赵凤发现，高职院校中女生和贫困生的心理问题较多[⑤]；董英山调查发现，高职贫困生的心理健康水平远低于非贫困生的心理健康水平[⑥]；边文颖的研究表明，高职院校男生的心理健康状况优于女生，城市学生的心理健康状况优于农村学生[⑦]。这些研究结果提示我们，高职院校在开展心理健康教育过程中，需对贫困生和女生的心理健康状况给予更多关注。

总之，高职院校学生群体存在一定程度的心理问题，具有不同于普通高校

---

① 张宇迪：《高等职业院校学生 SCL-90 评分的 meta 分析》，载《中国心理卫生杂志》，2011，25(9)。

② 邱开金：《高职学生心理健康问题研究》，载《心理科学》，2007，30(2)。

③ 应金萍、徐竞、庄朝霞：《高职院校心理健康教育现状、趋势及对策》，载《职教论坛》，2010(15)。

④ 孙温平：《高职院校学生自卑心理调查与干预策略研究——以某职业学院为例》，载《中国职业技术教育》，2010(24)。

⑤ 赵凤：《青海省高职学院新生心理健康现状调查》，载《中国公共卫生》，2009，25(7)。

⑥ 董英山：《高职学校贫困生心理健康问题探析》，载《教育与职业》，2014(5)。

⑦ 边文颖：《关于高职心理健康状况的调查研究》，载《教育理论与实践》，2011，31(1)。

本科生的独特性。高职院校开展具有高职特色的心理健康教育十分必要。在进行心理健康教育的过程中，教师需要考虑高职生独特的心理特点，并对某类学生群体给予更多重视，这样才能切实提高心理健康教育的针对性、实效性。

二、高职院校心理健康教育存在的问题

(一) 国家从政策上对高职院校心理健康教育的指导相对落后

国家十分重视普通高校大学生的心理健康教育，先后发布了《关于加强普通高等学校大学生心理健康教育工作的意见》《关于进一步加强和改进大学生心理健康教育的意见》等一系列文件，指导普通高校心理健康教育工作。高职教育是我国高等教育的重要组成部分，国家却没有专门针对高职院校心理健康教育的政策。尽管高职院校参照上述文件开展工作，但由于针对性不强，极易导致实际的心理健康教育工作收效较差。另外，在职业教育体系中，教育部早在2004年就印发了《中等职业学校学生心理健康教育指导纲要》，指导中职学校开展心理健康教育。可见，从政策指导上来看，高职院校的心理健康教育既落后于普通本科院校，又落后于中等职业学校。

(二) 高职院校心理健康教育存在落实不到位的情况

随着一系列文件的出台，高职院校普遍开设了心理健康教育课程，建立了心理健康教育工作体制机制。但是，实际工作过程中存在落实不到位的情况。袁惠莉、杜鹃对全国37所高职院校的心理健康教育现状进行了调查，结果发现，绝大部分高职院校建立了较为健全的心理健康教育工作机制，但只有70.3%的高职院校对心理健康教育工作进行定期考核。[①] 这一调查结果表明，高职院校心理健康教育已拥有基本的配套设施与相关制度，但制度运转与落实并不理想。一些高职院校甚至只是将开展心理健康教育视为应付上级的"规定动

---

① 袁惠莉、杜鹃：《高职学校心理健康教育现状初探》，载《卫生职业教育》，2015，33(14)。

作"，这种形式主义心态导致心理健康教育收效甚微。

(三) 高职院校心理健康教育课程设置达不到相关规定标准

《普通高等学校学生心理健康教育课程教学基本要求》对心理健康教育课程的性质和课时数量做了明确规定："主干教育课程作为公共必修课设置 2 学分，32～36 个学时。"但由于高职教育学制短，专业课学习时间紧张，一些高职院校在课程设置上达不到标准。首先，在课程性质方面，黄金来调查发现，在广西的 36 所高职院校中，只有 3 所院校将心理健康教育课程设置为必修课[①]，这将无法保证全体学生接受心理健康教育。其次，在课时方面，有的高职院校达不到规定的课时数标准，这必然会限制心理健康教育课程的讲授内容，使之无法覆盖到学生成长、生活、学习、工作等各个方面。最后，高职院校的心理健康教育课程多只在大一开设，对大二、大三学生的心理健康教育存在缺失，这样教师就无法根据大二、大三学生的年级特点开展针对性的心理健康教育，显然不利于达到切实提高高职院校学生心理健康水平的目标。

(四) 高职院校心理健康教育师资不足

高职院校心理健康教育师资不足首先体现在教师队伍的专业化程度不够，许多从事心理健康教育的教师没有心理学专业背景。邱开金、周晓玲对 6 个省 42 所高职院校的调查显示，在 177 名心理健康教育教师中，有 78 人具有心理学专业背景，仅占总人数的 44.1%。[②] 教师队伍较差的专业化水平导致课程的专业性不强，导致教师对学生心理危机的干预不得当，造成严重后果。

另外，心理健康教育师资不足还体现在教师数量上。有些高职院校只设置 1 名专职教师负责全校的心理健康教育课程，其余全部都是兼职教师。裴静对 12 所高职院校的心理健康教育师资配备情况进行了调查，认为专职教师与学生

---

① 黄金来：《高职心理健康教育课程建设的实践与反思》，载《中国成人教育》，2011(5)。
② 邱开金、周晓玲：《高职心理健康教育课程体系研究》，载《心理科学》，2009，32(5)。

的数量比大约为 1∶7549①，这与美国 1∶1200～1∶1000 的师生比存在很大差距，与教育部规定的 1∶4000 的师生比也存在明显差距。专职教师数量严重不足使得专职教师的工作量过大，无法根据学生心理特点有针对性地开展工作。

三、高职院校心理健康教育的对策研究

我国从 20 世纪 80 年代开始对大学生进行心理健康教育，尽管目前心理健康教育仍然存在一些不足，但始终向着好的方向发展，普通本科院校基本建立了较为完善的心理健康教育体系。我国高职教育起步较晚，心理健康教育水平落后于普通本科院校。高职院校心理健康教育不能完全复制普通本科院校的教育模式，这是由职业教育的特殊性决定的。教育部明确指出，高职高专教育"以培养高等技术应用性专门人才为根本任务"，强调了高职教育的职业性。因此，高职院校的心理健康教育必须适应人才培养目标，按照高职生的心理特点有针对性地开展工作。

(一)正确认识高职教育地位，改变高职生的自卑心理

随着改革的全面深化，国家对职业教育的重视达到了前所未有的高度。但由于高招批次靠后、录取分数线低等，高职教育的地位远低于本科教育，更有人将高职教育视为"二等教育"。除上述原因外，职业教育的特色性不强也是影响高职教育地位的一个重要因素。一些高职院校人才培养目标模糊，片面强调专业课程学习，使得高职教育成了压缩版的本科教育，教育的职业性没有得到突出，导致高职毕业生在就业市场中缺乏竞争力。在这种情况下，高职生必然形成不如本科生的想法，更容易产生自卑、焦虑、抑郁等情绪，极大影响了心理健康。高等职业教育拥有与普通本科教育相同的地位，不仅有利于国家经济

---

① 裴静：《高职院校心理健康教育师资队伍的现状与思考》，载《教育与职业》，2009(20)。

的良性发展，也对高职生的心理健康产生助益。可喜的是，随着"唯学历论"被逐渐打破，人们开始给予高职毕业生更多的认可。《2015 中国高等职业教育质量年度报告》指出，2011 届至 2014 届高职毕业生毕业半年后的月收入与普通本科毕业生的差距正在逐年缩小，四年的差幅分别为 19%、19%、17% 和 15%；《中国青年报》2017 年 9 月 7 日报道，今年部分高职院校的录取分数线已超过二本。从中可以看出，随着教育领域综合改革的不断推进，产教融合、校企合作进一步深化，高职教育必定会不断提高自身的社会地位。高职生也应该正确认识高职教育，端正态度，克服自卑心理，充满自信地迎接挑战。

（二）加强高职院校心理辅导制度建设，以制度手段确保相关工作得到落实

"心理辅导制度是学校心理辅导工作的规章制度，是心理健康教育系统的核心。"①加强高职院校心理辅导制度建设，有助于保障心理健康教育的相关举措落到实处，这需要从国家和学校两个方面着手。一方面，国家需尽快出台关于高职院校心理辅导的基本制度，以政策和法律法规形式对高职院校心理健康教育的目的、任务、方法、形式和具体内容进行明确规定；另一方面，学校要制定、落实心理辅导的具体性制度。第一，学校领导应更加重视心理健康教育在人才培养中的重要地位，将其纳入学校思想政治教育工作体系，把心理健康教育工作落到实处。学校要深刻理解开展心理健康教育的意义，既不能将心理健康教育等同于心理疾病的治疗，也不能将心理健康教育类比思政体系中的"做思想工作"，要把提高学生的心理健康水平作为心理健康教育的根本目标。第二，学校要加强心理健康教育工作的组织管理，建立学校心理辅导领导小组和工作责任小组，协同学生工作部、宣传部、教务处等相关部门共同保障心理健康教育的顺利进行，另外，学校要充分发挥各级学生党团组织、社团在学校和学生之间的桥梁作用，可以在班级设立心理委员，使学生的心理动态能及时被学校所了解，发现问题及早进行心理干预。第三，学校要建设心理辅导工作规章制

① 俞国良、赵军燕：《论学校心理辅导制度建设》，载《教育研究》，2013，34（8）。

度，包括年度工作计划、中长期发展规划以及相关具体管理制度，同时，要建立并完善心理危机预防与干预机制，制定心理咨询工作制度，制定并落实心理危机干预工作预案，建立院系、咨询机构、医疗机构之间的心理危机转介机制，防止由心理危机导致的恶性事件出现。

（三）建设具有高职特色的心理健康教育体系，提高心理健康教育的实效性

建设具有高职特色的心理健康教育体系有两层含义。第一层是要防止将心理健康教育作为一门孤立的课程设置，应将其纳入高职教育的课程体系，把心理健康作为高职院校的一个重要育人目标。邱开金、周晓玲提出，高职院校应将心理健康教育类课程和通识类课程、职技类课程一起列入高职教育课程体系，使之成为"一类教育"，贯穿高职教育全过程，达到实现高职生个性化全面发展的目的。

第二层含义是指高职院校的心理健康教育要具有高职特色，不与普通本科院校的心理健康教育相雷同。高职院校的心理健康教育要符合《国务院关于大力发展职业教育的决定》中"以服务为宗旨，以就业为导向"的要求，在教学内容上"注意加强与学生学校生活、专业职业和社会实践的联系；加强学生现有心理实际需求和求职就业过程中心理素质的联系"。高职院校的心理健康教育需要强调职业属性，通过开展心理健康教育，使学生完成从普通教育向职业教育的转变，并且提高职业适应能力和职业心理素质。例如，周晓玲、邱开金从高职教育的职业性出发，提出一、二、三年级的职业心理教育主题可以分别是"找'心'工程""强'心'工程"和"成'心'工程"，分别帮助学生找回信心、增强信心、成才成功。[①] 在心理健康教育过程中，教师可以融入对高职生的生涯规划指导，这既有利于学生的职业发展，又将对学生的心理健康产生助益。

---

① 周晓玲、邱开金：《高职生职业心理与职业心理教育的关系研究》，载《心理科学》，2008，31(5)。

(四) 丰富心理健康教育形式，增强学生的心理体验

传统授课方式不利于激发学生的学习兴趣，单纯的讲授必然会削弱心理健康教育的实际效果。在心理健康教育过程中，教师应采取灵活多样的教学方式，既要使学生掌握心理健康知识，又要使学生在体验中获得领悟与成长。当前，一些研究者提倡在心理健康教育中运用体验式教学，使学生在活动中加深对心理健康知识的认识、理解和体验。邱小艳、宋宏福通过实验研究证明，体验式教学的确比传统式教学更能提高学生的心理健康水平。[①] 体验式心理健康教育是高职院校可以借鉴的一种新型教育模式。高职院校应围绕心理健康教育目标，充分利用校园广播、报纸、展板等媒介宣传心理健康知识，在课堂以外广泛开展多种形式的心理健康教育活动，使学生在活动体验中获得成长。学校尤其要充分重视网络在心理健康教育中的重要作用，利用网络，提高心理健康教育的趣味性、便利性和参与性，丰富心理健康教育形式。

(五) 加强教师队伍建设，提高高职院校心理健康教育的专业性

师资水平直接决定高职院校心理健康教育的专业化程度。加强高职院校心理健康教育教师队伍建设，一是要增加专职教师数量，提高教师队伍专业化程度，改变以兼职教师为主的现状，形成以专职教师为主、专兼职结合的模式。高职院校既要进一步选聘心理健康教育相关人才，保证专职教师数量，又要提高专兼职教师聘用标准，提升专兼职教师队伍专业水平。二是要强化心理健康教育教师培训机制，建立定期培训及考核制度，加大对培训工作的支持力度，通过开展多种培训，提高心理健康教育教师的个人素质、理论修养、教育能力、实践操作和科研能力。三是要提高教师全员性参与程度。"高校所有教职员工都负有教育引导大学生健康成长的责任"，专业任课教师、政工干部等要增强对学生进行心理健康教育的意识，积极主动地对学生进行心理健康教育，在能力与

---

① 邱小艳、宋宏福：《大学生心理健康教育课程体验式教学的实验研究》，载《湖南师范大学教育科学学报》，2013，12(1)。

目标范围内正确引导和帮助学生。

（六）努力实现由心理健康教育向心理健康服务的转型，增强学生参与的自主性程度

俞国良提出，要"倡导自主自助的心理健康教育新模式"①，让学生为自己的心理健康负责，并为自己的心理健康服务。在传统的心理健康教育模式作用下，教师处于主导地位，决定心理健康教育怎样进行。这种教学方法忽略了学生个体间的心理差异，使学生处于被动地位。新模式提倡提高学生参与心理健康教育的自主性，让学生成为自己心理健康的主人，决定是否需要接受帮助、接受怎样的帮助，这种模式作用下的心理健康教育效果将远远好于传统的课堂讲授。从心理健康教育走向心理健康服务是学校心理健康教育发展的必然趋势。教育模式的内隐假设是教育者对教育对象实施影响，而服务模式与教育模式的视角不同，更重视学生的积极性和主动性，提供适合学生心理发展规律的心理健康服务。② 当前，大多数高职院校暂时尚不具备构建心理健康服务体系的基本条件，但要逐渐形成心理健康服务的新理念，深刻认识心理健康服务过程中学生的主体地位。随着心理健康教育工作的进一步落实与推进，自主自助的心理健康教育新模式必将成为高职院校心理健康教育的"新常态"。学校一定会逐步实现由心理健康教育模式向心理健康服务模式转型，切实提高高职生的心理健康水平和心理素质，为培养更加优秀的高等技术应用性专门人才提供坚实保障。

---

① 俞国良：《心理健康教育要实现自主自助》，载《基础教育参考》，2011(6)，1页。
② 俞国良、侯瑞鹤：《论学校心理健康服务及其体系建设》，载《教育研究》，2015，36(8)。

第三篇

普通高校调研
与比较报告

为了解目前普通高校学生、专兼职教师和教育管理者对心理健康教育的认知与评价，我们对全国 7 个省市 (北京、河南、陕西、湖北、浙江、贵州、广东) 的 11 所高校进行了大样本纸质问卷调查。对全国 10405 名大学生的调查结果表明，大学生对心理健康教育内容有多样需求，但满意度较低；对心理健康教师和心理咨询师专业性的认可度较低；对网络心理健康教育的体验较差；对大中小学心理健康教育衔接情况的满意度较低。学校党团组织和社团开展的活动增加了心理健康教育形式，但任课教师、辅导员等对心理健康教育的重视程度仍显不足。普通高校心理健康教育应着力提升师资软实力，重视网络心理健康教育体系建设，增强教师全员参与的积极性，完善大中小学心理健康教育的衔接。对 491 名专兼职教师的调查结果表明，普通高校对心理健康教育的重视程度较高，但制度保障仍然不足；普通高校普遍开设了心理健康教育课程，但课程质量仍需提高；心理咨询室运转状态良好，但应进一步扩大职责范围；心理健康教育专兼职教师的专业化水平较低，应充分发挥培训与科研的作用；网络心理健康教育已经起步，但利用程度较低。对 253 名教育管理者的调查结果表明，普通高校教育管理者应提高对心理健康教育的认识，推动心理健康教育工作的持续发展；进一步推进心理健康教育制度建设，保证制度顺利落实；在对心理健康教育兼职教师的要求上，既要注重教师的工作能力，也要注重教师的专业水平；在对心理健康教育专职教师的管理上，既要抓好工作效果，也要抓好队伍建设。此外，我们还对不同地区高等学校心理健康教育的现状进行了比较研究。结果表明，与东部地区高校相比，西部地区高校的心理健康教育在制度落实、课程设置、心理咨询室建设、师资力量和经费支持等方面均较为薄弱；中西部地区高校在网络心理健康教育方面取得了较明显的进展。基于高校心理健康教育的地区差异，未来应加强东部地区高校与中西部地区高校之间的交流与借鉴，整合各地区优势资源，切实完善心理健康教育与服务体系。对不同类型高等学校心理健康教育的对比研究结果表明，第一，普通本科院校的心理健康教育课程普及度更高，但心理健康教育可能存在形式化倾向；第二，重点院校的心理健康教育的效果最好，重点院校的心理健康教育经费充足，心理健康教育形式多样、途径广泛，师资水平较高；第三，高职院校心理健康教育较为落后，且学生对心理健康的认识浮于表面。

第九章

———

心理健康教育：普通高校学生的认知与评价

自心理健康教育概念提出伊始，教育部就出台了一系列政策文件，为扎实推进大学生心理健康教育工作提出了总体要求和指导方案；高校心理健康教育工作者也明确了目标，不断探索符合中国特色的心理健康教育体系。[①] 在以往研究中，学者对心理健康教育的理论探索、问题反思和应对策略进行了较为充分的研究，但从学生视角对普通高校心理健康教育实施成效的探讨相对匮乏。我们认为，以学生为主体，深入了解他们对心理健康教育的认知与评价，是更好开展此项工作的必然要求。从学生视角调查对心理健康教育工作的认知与评价，有利于正确认识普通高校心理健康教育工作中存在的问题与不足，进一步统筹谋划、总结经验，提出有针对性的改进措施，完善心理健康教育体系，切实提高学生心理健康水平。

一、调研方法

本研究基于前期访谈研究，自编了《普通高校心理健康教育基本情况调查问卷（学生问卷）》，对全国 7 个省市（北京、河南、陕西、湖北、浙江、贵州、广东）的 11 所高校进行了纸质问卷调研，共收回有效问卷 7846 份。与此同时，本研究在全国范围对普通高校学生进行了网络问卷调研，收回有效问卷 2559 份。本次调研共计收回有效问卷 10405 份，覆盖华东（8.4%）、华北（21.8%）、华中

———

[①] 冯刚：《坚持立德树人 注重提升质量 扎实推进大学生心理健康教育工作创新发展》，载《思想政治教育研究》，2014（1）。

(14.2%)、华南(20.8%)、西南(16.2%)、西北(18.5%)和东北(0.1%)七大地区。调研问卷共包含30道题，主要涉及普通高校学生对心理健康教育的总体认知与评价，对学校心理健康教育课程的评价，对学校心理咨询工作的认知与评价，对学校其他心理健康教育活动的评价，对网络心理健康服务的认知与评价，对教职工全员参与程度的认知，对大中小学在心理健康教育上衔接情况的认知，以及对其获取心理健康服务自主程度的评价八个方面。

二、调研结果

(一)普通高校学生对心理健康教育的总体认知与评价

提升大学生心理健康意识与心理健康水平是高等学校心理健康教育的重要目标。调研表明，就心理健康意识而言，61.4%的大学生了解心理健康，35.3%的大学生不确定自己是否了解心理健康，3.3%的大学生不了解心理健康。就心理健康水平而言，53.8%的大学生认为自己心理很健康，42.2%的大学生认为自己心理健康水平一般，4.0%的大学生认为自己心理不太健康。96.0%的大学生心理健康水平较高，但有84.0%的大学生认为非常有必要接受心理健康教育。对于心理健康教育现状，35.6%的大学生表示很满意，57.6%的大学生表示一般满意，6.8%的大学生则表示不满意。就心理健康教育的内容而言，70.0%的大学生希望在人际交往方面获得提高，68.3%的大学生希望在自我管理方面获得提高，66.9%的大学生希望在情绪调节方面获得提高，超过半数的大学生希望在环境适应和人格发展方面获得帮助，超过40%的大学生希望在求职择业、学习成才和交友恋爱方面获得指导(图9-1)。由此可见，普通高校学生对心理健康教育有多样的需求，对心理健康教育现状的整体满意度相对较低。

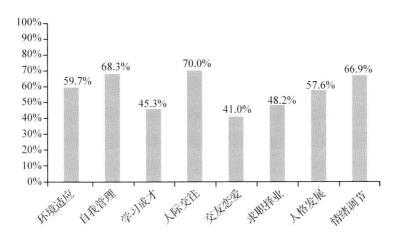

图 9-1　普通高校学生对不同心理健康教育内容的兴趣

(二)普通高校学生对心理健康教育课程的认知

调查结果表明，73.3%的学生知道所在学校开设了心理健康教育课程，12.9%的学生认为所在学校没有开设心理健康教育课程，13.8%的学生不知道学校是否开设了相关课程。在课程开设形式方面，92.6%的学校以讲授为主或讲授与活动相结合，极少数学校以活动为主。在对课程的评价上，39.4%的学生对学校心理健康教育课程很有兴趣，超过半数的学生认为课程符合学生的心理特点(52.6%)与发展需要(54.0%)，56.0%的学生认为教师水平较高，47.4%的学生表示能够从课程中获得帮助(表9-1)。学生对心理健康教育课程的趣味性、针对性、实用性和专业性评价较低，对心理健康课程的高评价人数仅有50.0%左右。

表 9-1　普通高校学生对心理健康教育课程的认知与评价

授课形式		对课程的兴趣		是否符合学生心理特点	
以讲授为主	48.4%	很有兴趣	39.4%	很符合	52.6%
以活动为主	7.4%	一般	55.9%	一般	45.4%
讲授与活动相结合	44.2%	毫无兴趣	4.7%	很不符合	2.0%

续表

是否符合学生的发展需要		教师水平		课程收获	
很符合	54.0%	很有水平	56.0%	很有帮助	47.4%
一般	43.7%	一般	40.9%	一般	47.2%
很不符合	2.3%	水平不高	3.1%	没有帮助	5.4%

(三)普通高校学生对心理咨询工作的认知

心理咨询中心是开展心理健康教育的主要场所和重要渠道。调研表明，79.4%的普通高校开设了心理咨询中心，但仅有12.9%的学生在学校做过心理咨询。从表9-2可以看出，在有咨询经历的学生中，超过2/3的学生有过1次咨询体验，只有极少数学生有10次以上的咨询体验。在咨询形式方面，超过半数学生选择单独面谈。在对心理咨询的评价上，近半数学生认为咨询师水平较高，心理咨询对自己很有帮助。在对心理咨询的接纳程度上，50.9%的学生知道身边其他同学接受过心理咨询。在总体上，学生对心理咨询的接纳程度较低，只有51.3%的学生对心理咨询比较接受，41.0%的学生不确定，而7.7%的学生比较排斥心理咨询。

表9-2　普通高校学生对心理咨询经历的认知与评价

咨询次数		咨询形式		咨询师水平		咨询效果	
1次	71.1%	单独面谈	56.1%	很有水平	48.9%	很有帮助	46.3%
2~10次	25.4%	团体咨询	28.6%	一般	46.4%	一般	46.5%
10次以上	3.5%	电话或网络咨询	15.3%	水平不高	4.7%	没有帮助	7.2%

(四)普通高校学生对其他心理健康教育活动的认知与评价

普通高校采用多种途径为学生提供心理健康教育，能够提高心理健康教育的效率。调研表明，45.4%的学生所在学校经常举办有关心理健康的讲座或其他心理健康活动，40.9%的学生所在党团组织会开展以心理健康教育为主题的活动，55.4%的学生知道学校有与心理健康教育相关的社团组织，68.7%的学生所在班级设立了心理委员，49.7%的学生所在班级会组织与心理健康教育有关的主题班会或活动（表9-3）。由此可见，高校在开展学生工作的过程中开始重视学生的心理健康，开展丰富多彩的活动促进心理健康教育工作的开展。

表9-3 普通高校学生对学校心理健康服务与相关活动的了解情况

	学校讲座与活动	党团组织活动	大学生社团	设立班级心理委员	班级主题班会或活动
是	45.4%	40.9%	55.4%	68.7%	49.7%
否	10.6%	13.1%	6.1%	31.3%	50.3%
不知道	44.0%	46.0%	38.5%		

（五）普通高校学生对网络心理健康服务的认知与评价

网络心理健康教育的建设尚处于初级阶段。我们对学校网络心理健康服务的认知主要关注学校网站相关知识的传播、网络课程的开设情况和心理健康服务网络通道的便捷性。就学校网站相关知识的传播来看，44.8%的学生能够通过学校网站了解心理健康相关知识，17.4%的学生无法通过学校网站了解心理健康知识，37.8%的学生不知道学校网站是否有相关知识。就网络课程开设情况而言，33.8%的学生所在学校开设了心理健康教育网络课程，56.2%的学生不知道学校是否开设相关网络课程，10.0%的学生所在学校没有开设相关网络课程。39.4%的学生能够通过网络获得学校提供的心理健康服务，44.8%的学生不知道能否通过网络获得相关服务，15.8%的学生不能通过网络获得学校提供的心理健康服务。

（六）普通高校学生对全员参与、大中小学衔接性、学生自主性的认知

对心理健康教育全员参与情况的调研结果表明，在学生看来，只有36.0%

的专业教师和45.7%的辅导员及其他教育行政人员很关注学生的心理健康，这一结果表明，认识到全员参与心理健康教育必要性的任课教师、辅导员和教育管理工作者不及半数。对大中小学心理健康教育衔接情况的调查表明，57.7%的学生在中小学阶段接受过心理健康教育。其中，32.9%的学生对中小学心理健康教育很满意，59.2%的学生认为一般，7.9%的学生不满意。

普通高校学生获取心理健康服务的自主程度是学校心理健康服务体系建设水平的体现。调研结果表明，在需要心理健康服务时，47.8%的学生能够很方便地获得帮助，41.9%的学生不知道能否及时获得帮助，10.3%的学生认为不能及时获得帮助。学生进一步对自己在心理健康教育中自主性程度的评价结果显示，34.1%的学生认为其自主性较高，58.8%的学生认为其自主性一般，7.1%的学生则认为其自主性差。从整体上看，普通高校学生获取心理健康服务的自主程度偏低。

三、分析与讨论

(一)大学生对心理健康教育的需求多样，但满意度较低

调查表明，大学生对心理健康教育内容有多样的需求，这些需求都与个人的积极发展密切相关。但是，超过64%的学生对心理健康教育现状满意度不高，近半数的学生对心理咨询效果和心理健康教育课程效果评价较低，对学校心理健康相关活动的参与度也较低。我们认为，造成这一矛盾的根本原因在于问题导向的心理健康教育理念限制了心理健康教育服务的广度和深度。当前很多高校仍然采取问题导向的教育模式，过于关注病态性心理行为问题的识别、干预和诊断，缺乏对普通学生潜在心理健康问题的预防和对学生积极发展的关注。[1]这种问题导向的心理健康教育理念导致心理健康教育工作目标狭隘，无法调动

---

① 曹新美、刘翔平：《学校心理健康教育模式的反思与积极心理学取向》，载《教师教育研究》，2006(3)。

大多数学生的积极性和主动性①，近年来被人们诟病。因此，普通高校心理健康教育理念势必要从问题导向向积极心理品质培育转变。

(二)心理健康教育师资的"软实力"不足，不利于心理健康教育课程和咨询工作的良性运转

调研表明，73.3%的普通高校开设了心理健康教育课程，79.4%的普通高校设置了心理咨询中心，可见普通高校心理健康教育建设已初步具备"硬实力"。但根据学生对心理健康教育课程的反馈，学生对心理健康教育课程的趣味性、针对性和实用性方面满意度较低，对教师专业水平满意度不高。从学生对心理咨询的认知与评价来看，主动进行心理咨询的学生比例较低，学生对心理咨询师水平和咨询效果的满意度较低，这使得心理咨询中心被当成"摆设"而无法发挥积极作用。心理健康教育教师和咨询师师资力量作为心理健康教育的"软实力"，尚未得到大多数学生的认可。高校应从入职要求、职后成长等方面为心理健康教育教师和心理咨询师提供良好的发展平台，帮助其更好发展。具体来讲，普通高校心理健康教师的准入门槛除要求高学历(如硕士研究生以上)外，也应关注教师的专业能力；同时要加强心理咨询师的职后培训，建立稳定成熟的心理健康与心理咨询服务体系。

(三)普通高校心理健康教育全员参与程度和与中小学衔接性较差

由于目前高校心理健康教育专职教师规模与学生的需求不匹配，很难满足所有学生的需求，需要调动一切可能的力量，使全体教职工参与到心理健康教育中来。② 可以说，心理健康教育的全员参与和全程教育是中国特色心理健康教育的重要保证。调研结果显示，超过54%的任课教师、辅导员和教育管理工作者未能充分认识全员参与心理健康教育的必要性。普通高校应向全体教职工

---

① 段善君：《发挥价值导向功能 优化大学生心理健康教育》，载《思想教育研究》，2016(4)。
② 姜巧玲、胡凯：《大学生网络心理健康教育研究进展与趋势》，载《现代大学教育》，2011(6)。

做好全员参与的宣传、指导与监督工作。此外，大中小学心理健康教育主要分学段进行，注重阶段性而忽视连续性，注重层次性而忽视整体性，使学生易在不同学段之间的过渡期出现心理行为问题，不利于普通高校心理健康教育工作的开展。[1] 心理健康教育应该关注教育模式与内容的连续贯通，逐步完善大中小学心理健康教育科学体系。

(四) 网络心理健康教育处于初级阶段，尚不能满足大学生的需求

网络心理健康教育是互联网时代发展的必然产物。它是以网络为载体开展的心理健康教育活动，是心理健康教育在领域、方式和手段上的拓展与延伸，是心理健康教育发展和创新的一种新趋势。目前网络心理健康教育已经取得一定进展，约40%的学生通过学校网站获取心理健康相关知识、网络课程与服务，但是远不能满足网络时代大学生对网络心理健康教育的需求。普通高校应加强网络心理健康教育工作的开展，将线上与线下心理健康教育相结合，全方位增加学生接触心理健康知识的机会，切实提高学生心理健康意识与心理健康水平。

四、调研结论

第一，普通高校学生对心理健康教育现状的满意度较低，对高质量心理健康教育的需求较高，希望在积极心理品质培育方面得到更多引导，促进在人际交往、自我管理、情绪调节等方面的积极发展。

第二，普通高校学生对心理健康教育师资力量认同度不高，认为心理健康教育课程的趣味性、针对性、实用性和专业性不足；对心理咨询师水平和咨询效果的认可度不高，主动进行心理咨询的学生人数和次数较少。

第三，普通高校任课教师、辅导员和教育管理工作者在开展学生工作过程

---

[1] 张静、欧何生、黄丹媚：《大、中、小学心理健康教育模式的衔接与贯通研究》，载《黑龙江教育学院学报》，2016(4)。

中，开始重视学生心理健康，但全员参与程度较低；大中小学心理健康教育衔接情况较差，更多关注阶段性而忽视连续性和整体性。

第四，普通高校网络心理健康教育逐步开展，近半数学生通过学校网站获取心理健康相关知识、网络课程与服务，但尚不能满足网络时代大学生对网络心理健康教育的需求。

第十章

————

心理健康教育：普通高校专兼职教师的认知与评价

教育部 2002 年印发《普通高等学校大学生心理健康教育工作实施纲要（试行）》以来，普通高校心理健康教育已经历十五载的风雨探索。在这一过程中，普通高校心理健康教育取得了巨大进步，收获了显著成效。随着时代发展，新一代大学生在思想观念及生活方式上有了不同于以往的新特点，给普通高校心理健康教育工作带来了新挑战。为了做好新形势下大学生心理健康教育工作，亟需出台新的指导性文件，使实际工作更好地适应时代需要。为了对《高等学校学生心理健康教育指导纲要》的编制提供实证依据，我们使用自编问卷对 491 名普通高校心理健康教育专兼职教师进行调查，考察了一线专兼职教师对当前普通高校心理健康教育工作的认知与评价。

一、调研方法

我们以《普通高校心理健康教育基本情况调查问卷（教师问卷）》为研究工具，对全国 7 个省市（北京、河南、陕西、湖北、浙江、贵州、广东）11 所高等学校的心理健康教育专兼职教师进行纸质问卷调查，共回收有效问卷 306 份。与此同时，课题组还在全国范围内进行网络问卷调查，共回收有效问卷 185 份。我们将纸质和网络数据合并后进行统计分析，共回收有效问卷 491 份。该调查问卷共包含 54 道题目，考察心理健康教育专兼职教师对制度建设、课程建设、心理咨询室建设、师资队伍建设及网络心理健康教育现状的认知与评价。我们使用 SPSS16.0 对数据进行统计分析。

二、调研结果

(一)心理健康教育制度建设

心理健康教育制度可以划分为根本制度、基本制度和具体制度①，能够为实际工作提供明确的指导思想、教育内容、实施路径、落实保障等。心理健康教育制度建设是实现心理健康教育制度化的首要前提。调查结果发现，只有17.8%的教师认为当前心理健康教育工作的相关政策、规章制度是完善的，30.6%的教师认为当前心理健康教育工作的相关制度具有可操作性，27.8%的教师认为自己的工作得到了足够经费支持(表10-1)。这些结果表明，当前普通高校在心理健康教育制度建设方面还存在较大不足。

表 10-1 普通高校心理健康教育制度建设现状

制度是否完善		制度是否具有可操作性		经费支持是否足够	
完善	17.8%	具有可操作性	30.6%	是	27.8%
一般	57.5%	一般	59.8%	一般	46.0%
不完善	24.7%	不具有可操作性	9.6%	否	26.2%

在制度建设存在不足的情形下，心理健康教育工作得到学校领导的支持和相关部门的理解与配合就显得尤为重要。结果发现，相比于对心理健康教育制度的评价，专兼职教师对学校支持程度的评价处于较高水平。只有15.5%的教师认为学校不太重视自己的工作，6.7%的教师认为主管领导不太支持自己的工作，8.6%的教师认为学校其他党政部门不能积极协助、配合自己完成工作，5.9%的教师认为学校各院系不能积极配合自己完成工作(表10-2)。

---

① 俞国良、赵军燕:《论学校心理辅导制度建设》，载《教育研究》，2013(8)。

表 10-2　主管领导和相关部门在心理健康教育中的支持、配合情况

学校重视程度		主管领导支持		党政部门协助		各院系配合	
非常重视	31.5%	非常支持	52.0%	积极协助	40.9%	积极配合	54.1%
一般	53.0%	一般	41.3%	一般	50.5%	一般	40.0%
不重视	15.5%	不支持	6.7%	协助不积极	8.6%	配合不积极	5.9%

(二)心理健康教育课程建设

心理健康教育课程建设的首要任务是保证课程的必修课性质以及充足的课时数量。调查结果表明，在课程性质上，34.6%的教师表示自己任教的心理健康教育课是必修课，41.9%的教师表示自己任教的心理健康教育课是选修课，23.5%的教师表示自己任教的心理健康教育课既有选修课也有必修课。在课时数量上，61.1%的教师表示每个学生在校期间接受心理健康教育的总课时数低于36课时，38.9%的教师表示每个学生接受心理健康教育的总课时数等于或高于36课时。另外，在课程开设年级方面，在大一、大二、大三、大四开设心理健康教育课的教师人数分别为82.8%、14.1%、2.2%和0.9%。

在心理健康教育授课形式上，21.2%的教师以讲授为主，10.3%的教师以活动为主，68.5%的教师采取讲授与活动相结合的方式。除了课程以外，68.4%的教师表示会以讲座等其他活动形式在学校开展心理健康教育工作。在备课形式上，32.3%的教师进行集体备课，62.6%的教师进行个人备课，5.1%的教师不备课。总体上看，46.1%的教师认为课程效果很好，48.3%的教师认为课程效果一般，5.6%的教师认为课程效果不好。

普通高校心理健康教育应顺应大学生心理发展特点，在心理健康教育过程中服务于学生未来择业、创业需要，因此，我们还对心理健康教育课程是否包含这方面的内容进行了考察。结果表明，分别有40.4%和65.7%的教师表示心理健康教育课程包含了创业心理和生涯规划的相关内容。63.1%的教师表示自己任教的心理健康教育课程考虑了学生职业发展需要，81.2%的教师表示心理健康教育课程考虑了学生的身心发展需要(表10-3)。

表 10-3 普通高校心理健康教育课程内容

包含创业心理内容		包含生涯规划内容		考虑职业发展需要		考虑身心发展需要	
是	40.4%	是	65.7%	是	63.1%	是	81.2%
否	59.6%	否	34.3%	一般	27.9%	一般	16.8%
				否	9.0%	否	2.0%

教材建设是心理健康教育课程建设的一个重要方面。调查结果表明，41.4%的教师使用教育部审定教材，16.4%的教师使用学校自行编写的教材，25.6%的教师使用自选教材，16.6%的教师表示没有教材。在教材的针对性上，80.4%的教师表示所使用的教材是专门针对大学生编写的，19.6%的教师表示否认。在心理健康教育教材能否满足实际教学需要这一问题上，40.4%的教师表示能够满足，51.0%的教师认为一般，8.6%的教师表示不能满足。总体上看，对所使用教材感到满意的教师为38.7%，认为一般的为54.0%，认为不满意的为7.3%。

(三)心理健康教育中心或心理咨询中心建设

普通高校心理健康教育中心或心理咨询中心首先应做好对学生心理问题、心理疾病与精神疾病的排查工作。调查结果显示，92.9%的教师表示学校会对入学新生的心理健康状况进行普查，82.2%的教师表示除新生普查外，还会对全体学生的心理健康问题进行筛查。82.2%的教师表示，针对存在精神疾病的学生，学校建立了转介机制。在对特殊学生群体的关注方面，73.9%的教师表示会对存在经济困难、学习困难等问题的学生予以更多关注，93.4%的教师表示会对行为异常、遭遇负性生活事件的学生予以更多关注。

普通高校心理咨询中心还负有对学生心理问题进行心理咨询的责任。调查结果表明，48.3%的心理健康教育教师在学校心理咨询中心担任心理咨询工作。其中，60.6%的教师平均每周接待咨询5人次及以下，32.6%的教师平均每周接待咨询6~10人次，6.8%的教师平均每周接待咨询10人次及以上。单独面谈是教师最主要的咨询方式，以单独面谈为最主要咨询方式的教师达91.0%。在硬件设施配备方面，79.8%的教师表示学校配备了心理测试工具和其他配套设施。总体上看，57.8%的教师认为心理咨询效果很好，40.8%的教师认为咨询效果一般，1.4%的教师认为咨询效果不好。

(四)心理健康教育师资队伍建设

心理健康教育教师的专业化水平决定心理健康教育工作的专业化水平。调查结果表明，在专业背景方面，只有30.7%的心理健康教育专兼职教师大学的教育背景为心理学，相关专业为教育学的占18.4%，医学的占2.9%，思想政治教育的占8.6%，其他专业背景的为39.4%。这表明心理健康教育专兼职教师专业化水平还不高；调查发现，一直从事心理健康教育相关工作(含心理健康教育教学和心理咨询)的教师仅为39.6%(表10-4)。在最终取得的学位上，71.7%的教师具有硕士及以上学位。这表明心理健康教育专兼职教师的学历水平较高，具有研究生学历的教师已经成为普通高校心理健康教育的主要力量。在从事心理健康教育相关工作时间方面，27.6%的教师为1年及以下，37.4%的教师为2~5年，35.0%的教师为6年及以上，年龄梯队较为合理。在心理健康教育资质上，54.0%的教师已获得心理健康教育方面的资格证书(如心理咨询师证书)，46.0%的教师没有获得相关证书。

表10-4　从事心理健康课程教学前的主要工作

之前的工作	百分比	之前的工作	百分比
一直从事心理健康教学	20.7%	心理咨询	18.9%
文化课	7.5%	行政管理人员	19.4%
专业课	10.1%	其他	10.0%
思政课	13.4%		

由于当前心理健康教育师资队伍专业化水平较低，他们能否胜任工作就成了一个非常重要的问题。调查结果表明，只有40.0%的教师认为自己的知识水

平能够胜任当前的工作，42.5%的教师认为自己的技能水平能够胜任当前的工作。可以看出，心理健康专兼职教师对自己能够胜任工作的评价较低，因此，对专兼职教师进行专业培训就显得尤为重要。调查结果表明，只有34.8%的教师表示经常参加心理健康方面的学术会议或培训，45.5%的教师表示学校领导支持自己参加心理健康方面的会议或培训。在专业水平低、培训机会少的情形下，83.0%的教师表示自己很需要接受进一步专业培训。具体而言，大部分教师希望在培训内容上能够将理论与实践相结合，培训以集中方式进行，按照每年两周的频率进行培训（表10-5）。

表 10-5　心理健康教育专兼职教师对培训的期望

培训内容		培训形式		培训时间与频率	
理论	6.1%	集中	72.9%	每年一周	21.1%
实践	24.7%	分散	22.7%	每年两周	54.7%
理论与实践结合	69.2%	自学	4.4%	每月两天	24.2%

教师自主进行心理健康教育方面的科学研究有助于提高他们的专业素养。调查结果发现，40.5%的教师表示学校很重视心理健康教育的科研工作，73.3%的教师表示进行科研工作对心理健康教育工作是有帮助的，只有54.1%的教师表示自己会进行科研工作。

心理健康教育师资队伍建设，除了要关注心理健康教育工作的实际效果外，还应注重保障心理健康教育专兼职教师的个人晋升。调查结果表明，只有9.3%的心理健康教育教师认为他们比其他专业课程教师更容易得到晋升，54.5%的心理健康教育教师认为专业课程教师更容易得到晋升，36.2%的心理健康教育教师认为在晋升的容易度上两者差不多。

（五）网络心理健康教育

网络在当代大学生的日常生活中占据重要地位。调查结果发现，72.8%的教师表示学校心理健康教育中心建立了相关网站，72.0%的教师表示学校会通过网站宣传心理健康相关知识，76.3%的教师表示学校会利用微博微信等网络平台开展心理健康教育工作，66.0%的教师表示学生能够通过网络获得心理健康服务。26.8%的教师表示进行过网络授课，虽然比例不高，但也说明当前各普通高校在网络心理健康教育上已积极展开了探索、实践。

总体来说，37.9%的专兼职教师对学校目前的心理健康教育工作感到很满意，55.1%的教师认为一般，7.0%的教师感到不满意。

三、分析与讨论

(一)普通高校对心理健康教育重视程度较高，但制度保障不足

调查结果表明，无论是学校领导，还是学校相关部门，都能够积极支持、协助心理健康教育教师开展工作，体现出普通高校能够重视心理健康教育在人才培养中的作用。领导重视、部门配合无疑能够促进心理健康教育工作顺利开展。普通高校应进一步通过制度建设推动心理健康教育的规范化、常态化，推进心理健康教育从"人治"走向"法治"，避免心理健康教育工作由于人事变更、学校其他事务繁忙等被搁置。

(二)普通高校普遍开设了心理健康课程，但课程质量仍需提高

首先，需要落实心理健康课程的必修课性质，保证在校学生接受足够的课时学习。其次，应合理分配心理健康教育课程教学时间，使其覆盖各年级学生。再次，应使心理健康教育课程更加符合大学生实际需要，在心理健康教育中融入生涯规划、职业心理等内容。最后，应加强心理健康教材建设，编写更加符合实际教学需要的教材。总之，普通高校心理健康教育课程建设不能只满足"从无到有"，还应努力实现"由弱到强"。

(三)普通高校心理咨询中心运转状态良好，但应扩大职责范围

"来者不拒，去者不追"是心理咨询工作的一条基本原则。做好大学生心理

健康教育工作不能局限于前来咨询的大学生。当前，普通高校心理咨询中心在对学生心理问题的筛查上做了很多工作，无疑能够极大减少恶性事件的发生。需要注意的是，普通高校心理咨询中心不能只着眼于学生心理问题的解决，还应想方设法努力培育学生积极的心理品质，提高他们的心理素质。[①]

(四)普通高校心理健康教育专兼职教师专业化水平较低，除加大心理学专业人才引进力度外，还应注重培训与科研的作用

调查结果发现，心理健康教育专兼职教师中，具有心理学专业背景的教师较少，但是这些教师多具有研究生学历，具有较强的自学和科研能力。普通高校应积极开展对心理健康教育教师的专业培训，满足他们的学习需要，提高他们的专业知识水平和技能水平。心理健康教育教师应发挥较强的科研能力，通过科学研究，解决工作中遇到的问题。

(五)网络心理健康教育已经起步，但利用程度较低

调查结果表明，普通高校心理健康教育工作对网络的利用主要体现在对心理健康知识的宣传上，网络课程教学和网络心理咨询的开展较为欠缺。普通高校应进一步探索网络心理健康教育的方法与途径，积极开展网络课程教学，以节省教师人力资源与教室场地资源，探索网络心理咨询的开展方式，使学生能够得到更为便利的心理健康服务。[②]

四、调研结论

第一，普通高校对心理健康教育重视程度较高，但制度保障不足。

第二，普通高校普遍开设了心理健康教育课程，但课程质量仍需提高。

---

① 俞国良、王浩：《社会转型期大学生心理健康教育观念的思考：访谈证据》，载《黑龙江高教研究》，2017(3)。

② 姜巧玲、胡凯：《高等学校心理咨询：网上与网下"二元结构"模式研究》，载《江苏高教》，2012(2)。

　　第三，普通高校心理咨询中心运转状态良好，但应扩大职责范围。

　　第四，普通高校心理健康教育专兼职教师专业化水平较低，应注重培训与科研的作用。

　　第五，网络心理健康教育已经起步，但利用程度较低。

第十一章

心理健康教育：普通高校教育管理者的认知与评价

做好新时期大学生心理健康教育工作，不仅依赖心理健康教育教师的努力，也有赖教育管理者利用行政手段，保证心理健康教育政策与制度的落实。在实际工作中，高校教育管理者的职责包括对心理健康教育工作进行领导和管理、组织专家学者进行评估与督导、加强师资队伍建设、提供必要条件保障等。《高等学校学生心理健康教育指导纲要》（以下简称《纲要》）的编制研究，除了要对普通高校心理健康教育的目标、任务、内容等进行规定外，还需对心理健康教育工作的具体实施与管理办法予以明确。在教育管理者看来，当前普通高校心理健康教育工作存在哪些问题？对心理健康教育工作的评价是怎样的？对心理健康教育专兼职教师的管理现状如何？对这些问题的认识是编制《纲要》的前提。为此，我们考察了253名普通高校教育管理者对心理健康教育工作的认知与评价。

一、调研方法

我们以《普通高校心理健康教育基本情况调查问卷（教育管理者问卷）》为研究工具，对全国7个省市（北京、河南、陕西、湖北、浙江、贵州、广东）11所高校的教育管理者进行了纸质问卷调查，共回收有效问卷215份。与此同时，课题组还以"问卷星"网站为平台，在全国范围进行了网络问卷调查，共回收有效问卷38份。我们将纸质和网络数据合并后进行统计分析，共回收有效问卷253份。该调查问卷共包含36道题目，涉及普通高校心理健康教育基本情况、心理健康教育制度建设情况、对心理健康教育兼职教师的要求和对心理健康教育专职教师的管理四个方面。我们使用 SPSS16.0 对数据进行统计分析。

二、调研结果

(一) 普通高校心理健康教育基本情况

在调查中，我们从心理健康课程、心理健康教育形式、网络心理健康教育、心理咨询中心设置、师资队伍培训五个方面考察了普通高校教育管理者对心理健康教育基本情况的认知与评价。在课程方面，82.0%的教育管理者表示学校开设了心理健康教育必修课程。在课程之外，97.2%的教育管理者表示学校还进行了其他形式的心理健康教育工作，如举行专题讲座或专题活动等。在网络心理健康教育方面，86.1%的教育管理者表示学校会利用网络开展心理健康教育工作。在心理咨询中心设置上，97.6%的教育管理者表示学校设有专门的心理咨询中心和专职心理咨询教师。在师资队伍培训方面，90.4%的教育管理者表示学校会对辅导员、班主任和思政教师等进行有关心理健康教育方面的业务培训。总体上看，62.7%的教育管理者对学校目前的心理健康教育工作感到满意，32.5%的教育管理者认为一般，4.8%的教育管理者表示不满意(表 11-1)。结果表明，普通高校教育管理者对心理健康教育工作较为满意。

表 11-1 普通高校心理健康教育工作基本情况

	开设心理健康课	举办其他活动	网络心理健康教育	设有心理咨询室和专职心理咨询师	进行培训
是	82.0%	97.2%	86.1%	97.6%	90.4%
否	18.0%	2.8%	13.9%	2.4%	9.6%

(二) 普通高校心理健康教育制度建设情况

我们主要从组织机构设置和制度制定与落实两个方面考察普通高校心理健康教育制度建设情况。在组织机构设置方面，95.2%的教育管理者表示学校成立了心理健康教育工作组织领导机构，95.6%的教育管理者表示学校成立了心理健康教育工作专门机构。在制度规范上，95.6%的教育管理者表示学校制定了心理健康教育工作具体制度，并且76.7%的教育管理者表示学校会对心理健康教育工作进行考核并列入绩效评估，74.4%的教育管理者表示心理健康教育工作是评价各院系思政工作成效的重要指标，81.3%的教育管理者表示上级单位每年会对学校心理健康教育工作进行督导、检查和指导（表11-2）。在制度落实上，71.7%的教育管理者认为学校心理健康教育相关制度落实情况很好，26.3%的教育管理者认为落实情况一般，2.0%的教育管理者认为落实情况不好。结果表明，尽管普通高校心理健康教育制度制定得较为完善，但落实上存在一些不足。

表11-2　普通高校心理健康教育制度建设情况

	是否列入绩效评估	是否是评价思政工作成效的重要指标	是否进行督导、检查和指导
是	76.7%	74.4%	81.3%
否	23.3%	25.6%	18.7%

（三）普通高校对心理健康教育兼职教师的要求

在心理健康教育兼职教师来源方面，调查结果表明，90.8%的教育管理者表示学校的心理健康教育兼职教师以辅导员、班主任和思政教师为主，9.2%的教育管理者表示心理健康教育兼职教师以其他相关行政人员为主。在选择心理健康教育兼职教师时，81.0%的教育管理者认为教师的人格与心理健康程度非常重要，71.1%的教育管理者认为拥有相关资格认证非常重要，70.8%的教育管理者认为从业时间与经验非常重要，68.0%的教育管理者认为授课技能非常重要，59.4%的教育管理者认为专业背景非常重要，57.1%的教育管理者认为学历学位非常重要（图11-1）。可以看出，教育管理者最为看重教师的人格与心理健康程度，相较于其他因素，教师的学历学位与专业背景在教育管理者看来并不是那么重要。

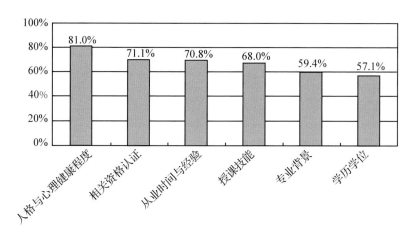

图 11-1 教育管理者对心理健康教育兼职教师的要求

(四) 普通高校对心理健康教育专职教师的管理

调查结果表明，83.0%的教育管理者表示学校配备了心理健康教育专职教师，其中，4.8%的教育管理者表示学校专职教师为 1 名，25.7%的教育管理者表示学校专职教师为 2 名，69.5%的教育管理者表示学校专职教师为 3 名及以上。教育管理者对专职教师的管理主要体现在两个方面。一是围绕教育工作，明确心理健康教育专职教师的工作范围、工作量等，并通过培训等手段提高他们的工作能力；二是围绕教师本身，完善心理健康教育专职教师人事管理，明确考核办法、薪酬管理办法及晋升路径，保证专职教师自身的心理健康。

在工作范围上，67.9%的教育管理者表示心理健康教育专职教师的职责范围以教育教学和心理咨询为主，32.1%的教育管理者表示专职教师的职责范围以学生工作和心理健康宣传为主。在工作量方面，45.3%的教育管理者表示学校对专职教师的工作量有具体规定，5.7%的教育管理者表示没有这样的规定，49.0%的教育管理者表示不确定。47.8%的教育管理者表示学校心理健康教育专职教师的工作强度很大，49.8%的教育管理者认为工作强度一般，2.4%的教育管理者表示工作强度较小。在对专职教师的培训上，47.1%的教育管理者认为心理健康教育专职教师有较多机会参加学术会议、专业培训或进修，5.3%的教育管理者认为机会较少，47.6%的教育管理者认为一般。

在对专职教师的考核上，49.1%的教育管理者表示学校建立了系统的绩效考核方案，9.9%的教育管理者认为没有，41.0%的教育管理者表示不确定。在薪酬方面，47.6%的教育管理者表示学校对心理健康教育专职教师的薪酬按行政人员标准执行，5.3%的教育管理者对此表示否认，47.1%的教育管理者表示不确定。在心理健康教育专职教师的晋升方面，42.6%的教育管理者表示专职教师按照教师岗位晋升，44.1%的教育管理者表示专职教师按照教育管理（含思政）岗位晋升，13.3%的教育管理者表示专职教师以其他途径晋升。与此同时，17.7%的教育管理者认为心理健康教育专职教师相比于一般教师更容易得到晋升，12.9%的教育管理者认为一般教师更容易得到晋升，69.4%的教育管理者表示不确定。在对专职教师心理健康的促进方面，45.0%的教育管理者认为学校建立了专业服务体系保障专职教师的心理健康，6.6%的教育管理者认为尚未建立这样的服务体系，48.4%的教育管理者表示不确定。

总体上看，46.4%的教育管理者认为目前学校对心理健康教育专职教师的管理非常规范，7.6%的教育管理者认为不够规范，46.0%的教育管理者认为管理规范化程度一般。57.2%的教育管理者对学校心理健康教育专职教师的工作很满意，3.9%的教育管理者对专职教师的工作感到不满意，38.9%的教育管理者对专职教师工作的满意度一般。

三、分析与讨论

通过数据分析可以看出，普通高校教育管理者对心理健康教育工作某些方面评价较高，对有些方面不太满意。从教育管理者对心理健康教育工作的认知与评价上，我们可以得出以下几点启示。

（一）提高标准，严格要求

调查结果显示，普通高校教育管理者对当前心理健康教育基本情况的评价处于较高水平，对心理健康教育工作较为满意。一方面，这表明普通高校心理健康教育工作确实取得了一定成效；另一方面，这是否也反映出教育管理者对心理健康教育工作的要求与预期水平较低呢？据我们了解，在实际工作中，许多高校在开展心理健康教育过程中都面临着一些困难，如经费紧张、师资欠缺、家长不配合等。我国高校心理健康教育从 20 世纪 80 年代起步，经历了"从无到有"的过程，但还没有实现"由弱到强"。高校教育管理者不能满足于学校"有了"心理健康教育的现状，应在此基础上提高对心理健康教育工作的要求，促使心理健康教育由问题导向向积极心理品质培育转轨[1]，由心理健康教育向心理健康服务转型[2]。高校教育管理者只有提高对心理健康教育工作的评价标准，才能推动心理健康教育工作继续发展。

(二) 完善制度，狠抓落实

调查结果显示，普通高校教育管理者认为当前心理健康教育相关制度较为完善，但不能够保证制度的完全落实，这提示教育管理者应在制度落实上下功夫。首先，高校教育管理者应进一步强调心理健康教育工作的重要性，提高全体师生对心理健康教育工作的重视程度，使之成为思政工作和教育教学的重要组成部分。其次，应进一步完善对心理健康教育工作的评价体系[3]，不局限于是否开设了一门课，是否配备了专职教师等，而应从效果上评价。例如，高校可将学生对心理健康教师和心理健康教育课的评价作为考核心理健康教育工作的重要指标，督促心理健康教育教师落实相关制度、规范。最后，高校教育管理者应进一步制定更为具体、更具有操作性的心理健康教育制度，使制度的落实能够"看得见摸得着"。

---

[1]　俞国良、王浩：《社会转型期大学生心理健康教育观念的思考：访谈证据》，载《黑龙江高教研究》，2017(3)。

[2]　俞国良、侯瑞鹤：《论学校心理健康服务及其体系建设》，载《教育研究》，2015，36(8)。

[3]　焦岚：《注重评价 提高心理健康教育工作效果》，载《中国高等教育》，2014(13)。

（三）既重能力，又重专业

在对心理健康教育兼职教师的要求上，普通高校教育管理者对专业背景和学历学位并不是非常重视。我们认为，尽管是否具有心理健康教育工作能力决定1名教师能否成为心理健康教育兼职教师，但专业水平同样不可忽视。我们强调心理健康教育全员参与意识，是指全体教职员工都要提高心理健康教育意识，在日常工作中绷紧心理健康教育这根弦，但在具体问题的处理上仍然需要依赖具有丰富专业知识与技能的心理健康教育教师。心理健康教育是一项专业性很强的工作，在一般情形下，许多教师都有能力进行心理健康教育，但在学生出现心理行为问题的情况下，就需要专业教师的指导与参与。高校教育管理者应在重视兼职教师工作能力的同时，重视教师的专业背景和学历学位。有心理学专业的高校，可以聘请心理学院（系）的教师和研究生作为心理健康教育中心兼职教师，弥补兼职教师专业化水平较低的短板。普通高校也可以积极利用社会资源，聘请校外心理学工作者，充实心理健康教育兼职教师队伍。

（四）既抓工作，又抓队伍

普通高校教育管理者对心理健康教育专职教师的管理应从两方面入手。一方面通过管理服务于实际工作，另一方面服务于教师本身。调研结果表明，高校教育管理者对心理健康教育专职教师的评价处于中等水平，只有约一半的教育管理者认为对心理健康教育专职教师的管理处于良好状态，这表明高校在对专职教师的管理上仍有许多需要提高的地方。普通高校教育管理者应切实提高对心理健康教育专职教师的管理水平，既要提高工作成效，又要保障专职教师的实际利益。

四、调研结论

第一，普通高校教育管理者应提高对心理健康教育的要求，推动心理健康教育工作持续健康发展。

第二，普通高校教育管理者应进一步推进心理健康教育制度建设，并保证制度顺利落实。

第三，在对心理健康教育兼职教师的要求上，普通高校教育管理者既要注重教师的工作能力，也要注重教师的专业水平。

第四，在对心理健康教育专职教师的管理上，普通高校教育管理者既要抓好工作效果，也要抓好队伍建设。

第十二章

————————

普通高校大学生心理健康教育：现状、问题与对策

大学时期是人的社会化或社会心理发展的重要阶段。这一时期，大学生经历着从青少年向成年人的角色转换，心理健康是他们顺利过渡的基础。学业压力、生活适应、就业愿景等方方面面的困扰，使大学生成为各类心理行为问题的易感人群，且严重性有递增趋势。[1] 近年来，我国大学生心理健康教育工作得到国家的高度重视，普通高校心理健康教育工作蓬勃开展，取得了很大成效。然而，大学生心理健康状况依然不容乐观，心理健康问题检出率在 15%～20%[2][3]，由心理行为问题引发的自杀等极端事件屡见不鲜。有效地预防大学生心理行为问题，进一步巩固与深化大学生心理健康教育，需要构建生态型普通高校心理健康教育服务体系，不断提高全体大学生心理健康水平。

一、大学生心理健康教育的现状

（一）国外大学生心理健康教育的现状

国外特别是西方国家高校的心理健康服务起步较早，历经多年发展，目前建立了较为完备且颇具特色的大学生心理健康服务体系。

1. 形成了较为成熟的高校心理健康服务体系

以美国为例，2000 年修订的《美国大学和学院咨询中心资格鉴定》明确界定

————————

[1] Watkins, D. C., Hunt, J. B. & Eisenberg, D., "Increased demand for mental health services on college campuses: Perspectives from administrators," *Qualitative Social Work*, 2011, 11(3), pp. 319-337.

[2] 李娜：《高校大学生心理健康状况调查报告》，载《中国成人教育》，2014, 35(10)，98-100 页。

[3] 林磊、陶思亮、王群：《大学生心理健康状况调查与分析——以上海高校为例》，载《思想理论教育》，2015(5)。

了心理咨询机构在高校中的功能，以及大学生心理健康服务的基本框架。① 与其他心理咨询机构不同，高校心理咨询机构的服务内容强调以预防为主，其手段包括，相关技能培训、校园人文环境建设、为问题学生等相关人员提供建议，高校心理咨询机构需要承担个别咨询、危机干预、保护教师心理健康等职责，以及在校园进行心理健康知识的普及。除定位明确外，专业化队伍建设也是国外高校心理健康服务体系的突出特征。俞国良和赵军燕指出，国外高校心理辅导制度的建设侧重于资格认证、专业化培训和工作评估等方面，对相关从业人员的学历背景、专业提升、绩效评估等均有明确规定，既为高校心理咨询从业人员树立了职业发展方向，也为专业化队伍建设提供了制度保障。②

2. 重视大学生心理健康生态促进系统的建设

近年来，国外高校非常重视通过进行制度、课程、评分体系的改革，构建有利于大学生心理健康的生态校园。③ 如美国伊利诺伊大学要求有自杀倾向或进行过自杀尝试的学生必须参加一个为期 4 次的专业评估。研究发现，这个政策使该校学生自杀率下降了 45.3%，在本科生中，下降的概率更是高达 72.2%。④ 调整课程内容也是国外高校促进大学生心理健康的重要手段，包括开设心理健康教育必修课，在其他必修课中植入心理健康教育内容。如澳大利亚莫纳什大学要求所有医学专业大一新生必须参加"健康促进项目"的学习，该项目包含身心健康、身心医学、行为改变策略、正念疗法等内容。结果表明，大学生幸福感、抑郁症状均得到了显著改善。⑤ 为了缓解过大的学习压力，国外一些高校还对评分体系进行了相应调整。研究者发现，在只有通过/未通过的两

---

① 李焰、马喜亭：《中美高校心理咨询与心理健康教育的比较》，载《思想教育研究》，2010(7)。
② 俞国良、赵军燕：《论学校心理辅导制度建设》，载《教育研究》，2013(8)。
③ Fernandez, A., Howse, E., Rubio-Valera, M., et al., "Setting-based interventions to promote mental health at the university: A systematic review," *International Journal of Public Health*, 2016, 61(7), pp. 797-807.
④ Joffe, P., "An empirically supported program to prevent suicide in a college student population," *Suicide Life Threat Behavior*, 2008, 38(1), pp. 87-103.
⑤ Hassed, C., de Lisle, S., Sullivan, G., et al., "Enhancing the health of medical students: Outcomes of an integrated mindfulness and lifestyle program," *Advances in Health Sciences Education*, 2009, 14(3), pp. 387-398.

级评分体系中，大学生的幸福感显著增加了。①②

3. 充分利用朋辈辅导、互联网等心理健康教育新手段

国外高校普遍从大学生群体中招募朋辈辅导员，进行必要的培训和督导，为前来求助的学生提供心理支持和帮助。美国制定了朋辈辅导制度的统一标准，对高校朋辈心理咨询项目的启动、实施、维护3个阶段给予标准化指导，确保了实施质量。朋辈心理辅导扩大了高校心理健康服务队伍，对促进大学生心理健康起到了积极作用。同时，国外许多高校开展了基于互联网的预防与干预项目，取得了良好成效。从内容上来说，项目包括日常情绪监控、提供同伴支持、心理健康知识普及、内化问题的预防与干预，以及人际沟通技巧的训练。③④⑤⑥⑦ 从形式上来说，项目包括线上团体、线上互动游戏、智能手机追

① Reed, D. A., Shanafelt, T. D., Satele, D. W., et al., "Relationship of pass/fail grading and curriculum structure with well-being among preclinical medical students: A multi-institutional study," *Academic Medicine*, 2011, 86（11）, pp. 1367-1373.

② Bloodgood, R. A., Short, J. G., Jackson, J. M., et al., "A change to pass/fail grading in the first two years at one medical school results in improved psychological well-being," *Academic Medicine*, 2009, 84（5）, pp. 655-662.

③ Kauer, S. D., Reid, S. C., Crooke, A. H. D., et al., "Self-monitoring using mobile phones in the early stages of adolescent depression: Randomized controlled trial," *Journal of Medical Internet Research*, 2012, 14（3）, pp. 15-31.

④ Horgan, A., McCarthy, G. & Sweeney, J., "An evaluation of an online peer support forum for university students with depressive symptoms," *Archives of Psychiatric Nursing*, 2013, 27（2）, pp. 84-89.

⑤ Livingston, J. D., Tugwell, A., Korf-Uzan, K., et al., "Evaluation of a campaign to improve awareness and attitudes of young people towards mental health issues," *Social Psychiatry and Psychiatric Epidemiology*, 2013, 48（6）, pp. 965-973.

⑥ van der Zanden, R., Kramer, J., Gerritis, R., et al., "Effectiveness of an online group course for depression in adolescents and young adults: A randomized trial," *Journal of Medical Internet Research*, 2012, 14（3）, pp. 274-287.

⑦ Braithwaite, S. R. & Fincham, F. D., "Computer-based dissemination: A randomized clinical trial of ePREP using the actor partner interdependence model," *Behavior Research and Therapy*, 2011, 49（2）, pp. 126-131.

踪、社交媒体广告和线上自我指导。①②③④⑤ 许多研究表明，基于网络的认知行为疗法对大学生内化问题的干预效果显著，利用互联网提供心理健康服务，在未来大有可为。

(二)我国普通高校大学生心理健康教育的现状

2002年教育部颁布《普通高等学校大学生心理健康教育工作实施纲要(试行)》以来，我国普通高校大学生心理健康教育工作进入了快速发展期。特别是2017年1月国家卫生计生委、教育部等22个部门联合印发的《关于加强心理健康服务的指导意见》再次强调："高等院校要积极开设心理健康教育课程，开展心理健康教育活动；重视提升大学生的心理调适能力，保持良好的适应能力，重视自杀预防，开展心理危机干预。"我国对大学生心理健康教育的重视程度上升到国家战略层面，所取得的成效可圈可点。

1. 注重在与国外大学生心理健康教育的比较中提高

我国大学生心理健康教育起步较晚，通过对国外高校相关经验的汲取与国际比较，获得了较快发展。例如，雷巧华从高校心理健康教育的理念与目标、机构设置与管理、内容和形式等方面进行了中外比较。⑥ 总的来说，我国大学生心理健康教育的目标遵循思想政治教育规律和学生心理发展规律，引导学生

---

① van der Zanden, R., Kramer, J., Gerritis, R., et al., "Effectiveness of an online group course for depression in adolescents and young adults: A randomized trial,"*Journal of Medical Internet Research*, 2012, 14(3), pp. 274-287.

② Shandley, K., Austin, D., Klein, B., et al., "An evaluation of 'reach out central': An online gaming program for supporting the mental health of young people,"*Health Education Research*, 2010, 25(4), pp. 563-574.

③ Kauer, S. D., Reid, S. C., Crooke, A. H. D., et al., "Self-monitoring using mobile phones in the early stages of adolescent depression: Randomized controlled trial,"*Journal of Medical Internet Research*, 2012, 14(3), pp. 15-31.

④ Livingston, J. D., Tugwell, A., Korf-Uzan, K., et al., "Evaluation of a campaign to improve awareness and attitudes of young people towards mental health issues,"*Social Psychiatry and Psychiatric Epidemiology*, 2013, 48(6), pp. 965-973.

⑤ Lintvedt, O. K., Griffiths, K. M., Sørensen, K., et al., "Evaluating the effectiveness and efficacy of unguided internet-based self-help intervention for the prevention of depression: A randomized controlled trial,"*Clinical Psychology & Psychotherapy*, 2013, 20(1), pp. 10-27.

⑥ 雷巧华：《国内外高校心理健康教育的比较研究》，载《纺织教育》，2010，25(1)。

努力践行正确的世界观、人生观、价值观，全面提高全体学生的心理素质；强调普及心理健康知识，强化心理健康意识，识别心理异常现象；提升心理健康素质，增强社会适应能力，开发自我心理潜能；运用心理调节方法，掌握心理保健技能，提高心理健康水平。其重点是学习成才、人际交往、恋爱婚姻、自我认知与人格发展、情绪调适与压力管理、社会与生活适应以及就业、创业与生涯规划等方面内容。

2. 重视心理健康教育主渠道即课程的打造和规范

与国外不同，我国普通高校更加重视大学生心理健康教育课程建设，以必修课或选修课为主要形式，受到大学生的欢迎。刘海燕和宁淑芬调查了北京、天津、山西、山东、武汉等地14所高校的2651名大学生对高校心理健康教育课程的看法。[①] 就课程性质来说，近90%的学生认为有必要开设心理健康教育课程，42.6%的学生希望开设公共必修课，32.4%的学生希望心理健康教育课程能够集知识、体验、操作为一体。就课程内容来说，学生的需求主要集中在情绪管理、人际关系、自我认知、压力应对、职业生涯规划等方面。就教学方法来说，学生认为情景模拟、案例分析、氛围渲染、角色扮演等以实践为主的教学模式最为有效。许多高校不断规范和改革心理健康教育课程，用视频资料与现实生活事例讲述学生关心的问题，教学以活动、体验、师生互动为主要方式，使学生在自我认知、学习能力、人际沟通、情绪管理等方面取得了明显进步，教育内容贴近学生实际需要，显著提升了课堂教学效果和学生的心理健康水平。

3. 与基层学生工作相结合，形成心理健康教育的合力

我国大学生心理健康教育长期面临师资不足的困难，而心理健康教育是高校学生工作的重要组成部分。因此，心理健康教育工作者与其他学生工作者相结合，互相促进，是增强心理健康教育力量的合理选择。院系处在学生工作的

---

① 刘海燕、宁淑芬：《大学生心理健康教育课程教学需求的调查与思考》，载《思想理论教育导刊》，2010(9)。

最前线。王琪认为，在心理健康教育工作中，院系应发挥积极的纽带作用，配合学校进行学生心理问题筛查，做好家庭与学校的联系以及对心理问题学生的跟踪。[①] 学校应充分发挥辅导员作为基层学生工作的主力军作用，明晰角色定位。辅导员应以促进学生健康成长为出发点开展工作，遵守保密等心理健康工作的伦理要求，灵活运用共情、接纳等心理咨询技巧。实践证明，这对于形成心理健康教育的合力行之有效。

4. 建构大学生心理健康教育的工作机制

目前，我国普通高校普遍成立了心理健康教育工作的组织领导机构，有专门的心理健康教育工作机构，如心理咨询中心或者心理健康教育中心等。大多数高校制定了心理健康教育工作的具体规章制度和工作章程。一些高校还开展了各种形式的心理健康测评工作，开设心理健康教育课程，举办专题讲座，开展团体辅导、个别辅导以及专题活动，如心理情景剧比赛、心理素质拓展大赛、心理微电影比赛、心理之家建设等，配备了心理咨询室，聘用了专职心理咨询与辅导教师，拨付了专门经费。此外，开展了心理辅导教师、辅导员与班主任的培训工作，取得了一定效果，提高了专兼职教师的心理辅导技能和开展心理健康教育的能力。

二、我国大学生心理健康教育存在的问题

近年来，我国大学生心理健康教育在制度、课程、师资队伍和工作机制等方面取得了令人瞩目的成效，但由于起步晚、经验少，也存在一些问题。

(一) 国家对高校心理健康教育的政策指导有待加强

国家对高校心理健康教育工作十分重视，但是在政策上还缺乏纲领性文件的指导，不同程度地造成认识上的模糊和工作上的被动。教育部于 2002 年颁布

---

① 王琪：《大学生幸福感失落的原因及提升策略》，载《教育与职业》，2015(5)。

的《普通高等学校大学生心理健康教育工作实施纲要(试行)》，随着时代变迁和经济社会发展，需要修订或重新编制。从指导思想与主要任务来看，应明确把目标定位在提高大学生的心理素质和心理健康水平上，从问题导向向积极心理促进转轨；从教育内容来看，要进一步强调对大学生的人文关怀和心理疏导，使他们形成理性平和、积极向上的社会心态；从途径和方法来看，需要提倡将心理健康教育贯穿高校教育教学全过程，规范心理咨询中心或心理健康教育中心建设，充分利用校内外各种教育资源；从管理与实施来看，需要从心理健康教育的管理、教师、教材、课时、职称、工作量等具体层面上进一步加以规定。特别是对认识上的问题，必须旗帜鲜明地强调高校心理健康教育的政治方向，坚持心理健康教育是高校思想政治教育工作的重要组成部分。

(二)高校心理健康教育的认识和理念需要更新

与时俱进是国外高校心理健康服务体系较为成熟的标志之一，国外高校能够根据时代的要求调整心理健康服务的内容与方式。我国普通高校心理健康教育对社会转型期大学生的心理健康重视不够，没有充分意识到当代大学生心理健康问题的多样性，及其社会影响因素的复杂性，心理健康教育内容、途径、方法缺乏时代特色。特别是高校领导、心理健康教育教师及其相关工作者对大学生心理健康教育的认识需进一步加深，不能仅在"居高临下"的教育上下功夫，应在理念上从心理健康教育向心理健康服务转型。教育与服务的区别在于出发点不同，教育模式从教育者视角出发，有目标、有计划地对教育对象产生影响；服务模式重视学生自身的需求，提供相应的心理健康服务。从心理健康教育走向心理健康服务，是高校心理健康教育发展的必然趋势，也是国外大学生心理健康工作的先进经验。[①]

---

① 俞国良、侯瑞鹤：《论学校心理健康服务及其体系建设》，载《教育研究》，2015，36(8)。

(三)普通高校大学生心理健康教育与服务体系尚未形成

毫无疑问，普通高校心理健康教育工作是其思想政治教育工作的重要组成部分，因此，开展心理健康教育工作需要学校党政部门、各院系的协助与配合。然而，有些高校还是认为心理健康教育仅仅是学校心理咨询中心的事情，与其他部门没有任何关系。在推动相关工作的过程中，教师经常会遇到各种阻力。尤其是有些学校对研究生的心理健康教育工作还存在空白，处于没有人管、没有部门关注的状态。从普通高校心理健康教育的途径上看，虽然各校根据本校特色开展了别具一格的心理健康教育工作，但是这些工作还缺乏一定的系统性。例如，有些学校还没有开设心理健康教育相关的课程，有些学校虽然开设了课程，但课程只有4课时，这显然不能达到提升学生心理健康水平和学生心理素质的根本目的。目前我国普通高校心理健康教育的工作主要涉及课程、讲座、学生活动与个体心理咨询等，远未体现大学生心理健康服务体系的丰富内涵。特别是在完善危机预防与干预服务系统时，做好对潜在危机学生的重点关注，对有严重心理行为问题的学生及时干预，提高危机发生时的应对效率，建立不同级别部门共同协作的危机应对联动机制等方面，有待进一步加强。

(四)师资队伍的敬业精神和专业化水平有待提高

心理健康教育从本质上讲，是高校"立德树人"的基础工程，专职教师和辅导员等的敬业精神和职业道德至关重要。为了提高专兼职教师的专业化水平，一些普通高校为教师提供了各种培训机会。从高校管理的角度和为学生服务的宗旨来看，这有利于提高心理健康教育的质量。但是也应看到，有些高校教师对参加培训、提高咨询技巧非常热衷，乐此不疲，却对心理健康教育工作投入了较少的时间和精力。甚至有些高校心理咨询中心的专职教师，每周对本校学生提供服务的时间不超过3小时，但是在外面参加培训和兼职的时间远远超过了这一时间。这种用高校提供的费用参加培训，去外面兼职赚钱的现象，是教师缺乏敬业精神的典型表现。这部分教师虽然只是少数，但容易引起其他教师仿效，应引起高度重视。由于师资力量不足，有些高校聘请校外人员兼任心理辅导工作，这对开展心理健康教育工作是有益补充。在聘任过程中，不能只看重心理辅导的方法和技能，也要关注这些人员的思想政治素质，以防鱼龙混杂，防止他们对广大学生渗透不良思想。除了高校专职心理健康教育中心教师外，院系辅导员也承担了一部分心理健康教育的工作，甚至担任了心理健康教育课程的任课教师。这部分教师的学历背景有些并不是心理学，也没有系统学习过心理学课程，缺乏心理健康教育的理论与技能，应提高这部分教师的心理健康教育的理论与实践水平。此外，有些学校的心理健康教育教师以兼职为主，对专职教师的工作量和绩效考评没有明确规定。这在一定程度上限制了专职心理健康教育教师的职称晋升。

在科技飞速发展的今天，我国高校在大学生心理健康教育中，对互联网、移动网络、智能终端等大学生日常生活中"必需品"的作用重视不够。高校应将互联网作为心理健康教育的重要途径，不断探索在新媒介上提供心理健康服务的方式方法，利用信息推送、网络社区、互动游戏等方式传播心理健康的知识，培养人际沟通技能，拓展社会支持渠道。

三、大学生心理健康教育的对策

(一)促进普通高校心理健康生态系统建设

教育行政部门应制定纲领性文件，加强对大学生心理健康教育工作的统领、规范和指导。为增强心理健康课程的有效性，可以成立各级教学指导委员会，用以规范、指导和督查心理健康教育课程的建设，从总体上把握课程的内容和性质，完善心理健康教育课程。

(二)构建健全的普通高校心理健康教育与服务体系

相比于我国起步较晚的大学生心理健康教育工作，国外高校心理健康教育工作更为系统和全面。例如，美国在 2000 年修订的《美国大学和学院咨询中心资格鉴定》明确界定了心理咨询机构的功能。从世界心理科学发展的新特点来看，从心理健康教育走向心理健康服务是必然趋势。我国应尽快构建高校心理健康教育与服务体系。这一体系应包括心理健康教育服务机构、心理健康教育途径、心理健康教育内容三大模块。

1. 心理健康教育服务机构

高校学生心理健康教育工作主要由心理健康教育中心或心理咨询中心负责开展心理健康教育各项活动，安排课程，开展心理咨询与辅导活动，进行危机干预和处理等。在院系层面，各院系辅导员和班主任对学生情况更为了解和熟悉，他们也是心理健康教育服务体系的重要组成部分。有的高校心理健康教育课程主要由辅导员担任，他们能够在第一时间了解学生的心理状态。班级和宿舍也是开展心理健康教育工作的阵地。一些高校设立了班级心理委员，定期在班级开展心理健康教育主题班会活动，取得了较好效果。党团和社团组织往往会吸引很多大学生参与，因此，学校依托党团组织和社团组织开展心理健康教育活动。比如，开办专题讲座、进行实践活动提升学生心理素质，进而提高心理健康水平。一些高校开展了朋辈辅导工作，取得良好效果。高校心理健康教育工作的开展离不开多个部门的支持和指导。学生处、研究生院、教务处、校团委等部门应积极协同配合，为开展学生心理健康教育工作提供有力支持。

2. 心理健康教育途径

开展心理健康教育首先要发挥课堂主渠道作用，通过学习不同形式的心理健康课程，大学生可以掌握心理健康的知识和调适方法，促进自己在学习、人际交往、自我和情绪以及求职就业方面的发展。同时，高校要充分利用互联网优势，逐步推进心理健康教育工作的信息化，构建能够与时俱进的心理健康教育服务体系。目前，由吉林大学牵头，清华大学、北京大学、南京大学等高校共同完成的"大学生心理健康教育"在线课程是一个很好的探索。大规模开放式在线课程(慕课)是新时代背景下产生的一种新型学习模式，构建慕课式大学生心理健康教育课程体系，有助于改进高校心理健康教育工作，帮助大学生减少心理问题的产生，提升大学生心理健康水平。心理健康教育中心可以通过自己的网站实现心理健康知识的宣传、心理咨询与辅导的预约等功能，也可以进一步通过微博、微信等网络平台推送心理健康知识、心理调适技巧和方法，提高心理健康教育工作的时效性。特别是心理健康教育工作者要重视心理测评、心理咨询与心理干预途径。心理测评是了解大学生心理健康状况的有效评估手段，教师可以通过开展心理测评，并结合访谈筛查出心理健康水平较差的学生，进行密切关注，及时给予心理辅导和心理干预。

3. 心理健康教育内容

高校心理健康教育的主要内容是帮助大学生正确认识和处理好学习成才、择业交友、健康生活方式、求职就业等方面的具体问题。大学生要树立终身学习理念，培养学习兴趣，掌握学习策略，开发学习潜能，提高学习效率，积极应对考试压力，战胜考试焦虑情绪，为成才和增强创新精神、创新能力奠定基础。大学生要正确认识自己的人际关系状况，尊师、爱友、孝亲，培养人际沟通能力，收获人际积极情感反应和体验，正确对待和异性同伴的交往，认识友谊和爱情的界限，建立正确的恋爱观、婚姻观，为建立家庭和为人父母做好准备。高校心理健康教育要帮助大学生进一步调节和管理自我情绪，提高克服困难、承受失败和应对挫折的能力，形成良好的情绪品质和意志品质；关注社会、服务社会，积极参与社会公共生活，培养亲社会行为和志愿者行为，不断提高社会适应能力。大学生要培养积极心理品质，优化人格特征，增强自我调节与自我教育能力，形成自尊、自爱、自律、自强的优良品格，促进自我与人格的进一步发展，真正成为人格健全的创新型和自我提升型人才。在充分了解自己的兴趣、能力、性格、特长和社会需要的基础上，大学生要确立自己的职业志向和进行职业生涯规划，培养职业道德意识，进行升学就业选择和准备，培养担当意识、主人翁精神和社会责任感。

（三）加强师资队伍职业道德建设

专业化队伍是国外大学生心理健康服务体系的突出特征。基于我国高校心理健康教育的现状，在进一步提高师资队伍专业化水平的同时，要注重提升专兼职教师的敬业精神和职业道德。在专业化过程中，我国要对相关人员的学历背景、专业技能以及绩效等方面进行考核。一方面，要给专职教师的职业发展提供路径。例如，在参加必要培训上提供条件和支持，保障心理辅导教师能够参与督导、进行案例分析，获得同行社会支持。需要指出的是，心理辅导的技术和理论流派五花八门，近年来从国外引进了众多不同的方法，教师应根据实际工作需要，选择性地参加培训，而不是把大量时间和精力都投入到培训中。这种本末倒置的做法是不可取的。另一方面，也要考核心理健康教育工作的效果。虽然不能拿高校学生自杀率作为心理健康教育工作开展效果的衡量标准，但是这不意味着不需要对心理健康教育工作进行考核。大部分心理健康教育教师都兢兢业业为心理健康教育工作付出了宝贵的时间和精力。由于缺乏相应考核标准和考核机制，这些教师对收入和职称晋升不满意。因此，要设置合理的考核机制，为专职教师的职业发展提供制度保障。

（四）加强心理健康教育教材建设与科研工作

我国高等学校心理健康教育取得了一些成效，心理健康教育课程已经如火如荼地开展起来，心理健康教育教材实现了从无到有、从少到多的变化，但是高质量心理健康教育教材还比较缺乏。有些高校教师为了评职称，编写质量较差的教材给学生推广使用，在一定程度上影响了心理健康教育的效果。心理健康教育教材不仅是学生上课时的蓝本，也应该成为学生心理健康自助手册。在教材编排上，应力求理论与实践相结合，贴近学生实际，提供心理健康知识、心理调适方法以及心理自助的指南。国家对于大学生心理健康教育教材应有明确规定，整合多方力量编写高质量的教材。我国大多数高校开展了心理健康教育工作，但是很多高校并没有开展与此相应的科研工作。一些教师对心理健康教育科研工作认识不到位，仅认为这是对心理健康教育工作的补充。实际上，一方面，心理健康教育科研工作可以探究影响大学生心理健康的因素，寻求提高心理健康水平的途径；另一方面，开展心理健康教育科研工作可以进一步为开展心理危机干预提供理论指导。为了提高心理健康教育专兼职教师的理论水平，高校应积极支持心理健康教育教师参加学术会议，开展科研工作，提升科研能力和理论水平，以更好地服务于大学生心理健康教育工作。

第十三章

普通高校研究生心理健康教育：现状、问题与对策

为适应经济社会发展需要，21 世纪以来，我国在扩大高等教育本科办学规模的同时，加速发展研究生教育。中国教育年鉴和教育部历年全国教育事业发展统计公报的数据显示，1998 年研究生在校生规模不到 20 万人，2006 年超过 100 万人，8 年间增加了 4 倍多，年均增长率达到 30% 左右。最新统计显示，近几年我国研究生教育继续保持较快扩招速度，2011 年全国在校研究生达到 153.8 万人。这种规模上的快速扩大，在推动高等教育大发展的同时，也带来了一系列心理健康问题，研究生培养机构的心理健康教育面临前所未有的挑战。

近些年，研究生尤其是博士研究生自杀事件屡见报端，成为社会各界关注的焦点。在近几年大学校园自杀事件中，研究生所占比例越来越高。据不完全统计，北京市 2004 年和 2005 年各有 19 名和 15 名学生自杀身亡，其中至少有 11 名研究生，约占 1/3，而同期研究生在校生规模不到本专科在校学生规模的 1/15。因此，研究生自杀比例比本专科生更高。作为学历层次最高的学生群体，社会、学校、家庭和个人等多方面对研究生的期待也较高。研究生的主要角色仍然是学生，经济上多数没有完全独立，社会上还没有现实的位置。由于年龄较大，研究生所承受的来自学业、就业、婚恋、家庭等诸多方面的压力更大。这些压力如果得不到足够重视和消解，必将给研究生的身心健康造成严重危

害。①②③④ 大部分研究生是应届生，在处理学习、工作和人际关系问题时，仍有不够成熟的一面，研究生心理行为问题不断增加。赵殿军等人对全国40家院所在读研究生进行调查后认为，硕士研究生心理健康状况较差，约有30%存在不同程度的心理问题。⑤ 刘彩谊等人对中科院研究生院(现中国科学院大学)在读研究生连续3年的心理测评显示，研究生整体心理健康水平低于全国青年平均水平，有轻度不良心理反应(≥2)的检出率达到47.3%，其中9.1%有中度心理健康问题(≥3)。⑥ 孙艳平等人的研究显示，高校研究生症状自评量表(SCL-90)的得分普遍高于全国青年常模，其中在强迫、抑郁、焦虑、敌对、恐怖、偏执和精神病性7个因子上得分较高，可能与研究生所处的知识层次和特定的学习生活环境有关。⑦ 可见，研究生的心理健康问题较为突出，研究生的心理健康状况理应受到更多关注。

积极心理学家认为，心理健康分为正负两个方面⑧，它不仅仅是负面情绪、情感的减少，也是正面情绪、情感的增多，幸福感、生活满意度都是心理健康重要的测量指标。俞国良指出，心理健康包括两层含义，一是无心理疾病，这是心理健康的最基本条件；二是具有一种积极向上发展的心理状态。⑨ 基于此，本研究采用问卷调查法同时测量抑郁、焦虑、总体主观幸福感和生活满意度等正、负两个方面的指标，以对研究生心理健康状况做更准确而全面的调研和分析，从而更有效地指导研究生心理健康教育工作的开展。

---

① 韩勇：《高校研究生精神压力的维度及其相关因素分析》，载《扬州大学学报(高教研究版)》，2006，10(3)。

② 陈江波、简福平：《研究生心理压力的调查研究》，载《黑龙江高教研究》，2006(1)。

③ 楼成礼、林良夫、袁熙贤：《研究生心理健康状况测评与分析》，载《教育发展研究》，2003(12)。

④ 毛富强、李振涛、王建华：《研究生心理健康状况与个性特征及生活事件分析》，载《中国心理卫生杂志》，2003，17(10)。

⑤ 赵殿军、徐金尧、孙庆祝等：《在读硕士研究生心理健康与体育锻炼的相关研究》，载《北京体育大学学报》，2004，27(4)。

⑥ 刘彩谊、安晶卉、亢蓉等：《北京在读硕士博士研究生心理健康及人格测试分析》，载《中国行为医学科学》，2005，14(12)。

⑦ 孙艳平、吴谅谅：《浙江省高校研究生心理健康状况》，载《中国学校卫生》，2003，24(5)。

⑧ Boey, K. & Chiu, H., "Assessing psychological well-being of the old-old: A comparative study of GDS-15 and GHQ-12," *Clinical Gerontologist*, 1998, 19(1), pp.65-75.

⑨ 俞国良：《现代心理健康教育》，3页，北京，人民教育出版社，2007。

一、对象与方法

(一) 对　象

北京市 21 所普通高校按照整群抽样的方法，以班为单位选取硕士一年级至博士三年级及延期的共 1155 名研究生，平均年龄为 24.43±2.07 岁，其中女生和男生的比例为 1.20∶1，硕士一、二、三年级分别为 329、564、123 人，博士一、二、三年级及延期分别为 58、58、23 人，专业涉及理学、工学、人文社科、艺术、医学和其他，分别为 173、342、522、29、71、18 人，未婚者占 94.4%。

(二) 方　法

1. 总体主观幸福感的评定

《国际大学生调查》(ICS)问卷[1][2]共有 24 道题目，包括总体主观幸福感(5 个项目)、生活满意度(5 个项目)、积极情感(6 个项目)和消极情感(8 个项目)4 个分量表，4 个分量表的内部一致性信度系数分别为 0.89、0.83、0.86 和 0.88。总体主观幸福感为 9 级评价量表，选项从"1"表示"非常不快乐"，到"9"表示"非常快乐"，分数越高，幸福感越高。生活满意度量表为 7 级评价量表，选项从"1"表示"强烈反对"，到"7"表示"极力赞成"，分数越高，满意度越高。积极情感和消极情感均为 9 级评价量表，选项从"1"表示"根本没有"，到"9"表示"所有时间"，分数越高，分别表示积极情感越强烈和消极情感越强烈。本研究测得该问卷总体 α 系数为 0.78。为了更清晰地显示分数的意义，本量表数据采用各项目总分除以项目数的平均分，得分区间根据量表评级不同分别为 1~9 分或 1~7 分。

---

[1]　Diener, E. & Suh, E. M., *Culture and subjective well-being*, Cambridge, MA, MIT Press, 2000, pp. 87-112.

[2]　严标宾、郑雪:《大学生社会支持、自尊和主观幸福感的关系研究》，载《心理发展与教育》，2006，22(3)。

2. 抑郁程度的评定

贝克抑郁量表第二版(Beck Depression Inventory-Ⅱ，BDI-Ⅱ)由美国临床心理学家贝克及其同事于 1996 年修订编制，共有 21 道题目，设置四级评分(0 分至 3 分)，分数越高表明抑郁程度越深，各项目评分相加得到总分，根据总分高低评定有无抑郁和抑郁严重程度。本研究测得 α 系数为 0.92。根据中国心理卫生临床量表的标准，总分小于等于 4 分为无抑郁，5~13 分为轻度抑郁，14~20 分为中度抑郁，大于等于 21 分为重度抑郁。

3. 焦虑程度的评定

贝克焦虑量表(Beck Anxiety Inventory，BAI)由贝克等于 1985 年编制，共有 21 个自评项目，采用四级评分法，"1"表示无；"2"表示轻度，无大的烦恼；"3"表示中度，感到不适但尚能忍受；"4"表示重度，只能勉强忍受。该量表主要评定受试者被多种焦虑症状烦扰的程度，能比较准确地反映主观感受到的焦虑程度。此量表在国外经过焦虑患者及普通民众验证具有较高信效度，已在我国得到验证和广泛使用。本研究测得 α 系数为 0.95。有研究发现，以总分大于等于 45 分为界限进行分类时，量表的敏感性(91.66%)和特异性(91.25%)相对均衡，研究者用 Kappa 一致性公式对量表判断和临床诊断进行分析，结果表明量表具有高度一致性($K=0.82$)。所以，本研究以 45 分为界限，大于等于 45 分为高焦虑，小于 45 分为低焦虑。

4. 数据处理与分析

我们使用 SPSS16.0 统计软件包录入和处理数据，进行描述性统计、t 检验和方差分析。

二、研究结果

(一)各变量的描述性统计及相关分析

北京市普通高校研究生心理健康状况的描述性统计得分如表 13-1 所示。

表 13-1 变量的描述性统计指标

	总体主观幸福感	生活满意度	积极情感	消极情感	焦虑	抑郁
最大值(Max)	1.00	1.00	1.00	1.00	84.00	48.00
最小值(Min)	9.00	7.00	9.00	9.00	21.00	0.00
平均分(M)	5.78	4.13	5.51	3.43	29.21	10.78
标准差	1.12	1.26	1.62	1.40	9.72	9.11

从表 13-1 可以看出，9 点记分的总体主观幸福感总均分为 5.78，稍大于中间位置 5 分的"无所谓"选项，表明总体而言，北京市高校研究生的总体主观幸福感稍偏幸福。7 点记分的生活满意度总均分为 4.13，同样稍高于 7 点量表记分"既不赞成也不反对"的 4 分，低于"有点赞成"的 5 分，表明总体而言，北京市高校研究生的生活满意度稍偏满意。9 点记分的积极情感总均分为 5.51，与总体主观幸福感得分相似，表明总体而言，被试在超过一半的时间内体验到了积极情感。9 点记分的消极情感总均分为 3.43，相对于积极情感，被试在少于一半的时间内体验到了消极情感。综上所述，北京市高校研究生的总体主观幸福感并不明晰，而是处于"无所谓""既不赞成也不反对""一半时间"等居中的位置，稍偏积极感受一方。

焦虑平均分为 29.21，根据分类标准，低于 45 分的临界值，结果表明，总体而言，被试的焦虑程度低于临界值。抑郁均分为 10.78，根据分类标准，5~13 分为轻度抑郁，因此，数据统计结果表明，北京市高校研究生普遍有轻度抑郁。

另外，焦虑总分高于 45 的被试占 9.4%，共 108 人，其中硕士生 93 人，博士生 15 人。抑郁得分在 4 分及以下的为无抑郁的被试占 28.8%，共 333 人，其中博士生 47 人；5~13 分轻度抑郁的被试占 41.0%，共 473 人，其中博士生 49 人；14~20 分中度抑郁的被试占 15.8%，共 182 人，其中博士生 28 人；21 分以上重度抑郁的被试占 14.4%，共 167 人，其中博士生 15 人。

对各变量得分进行相关分析的结果如表 13-2 所示。

表 13-2 各变量的相关系数

	1	2	3	4	5
1 抑郁	1				
2 焦虑	0.63**	1			
3 总体主观幸福感	-0.47**	-0.24**	1		
4 生活满意度	-0.41**	-0.16**	0.52**	1	
5 积极情感	-0.41**	-0.17**	0.54**	0.58**	1
6 消极情感	0.56**	0.53**	-0.37**	-0.34**	-0.30*

注：** 表示显著性 $p<0.01$，* 表示显著性 $p<0.05$，下同。

从表 13-2 可以看出，抑郁和焦虑量表与总体主观幸福感各分量表之间的相关均达到了显著水平，表明被试的总体主观幸福感越高，其焦虑和抑郁的程度越低，显然，总体主观幸福感量表可以表征被试的心理健康水平。这也表明，本研究各量表的效标效度较高。另外，总体主观幸福感量表各分量表的相关均达到了显著水平，尤其是消极情感得分与其他三个分量表负相关，与焦虑、抑郁正相关，这表明，消极情感越强烈的个体，其幸福感水平越低，心理健康状况越差。

（二）各变量的性别差异

我们以性别为自变量，以总体主观幸福感、生活满意度、消极情感、积极情感、抑郁和焦虑为因变量进行独立样本 t 检验，结果如表 13-3 所示。

表 13-3 对各变量得分的性别差异 t 检验

	总体主观幸福感	生活满意度	积极情感	消极情感	抑郁	焦虑
男	5.69±1.20	3.98±1.26	5.51±1.59	3.66±1.49	11.28±10.10	30.44±11.03
女	5.85±1.03	4.25±1.25	5.51±1.65	3.23±1.28	10.36±8.18	28.18±8.35
t 值	-2.39*	-3.72**	-0.57	5.53**	1.72	3.95**

从表 13-3 可以看出，男女生在总体主观幸福感、生活满意度、消极情感、焦虑变量上的得分均差异显著，男女生在积极情感和抑郁上的得分差异不显著。这表明北京市高校男研究生的总体主观幸福感和心理健康水平均差于女生。

(三) 各变量的年级差异

我们以不同学历层次为自变量，以总体主观幸福感、焦虑、抑郁为因变量做独立样本 t 检验，结果发现，不同学历研究生的总体主观幸福感和焦虑、抑郁均无显著差异。

研究以不同年级为自变量，分别对硕士生、博士生进行独立 one-way ANOVA 检验。结果发现，硕士生一、二、三年级之间各变量得分差异均不显著。博士生组间差异只有抑郁得分达到了显著水平，$F(3, 135) = 3.11$，$p<0.05$。进一步两两比较发现，博士生一年级与博士生三年级差异不显著，博士生二年级抑郁水平($M_2 = 33.38^*$)最高，显著高于博士生一年级($M_1 = 28.74$)和三年级($M_3 = 29.76$)，呈明显的倒 U 形曲线，如图 13-1 所示。

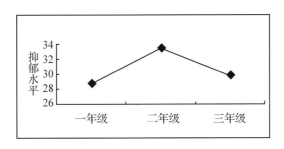

图 13-1　博士生抑郁的年级趋势

(四) 专业差异

我们以专业(包括理学、工学、人文社科、艺术、医学、农学、体育及其他)为自变量，以总体主观幸福感及焦虑、抑郁为因变量进行多元方差分析，结果发现多元主效应不显著。多重比较(LSD)结果发现，部分平均数差异达到了显著水平，如表 13-4 所示。

表 13-4 专业差异的分析

变量	专业	专业	MD(Mean Difference)
生活满意度	人文社科	工学	0.18*
积极情感	人文社科	理学	0.33*
积极情感	艺术	理学	0.72*
积极情感	艺术	农学	1.18*
焦虑	农学	理学	7.66*
焦虑	农学	工学	6.54*
焦虑	农学	人文社科	7.38*
焦虑	农学	医学	8.44*

从表 13-4 可以看出，被试人文社科专业研究生的生活满意度比工学专业高，积极情感比理学专业高，焦虑水平比农学专业低。艺术专业研究生的积极情感比理学和农学研究生高。而农学专业研究生的焦虑水平比理学、工学、人文社科以及医学的研究生高。其他各专业之间差异不显著。总体而言，人文社科和艺术专业研究生的健康水平相对高些，理工次之，农学最低。

(五) 年龄和婚姻状况差异

年龄与各变量之间相关系数均不显著，我们把年龄分成三个阶段(20~25、26~30、31~38)，以年龄为自变量，以以上各变量为因变量进行单因素方差分析，结果发现方差主效应不显著，多重比较均不显著。我们从统计结果可以得出，年龄与心理健康状况没有明显或直接关系。

学生的婚姻状况变量分为已婚、未婚和离异三类，由于离异的只有两个被试，无法参与统计，被删掉后，我们以婚姻状况为自变量，以各变量为因变量进行独立样本 t 检验，结果发现差异均没有达到显著水平，表明婚姻状况对于被试的心理健康状况没有直接影响。

三、分析与讨论

(一) 北京市普通高校研究生心理健康状况的总体水平

研究生扩招现象，一方面是由于经济社会发展的对高素质人才的需求导向；另一方面是严峻的就业形势所迫，缓解大学生就业压力。在这两大因素影响下，研究生群体的心理健康水平有着不良根基，现阶段要针对研究生心理特点开展心理健康教育。从研究结果可知，有 14.3% 的研究生认为目前的生活不快乐，25.4% 的研究生对生活不满意，23.2% 的研究生认为当前生活不幸福，另有11.8% 的研究生存在高焦虑问题，研究生心理健康状况总体情况不容乐观。

无论是教育目标还是培养模式，研究生都与本专科生有很大不同。研究生教育强调科研、创新能力的培养，实行导师制培养方式。研究生群体也有着自身的特点，在年龄上是各个学历层次中平均年龄最大、年龄最分散的学生群体；社会阅历迥异，来源差异很大，世界观、人生观不一，"小集团"分群现象较为严重；专业背景不同，专业能力与基础知识水平不一；婚姻状况不一，大龄未婚者与年轻已婚者同桌就学。以研究生群体的年龄结构而言，硕士生较为集中的年龄段是 22~24 岁，博士生是 25~30 岁，大多处于成年早期，少部分研究生已进入成年中期。处在心理发展成年早期阶段的研究生总体上的基本特征是，心理发展趋于成熟稳定，要承担众多重大发展任务，进入又一轮"多问题"时期。处在心理发展成年中期阶段的研究生总体上的基本特征是，心理发展趋于稳定内向，成就压力最大，面临"中年"危机。面临着种种的压力和考验，研究生群体为了有更好的就业前景，更多时间生活在一种压抑状态中，难以体验到较高的总体主观幸福感和生活满意度。近年来，积极心理学 (Positive Psychology) 逐渐兴起，它以人的积极力量和积极品质为研究对象，强调心理学不仅要帮助那些处于某种"逆境"条件下的个体求得生存并得到良好发展，更要帮助那些处于正常环境条件下的个体学会获得高质量个人生活与社会生活。这就迫切需要加强研究生心理健康教育，尽量为他们营造一个更好的心理环境，使他们轻松应对学业和就业压力，共建和谐家园。

(二) 不同性别、年级和专业对北京市普通高校研究生心理健康状况的影响

不同背景变量的研究生心理健康状况存在显著差异。一般而言，女性研究生会面临更多生理、家庭和就业压力问题。因此，在心理健康教育过程中，女性研究生的心理行为问题得到了更多关注，如开设专业的女性心理讲座等。然而，我们从本研究结果中得知，女性研究生有着比男性研究生更高的总体主观幸福感、生活满意度及更低的抑郁程度和焦虑程度，表现出较好的心理健康状况。这就要求我们也要更多关注男性研究生的心理问题。男性研究生不仅存在学习、生活及就业压力，还要承担社会赋予男性的特有压力。例如，在几千年农业社会文化传承下，人们对男女性别角色存在着不同的社会期望，社会与传统文化对两性性别角色及行为形成了较为固定的看法或观念，认为男性一般是家庭关注的对象和未来的希望，应有强烈的责任感，男性应当坚强。因此，男性在社会中一直扮演着栋梁角色，肩负着社会、家庭的双重责任，这使得男性在遇到挫折时，常常选择压抑内心痛苦，不愿意向他人寻求帮助，以维护男性自尊。女性则被容许脆弱，在遇到挫折、感到痛苦的时候，往往会主动寻求别人帮助，并善于通过倾诉宣泄被压抑的情绪，消除心理上的障碍。在心理健康教育实践中，我们不仅要有针对性地对女性研究生开设心理健康讲座，也应开设一些帮助男性研究生的心理讲座，特别是导师，在学习和生活中要适当地减压，以便缓解他们的压力。

人们通常认为，研究生的不良心理健康状态随年级发展呈 U 形变化，即三年级得分高于一、二年级，一年级得分略高于二年级。也就是说，二年级的心理健康状况要好于一年级，一年级又好于三年级。本研究结果却显示，新入学的博士生有着较高的总体主观幸福感、生活满意度及较低的抑郁和焦虑程度，新入学的硕士生也有着较高的总体主观幸福感，而在博士二年级时则表现出最强的抑郁和焦虑程度。与以往不同，研究生目前面临最大的难题是就业，而就业压力主要出现在硕士或博士三年级。因此，新入学的硕士生或者博士生的总体主观幸福感会高出其他年级。到了二年级，由于研究生既要面临即将出现的毕业论文压力，又要承担比自己高一届研究生尚未找到好工作给自己带来的巨大压力，二年级研究生会出现抑郁和焦虑较强烈的情况。因此，对研究生的心理健康教育要分年级进行，不同年级关注的重点不同，要解决的主要心理行为问题也不同，如新生主要是解决适应问题，毕业生则主要是解决就业减压问题。

从本研究结果可知，不同专业研究生的积极情感和焦虑程度得分存在显著差异，理科和工科研究生的积极情感显著弱于人文社科和艺术研究生；工科研究生的焦虑程度显著高于人文社科和医学研究生。这与理工科自身的特点有关，理工科研究生的课程任务比文科研究生重很多，加之实验环节与实习环节常占用课程余时间，使得他们要在课内课外满负荷作业，这就给理工科研究生的心理健康带来很多负面影响，使其体验到的积极情感显著弱于文科研究生。加之工科研究生学习任务过重及摄取的学习内容单一化，心理包袱背负者无法获得释放的机会，导致工科研究生存在着较高焦虑程度。因此，研究生心理健康教育要顾及专业特点，有针对性地开展工作，不同的专业遇到的常见心理问题存在差异，要区别对待。

四、研究生心理健康教育的对策研究

(一) 从创新素质培养的高度进一步认识研究生心理健康教育的意义，恰当定位研究生心理健康教育的功能与作用

现代神经生理学研究发现，只有心理健康的人才会把创造潜能付诸实践，才能成为创新人才。研究者认为，创新教育是一个系统工程，心理健康教育是其中的子系统，只有在心理健康教育切实有效实施的基础上，创新教育的目标才能全面稳妥地实现。可见，培养和造就高素质创造性人才，必须以心理健康

为前提条件。心理健康教育作为提高心理素质的教育，不仅是素质教育的有机组成部分，而且是学校教育的内涵。知识经济时代的人才，首先应该是心理健康的人才。因此，开展研究生心理健康教育，既是维持研究生心理健康的需要，更是培养研究生的创新素质、创新能力与创新意识的需要，是研究生创新教育的需要。

(二) 强调自我教育，开发网络等更适合研究生需要的心理健康教育新途径

研究生多数已进入成年期。发展心理学研究认为，在成年期阶段，人的生理发展趋于稳定，情感趋于成熟，性格基本定型，具有稳定的价值观，有很强的优越感和独立自主意识。同时，研究生在学习方式上以自学为主，其教育重心已由长期养成的被动学习方式转向以创新为核心的独立探索和自主学习。因此，研究生的心理成长必须尊重其主体性，必须沿着自我教育的方向发展。自我教育是研究生心理健康教育取得实效的最有效形式。

网络作为一种新的沟通媒介，是适合研究生心理健康教育的新途径。一方面，网络心理健康教育能够寓教于健康生动的校园网络文化，能够有效提高研究生的心理素质；另一方面，研究生大多不愿意通过面对面形式进行心理咨询，网络咨询则避免了面对面可能带来的尴尬，比电话咨询、当面咨询等形式更容易接受。

(三) 以生态系统发展观为指导，创建研究生健康心理环境

生态系统发展观认为，个体心理发展源自其环境系统的结构和功能变化，个体心理健康从根本上取决于环境系统的健康和个体与环境的双向互动，个体心理健康与环境有双向性相互作用的动态关系。研究生的家庭经济状况、导师和同学以及学校的学术环境、制度环境乃至整个社会文化的宏观系统，都为研究生心理健康发展提供了不同方面的资源。为了建设优美的校园生态环境，完善的学习、生活设施以及健全的奖励资助体系等就显得十分必要。研究生参与校园文化活动，通过与周围环境的互动，开阔了视野，走出了书本，扩大了人际交往范围，扩大了社会支持系统，在改善外部环境、提升环境系统健康水平的同时，培养了自身人际协调和沟通能力，形成了机智、幽默、敏捷、乐观、合群等性格，进一步提升了自身心理健康水平。

(四) 完善研究生心理健康教育服务与干预体系

一是要开展研究生心理健康教育课程建设，编制有针对性的专门教材。要安排人生经验更为丰富、专业知识更为扎实、实践干预能力更强的心理健康教育教师讲授研究生心理健康教育课程。

二是建立和完善研究生心理咨询体系，包括研究生新生心理健康调查、心理健康定期检测、建立研究生心理健康档案、职业生涯规划辅导和恋爱心理咨询等方面。在咨询体系建设上，要安排年龄更大、经验更丰富、更了解研究生心理问题的咨询师为研究生提供符合其需要的特色咨询项目。

三是要做好研究生导师心理健康意识培训工作，充分发挥导师在研究生心理健康教育中的重要作用。研究生的大部分学习与科研都是在导师的直接帮助和指导下进行的，导师作为"兼职"心理健康教师，对研究生的心理健康应承担责任。在开展研究生心理健康教育时，应通过各种途径，增强导师的心理健康教育意识、知识和技能，促使其主动与研究生交流与沟通，真正起到学高为师、身正为范的指导作用。

四是要大力建设班级心理健康委员队伍，实现危机及时预警。与大学生的班主任、辅导员发挥的作用相比，研究生的班主任、辅导员发挥的作用较小，难以担当心理危机观察员的重任。预警机制的不完善也可能是研究生自杀成功率高于大学生的一个重要因素。因此，研究生班级的心理健康委员就成为校园研究生心理危机预警体系中最基层一环，应该大力建设好研究生班级心理健康委员队伍，更好地发挥危机预警作用。

五是实施有针对性的危机干预。研究生面临更多压力源，出现的心理行为问题更加复杂多样，除了要完善危机干预体系外，还要加强教师的危机干预能力培训，以便在研究生心理危机发生时，进行有针对性的危机干预，提高危机干预实效。

第十四章

———

心理健康教育：高等学校的地区差异比较研究

随着国家区域协调发展战略的推进，"协调发展"已成为东、中、西部地区心理健康教育的主要理念之一[①]。我们对全国 15 所高等学校心理健康教育的访谈表明，东部地区高校比中西部地区高校的心理健康教育整体发展水平更高。那么，中西部地区高校同东部经济发达地区高校在心理健康教育方面的差距有多大？东部地区高校和中西部地区高校在心理健康教育发展中具有哪些不同的特点？全面开展东部地区高校与中西部地区高校心理健康教育的比较研究，有利于对各地区高校心理健康教育状况进行宏观把握，推进区域之间心理健康教育的协调发展。

一、调研方法

我们采用《高等学校心理健康教育基本情况调查问卷》对高校学生、教师和教育管理者进行调研，共收回学生问卷 10405 份，教师问卷 491 份，教育管理者问卷 253 份。调研以全国 7 个省市(北京、河南、陕西、湖北、浙江、贵州、广东)的 11 所高校为主，以全国大范围网络调研为辅。东部地区高校涉及北京、上海、广东、天津、浙江、海南等 11 个省市，中部地区高校涉及安徽、河南、山西、江西等 9 个省，西部地区高校涉及陕西、甘肃、贵州、宁夏、四川、云南 6 个省(自治区)。我们使用 SPSS 22.0 对数据进行了统计分析。

———

① 俞国良、王浩：《社会转型期大学生心理健康教育观念的再思考：访谈证据》，载《黑龙江高教研究》，2017(4)。

二、调研结果

调研结果显示，大学生心理健康意识逐步提高。东部、中部和西部地区高校大学生心理健康意识水平不存在明显地区差异，分别有约 60% 的大学生认为自己了解心理健康。与此同时，大学生对心理健康教育的需求愈发强烈。东部、中部和西部地区高校分别有 80.8%、83.6% 和 88.8% 的大学生认为接受心理健康教育非常必要。然而，当前高等学校心理健康教育在制度建设、课程建设、心理咨询室建设、师资队伍建设、其他心理健康教育活动以及对心理健康教育的整体评价方面都存在一定地区差异。

(一)制度建设

制度建设关注组织机构设置、制度制定和制度落实三个方面。调研结果表明，东部、中部、西部地区均有超过 90% 的高校成立了心理健康教育工作的组织领导机构和心理健康教育专门机构(如心理咨询中心)，超过 90% 的高校制定了有关心理健康教育工作的具体规章制度、工作制度。高校在制度落实方面存在一定地区差异。在中部地区高校中，87.5% 的教育管理者表示高校会对心理健康教育工作进行考核并列入绩效评估，90.6% 的教育管理者表示会将心理健康教育工作作为评价院系思政工作成效的重要指标，93.8% 的教育管理者表示上级单位每年会对高校心理健康教育工作进行督导、检查和指导，这些指标均高于东部和西部地区高校。在心理健康教育工作经费支持上，31.4% 的东部地区高校教师表示能够得到足够的经费支持，只有 19.5% 的中部地区高校教师和 27.3% 的西部地区高校教师能够得到足够的经费支持(表 14-1)。对制度落实情况的整体评价显示，79.2% 的东部地区高校、79.7% 的中部地区高校和 55.6% 的西部地区高校教育管理者认为其所在高校对心理健康相关制度的落实情况很好。总之，东部和中部地区高校的制度落实情况好于西部地区高校。

表 14-1　高等学校心理健康教育制度落实的地区差异

	制度落实情况	中部	西部
教育管理者	将心理健康教育列入绩效评估	87.5%	73.8%
	心理健康教育作为评价思政工作成效的指标	90.6%	73.8%
	上级单位督导、检查和指导相关工作	93.8%	72.2%
教师	得到足够的心理健康教育经费支持	19.5%	27.3%

(二)课程建设

就教师报告的指标来看，高校心理健康教育课程设置存在地区差异，主要表现在以下三方面：①课程性质：东部地区高校教师表示课程主要为必修课（42%），中部地区高校教师表示必修课和选修课兼有（41.2%），西部地区高校教师表示课程主要为选修课（46.2%）。②授课形式：东部和中部地区高校课程主要采取讲授与活动相结合的形式（分别为74.6%和70.0%），高于西部地区高校（59.4%）。③课程评价：49.6%的东部地区高校教师表示课程效果很好，略高于中部地区高校（44.4%）和西部地区高校（41.4%）。

就学生报告的指标来看，东部和中部地区高校心理健康教育课程建设好于西部地区高校，表现在以下五方面：①课程开设情况：东部地区和中部地区分别有73.2%和87.3%的学生所在高校开设了心理健康教育相关课程，西部地区有67.4%的学生所在高校开设了相关课程。②课程兴趣：东部、中部和西部地区高校分别有40.3%、40.9%和37.1%的学生表示对课程很有兴趣。③课程对学生心理特点的针对性：东部、中部和西部地区高校分别有53.5%、56.4%和49.2%的学生认为课程很符合学生的心理特点。④教学内容对大学生发展需要的针对性：东部、中部和西部地区高校认为教学内容"很符合"其发展需要的学生比例分别为54.1%、56.3%和52.9%。⑤授课教师水平：东部、中部和西部地区高校分别有56.6%、58.1%和53.8%的学生认为授课教师水平很高。

(三)心理咨询室建设

心理咨询室建设的地区差异表现在以下五方面：①咨询室开设情况：东部、中部和西部地区高校分别有 85.7%、74.8%和 72.3%的学生所在学校开设了心理咨询室。②心理咨询形式：东部地区高校采取单独面谈形式的学生比例高于中西部地区高校；在团体咨询形式方面，西部地区高校学生比例高于东部和中部地区高校；在电话或网络咨询方面，中部地区高校学生比例高于东部和西部地区高校，结果如图 14-1 所示。东部、中部和西部地区高校学生都以单独面谈为主要的心理咨询形式。③咨询效果：东部、中部和西部地区高校分别有48.4%、44.4%和43.8%的学生认为心理咨询很有帮助，分别有52.5%、49.2%和43.8%的学生认为咨询师很有水平。④对心理咨询的接纳程度：东部、中部和西部地区高校分别有54.9%、50.0%和47.2%的学生对心理咨询比较接受。⑤心理咨询的普遍性：东部、中部和西部地区高校分别有 54.6%、47.5%和47.5%的学生表示身边其他同学寻求过心理咨询师的帮助。

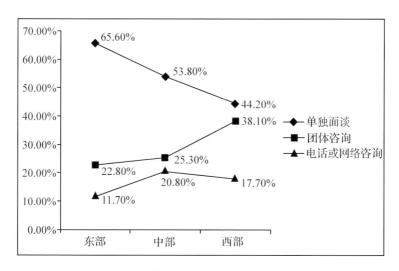

图 14-1 学生心理咨询形式的地区差异

(四)师资队伍建设

师资队伍建设的地区差异表现在以下七方面：①教师学历水平：东部、中部和西部地区高校分别有77.3%、76.9%和60.7%的教师为硕士研究生及硕士以上学历，分别有21.0%、20.5%和35.1%的教师为本科学历，分别有1.7%、2.6%和4.2%的教师为专科及以下学历。②参加心理健康相关学术会议或培训的机会：在东部地区高校中，41.6%的教师经常参加学术会议或培训，46.1%的教师参加的频率"一般"，12.2%的教师很少参加；在中部地区高校中，37.7%的教师经常参加，44.1%的教师参加的频率"一般"，18.2%的教师很少参加；在西部地区高校中，24.1%的教师经常参加，41.0%的教师参加的频率"一般"，34.9%的教师很少参加。③从事心理健康教育课程教学前的主要工作：东部地区高校的从事心理健康教育课程教学、心理咨询相关工作的教师远多于中部和西部地区高校的教师，如表14-2所示。④以往学习心理健康教育理论与技能的方式：东部地区高校教师以往专业是心理学的教师为32.1%，远高于中部地区高校(7.3%)和西部地区高校(10.5%)；中部和西部地区高校以往通过自学获得心理健康教育理论与技能的教师(34.5%和29.3%)远高于东部地区高校(13.2%)。⑤专业背景：东部地区高校40.3%的教师大学教育背景为心理学，在中部和西部地区高校中，这一比例分别为21.8%和20.2%。⑥是否已获得相关资格证书：东部地区高校教师已获得某种心理健康教育(如心理咨询师等)方面的资格证书的为69.6%，中部和西部地区高校分别为47.4%和33.7%。⑦教师胜任力：对于"自己的心理健康专业知识水平是否能胜任当前工作"，东部地区高校认为能够"非常胜任"的教师为46.6%，中部地区高校为36.8%，西部地区高校为31.1%。对于"自己的心理健康专业技能水平是否能胜任当前工作"，东部地区高校认为能够"非常胜任"的教师为49.6%，中部地区高校为41.3%，西部地区高校为31.5%。

表14-2 从事心理健康教育课程教学前教师主要工作的地区差异

	东部	中部	西部
①一直从事心理健康教学	25.7%	11.8%	11.5%
②文化课	20.8%	17.6%	13.8%

	东部	中部	西部
③专业课	28.7%	25.5%	13.8%
④思政课	19.8%	27.5%	25.4%
⑤心理咨询	26.7%	13.7%	10.8%
⑥行政管理人员	13.9%	35.3%	32.3%
⑦校医	2.0%	2.0%	0.8%
⑧其他	9.9%	11.8%	20.0%

(五) 其他心理健康教育活动建设

1. 网络心理服务建设

从教师报告的指标来看，中部地区高校83.1%的教师所在高校心理咨询中心建立了网站，高于东部地区高校(71.4%)和西部地区高校(70.1%)；中部地区高校83.1%的教师所在心理咨询中心通过网站(网页)宣传心理健康相关知识，高于东部地区高校(66.4%)和西部地区高校(75.4%)；中部地区高校85.7%的教师所在心理咨询中心利用微博、微信等网络平台开展心理健康教育工作，高于东部地区高校(74.3%)和西部地区高校(74.9%)；中部地区高校79.2%的教师所在心理咨询中心通过网络进行心理健康服务，高于东部地区高校(60.4%)和西部地区高校(67.7%)。在网络授课方面，东部地区和西部地区高校的教师比例(分别为27.2%和29.9%)高于中部地区高校(16.7%)。从学生报告的指标来看，中部地区高校学生通过网络获取心理健康知识、课程与服务的人数比例都低于东部和西部地区高校，如图14-2所示。

2. 学校心理健康教育活动

从教师报告的指标来看，东部地区高校举办的心理健康教育活动(50.2%)比西部地区高校(42.6%)和中部地区高校(35.2%)多。从学生报告的指标来看，东部、中部、西部地区高校心理健康教育活动的侧重形式不同，表现在以下三个方面：①关于心理健康教育社团活动：东部地区高校学生参与比例为63.8%，

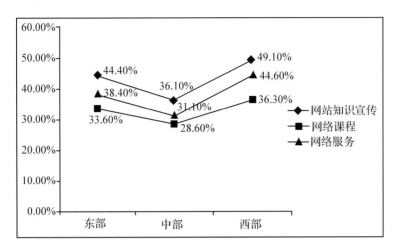

图 14-2　学生报告网络心理服务建设的地区差异

这一指标高于中部地区高校（33.6%）和西部地区高校（52.0%）。②关于心理健康教育主题班会或班级活动：中部地区高校（54.7%）和西部地区高校（56.1%）的学生比例高于东部地区高校（44.1%）。③党团组织开展以心理健康教育为主题的活动：西部地区高校（44.1%）高于东部地区高校（40.6%）和中部地区高校（35.1%）。

（六）对心理健康教育的整体评价

从教师报告的指标来看，中部地区高校教师对心理健康教育工作的满意度（41.6%）略微高于东部地区高校（36.7%）和西部地区高校（38.3%）。学生从对心理健康教育的自主性、便捷性和满意度三个方面做出了评价：①自主性：东部、中部和西部地区高校获取心理健康服务自主性较高的学生分别为 34.6%、33.7% 和 33.5%。②便捷性：东部、中部和西部地区高校获取心理健康服务便捷性较高的学生分别为 51.0%、45.7% 和 44.0%。③满意度：东部、中部和西部地区高校学生对心理健康教育现状的满意度分别为 38.2%、34.5% 和 32.3%。结果如图 14-3 所示。

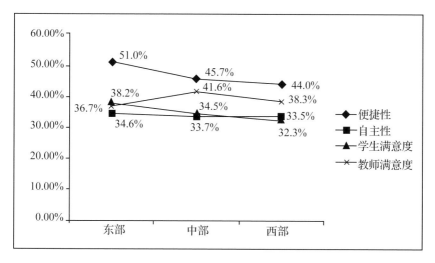

图 14-3 心理健康教育总体评价的地区差异

三、分析与讨论

（一）地区差距：西部地区高校心理健康教育整体水平落后于东部和中部地区高校

综合调研结果各项指标发现，西部地区高校在心理健康教育多个方面的指标均与东部地区高校有明显差距。与东部、中部地区高校相比，西部地区高校的差距如下：①西部地区高校心理健康教育制度落实不到位。②西部地区高校心理健康教育经费与东部和中部地区高校相比落差较大。③西部地区高校课程建设整体水平低于东部和中部地区高校，在心理健康教育课程设置（课程性质、授课形式、课程效果），课程对学生心理特点、发展需求的针对性等方面都与东部地区高校有明显差距。④西部地区高校心理咨询室建设紧跟政策要求，切实解决心理咨询室的建设问题，但学生选择咨询形式单一，对心理咨询的接纳程度较低，对咨询效果的信心不足。⑤西部地区高校的师资队伍建设尤其要落后于东部和中部地区，教师学历低、进修机会少、信心不足。⑥西部地区高校心理健康教育相关的社团活动、班级活动和党团活动较少，主要以班级活动为主，活动的多样性和丰富性不足。究其原因，西部地区经济社会发展水平在一定程度上限制了心理健康教育的发展速度与水平。相对于东部和中部地区，西部地区高校对于心理健康教育的重视程度不足，相关制度的落实情况较差，心理健康教育的资源、经费投入力度和师资队伍专业化提升方面显得较为薄弱。因此，西部地区高校应加强国家与学校政策的执行与落实，提高课程建设与心理咨询室建设规范化水平，开展丰富多彩的教育活动，扩充专职教师队伍。

(二)地区特色：中西部地区高校网络心理健康教育发展迅猛

中西部地区高校在网络心理健康教育方面的工作成果明显，学生可以通过网络便捷地获取心理健康知识、课程与服务。调研结果表明，中部地区高校在网站(网页)建设，利用网站(网页)宣传心理健康相关知识，利用微博微信等网络平台开展心理健康教育工作，通过网络进行心理健康服务等方面投入了较多资源与努力。西部地区高校学生比中部和东部地区高校学生更多通过学校网站了解心理健康相关知识，获得学校提供的心理健康服务。西部地区高校教师积极尝试进行网络授课，学生通过网络获取心理健康知识、课程与服务的人数比例高于中部地区。这一举措有利于弥补中西部地区高校在师资力量、资金支持等方面的不足。网络心理健康教育内容丰富，形式多样，既突出重点，又异彩纷呈，加强网络心理健康教育投入力度能够缩小心理健康教育的地区差距，实现不同地区高校之间心理健康教育的沟通、共享和均衡发展。[①] 未来，我们在网络心理健康教育中尤其要关注新媒体的使用。截至2013年12月底，我国网民规模达到了6.18亿，其中大学生网民占90%以上，手机网民占81%。新媒体正在快速延伸到大学生学习、生活的方方面面，与此同时，心理健康教育的内容、方式、手段和模式都发生了相应改变。例如，微博微信的快速发展加快了心理健康教育知识的传播速度，实现了心理健康教育资源在地区之间的共享，增加了大学生选择心理咨询与心理健康教育课程的多样性、自主性、便捷性，

---

① 姜巧玲、胡凯：《大学生网络心理健康教育研究进展与趋势》，载《现代大学教育》，2011(6)。

有利于形成从他助、互助到自助的心理健康教育模式。①

(三)地区优势：东部地区高校心理健康教育形式丰富多样

东部地区高校心理健康教育发展稳健、迅速，有些东部经济发达地区已经形成了充满活力和高效的心理健康教育网络。调研结果表明，与中部和西部地区高校相比，东部地区高校采用讲授、讲授与活动相结合等方式授课，在课程设置上更能体现学生的心理特点和发展需求，具有更强趣味性和针对性。在心理咨询方面，东部地区高校以单独咨询为主，结合团体咨询、电话或网络咨询，能够较全面地关注学生对心理咨询的需求。在其他心理健康活动方面，北京、广州等发达城市的高校开展了一系列有关心理健康教育方面的社团活动，利用网络尤其是新媒体宣传心理健康知识和课程，提供心理健康服务，形成了全面心理健康服务网络。东部地区高校在心理健康教育方面具有先天优势，因为东部地区高校比中西部地区高校拥有更充足的经费支持、更强大的师资力量，且能够主动借鉴先进教育理念，对心理健康教育展开积极探索。全面而深入地了解东部地区高校心理健康教育的优势，有助于中西部地区高校借鉴东部地区高校的教育模式与理念，整合自己的优势资源，不断完善心理健康教育体系。

四、调研结论

第一，西部地区高校心理健康教育在制度落实、课程设置、心理咨询室建设、师资力量和经费支持等方面较为薄弱。

第二，中西部地区高校网络心理健康教育发展势头良好，有利于弥补先天不足的短板。

第三，东部地区高校丰富多样的心理健康教育模式和先进教育理念，对中西部地区高校具有借鉴意义。

---

① 胡平建：《新媒体背景下大学生网络心理健康教育现状与对策》，载《中国成人教育》，2014(24)。

第十五章

———————

心理健康教育：高等学校的类型差异比较研究

普通高校与高职院校之间、普通高校中的重点高校与普通本科高校之间在心理健康教育的现状、目标和任务上都存在差异，应对不同类型高等学校的心理健康教育工作实施"分类指导"战略，即在心理健康教育的推进过程中，要注意对不同类型高校学生进行区分，针对各自心理特点进行分类指导。[①] 那么，不同类型高等学校的学生、教师和教育管理者对心理健康教育的认知与评价存在怎样的差异？重点院校、普通本科院校和高职院校的心理健康教育工作各有哪些长处与不足？这里将通过对大规模调研数据进行分析来探讨这些问题，从而为相关政策的制定提供实证依据。

一、调研方法

我们使用《高等学校心理健康教育基本情况调查问卷》(含学生问卷、教师问卷、教育管理者问卷)对全国 7 个省市(北京、河南、陕西、湖北、浙江、贵州、广东)11 所高等学校进行纸质问卷调查，并在全国范围进行网络问卷调查。高等学校学生、心理健康教育专兼职教师、教育管理者填写了问卷。我们将纸质和网络数据合并后进行统计分析。有效问卷如下，学生问卷 10405 份，教师问卷 491 份，教育管理者问卷 253 份。我们对高等学校的类型进行编码，高等学校可分为重点高校("985""211"院校)、普通本科高校("985""211"院校以外

———————

[①] 俞国良、王浩:《社会转型期大学生心理健康教育观念的再思考：访谈证据》，载《黑龙江高教研究》，2017(4)。

的本科院校）和高职院校。我们使用 SPSS16.0 进行统计分析。

二、调研结果

（一）高职院校学生对心理健康的认识浮于表面

在对心理健康的认识上，重点院校、普通本科院校、高职院校学生认为了解什么是心理健康的分别为 60.0%、60.7% 和 62.9%，认为心理很健康的分别为 49.3%、55.1% 和 54.3%。这一数据似乎表明，高职院校学生的心理健康水平较高，并且对心理健康有较高程度的了解。然而，在重点院校、普通本科院校和高职院校的学生中，做过心理咨询的分别为 12.0%、11.0% 和 15.8%，这从侧面表明高职院校学生的心理健康水平并不理想。在"你觉得大学生有必要接受心理健康教育吗"这一问题上，重点院校、普通本科院校和高职院校学生选择"是"的分别为 85.9%、83.9% 和 83.0%；在对待心理咨询的态度上，53.4% 的重点院校学生、54.2% 的普通本科院校学生、48.6% 的高职院校学生认为能够接受心理咨询。这表明，高职院校学生对心理健康的重要性认识不足，对心理咨询的接受度不高，对心理健康的了解浮于表面。

（二）普通本科院校心理健康教育课程普及度更高

在对心理健康教育课程现状的认知方面，69.2% 的重点院校学生、79.5% 的普通本科院校学生、67.6% 的高职院校学生表示学校开设了心理健康教育相关课程，普通本科院校心理健康教育课程的覆盖面更广、普及度更高，这或许得益于行政力量的推动。调查结果表明，52.2% 的普通本科院校学生表示班级举办过关于心理健康教育主题班会或活动，高于重点院校的 42.7% 和高职院校的 50.2%；43.8% 的普通本科院校表示学生党团组织开展过以心理健康教育为主题的活动，高于重点院校的 38.9% 和高职院校的 38.4%。这表明，普通本科院校行政班子和党团组织在心理健康教育中发挥了重要作用。

对于心理健康教育专兼职教师的调查结果同样表明，普通本科院校心理健康教育课程的普及程度更高，并且这种高普及程度与行政力量推动密切相关。61.6%的普通本科院校教师表示自己任教的心理健康教育课程是必修课或必修课与选修课均有，高于重点院校的44.0%和高职院校的57.2%。40.4%的普通本科院校教师和45.4%的高职院校教师表示每个学生在校期间接受心理健康教育课程的总课时数等于或高于36课时，远高于重点院校的18.3%。在主管领导支持方面，重点院校、普通本科院校和高职院校教师认为主管领导非常支持自己工作的分别为49.2%、56.7%和46.9%。在受重视程度方面，重点院校、普通本科院校和高职院校教师中认为学校非常重视自己工作的分别为25.4%、35.3%和28.5%。在经费方面，39.7%的重点院校教师表示自己的工作得到了足够经费支持，高于普通本科院校的30.7%和高职院校的18.4%。

在教育管理者方面，76.2%的普通本科院校教育管理者表示心理健康教育工作是评价各院系思政工作成效的重要指标，重点院校为67.6%，高职院校为74.4%。78.6%的普通本科院校教育管理者表示高校会对心理健康教育工作进行考核并列入绩效评估，重点院校为73.5%，高职院校为75.0%。这些结果同样证明了普通本科院校行政力量对心理健康教育的促进作用。

(三)重点院校的心理健康教育形式更为多样，途径更为广泛

在心理健康教育的形式与途径方面，重点院校、普通本科院校、高职院校学生表示心理健康教育课程以讲授与活动相结合形式的分别为56.1%、42.5%和41.5%，表示学校开设了心理咨询室的分别为88.2%、82.6%和70.9%，表示学校经常举办心理健康教育讲座或其他心理健康活动的分别为50.5%、48.1%和39.4%，表示能够通过高校网站了解心理健康相关知识的分别为45.8%、45.6%和43.2%，表示设立了班级心理委员的分别为77.0%、73.3%和58.7%，表示高校成立了关于心理健康教育大学生社团的分别为65.8%、55.9%和49.4%。这些数据表明，尽管重点院校在课程覆盖程度上不及普通本

科院校，但重点院校开展的心理健康教育更加全方位、立体式。

教师问卷的调查结果同样显示，重点院校的心理健康教育形式更为多样，途径更为广泛。83.3%的重点院校教师表示心理健康教育课程以讲授与活动相结合的方式授课，高于普通本科院校的70.9%和高职院校的58.3%。88.7%的重点院校教师表示会以讲座或其他活动形式在学校开展心理健康工作，高于普通本科院校的72.0%和高职院校的51.4%。重点院校表示学校会对新生心理健康状况进行普查的教师为100.0%，普通本科院校为93.8%，高职院校为87.6%。重点院校表示针对存在精神疾病的学生，学校建立了转介机制的教师为98.4%，普通本科院校为84.1%，高职院校为71.3%。在硬件设施上，96.8%的重点院校教师表示学校配备了心理健康教育所需的心理测试工具和其他配套设施，普通本科院校为80.8%，高职院校为70.1%。

在网络心理健康教育方面，重点院校、普通本科院校、高职院校教师中表示学校心理健康教育中心建立了网站（网页）的分别为92.1%、78.5%和54.2%，表示学校会通过网站（网页）宣传心理健康相关知识的分别为87.3%、76.6%和57.9%，表示学校会利用微博、微信等网络平台开展心理健康教育工作的分别为92.1%、76.0%和70.1%，表示学生能够通过网络获得心理健康服务的分别为76.2%、66.4%和61.8%。教育管理者的调查结果与教师的调查结果相似，重点院校、普通本科院校和高职院校教育管理者中表示学校会利用网络开展心理健康教育工作的分别为94.1%、88.2%和79.8%。

（四）重点院校的心理健康教育师资水平更高，师资队伍管理更为规范

对心理健康教育专兼职教师的调研数据表明，56.5%的重点院校教师拥有心理学专业背景，普通本科院校为29.6%，高职院校为20.0%。在学位方面，98.4%的重点院校教师拥有硕士及以上学位，普通本科院校为87.6%，高职院校只有29.7%。这表明，从专业和学历角度看，重点院校心理健康教育专兼职教师的专业化水平更高。与此同时，51.6%的重点院校教师表示经常参加心理健康方面的学术会议或培训，高于普通本科院校的 35.1% 和高职院校的 26.9%。69.4% 的重点院校教师表示会进行心理健康教育科研工作，高于普通本科院校的 53.7% 和高职院校的 49.0%。参与培训和进行科研能够使重点院校教师的心理健康教育水平获得进一步提高。62.9% 的重点院校教师认为自己的专业知识水平能够胜任当前工作，普通本科院校和高职院校分别为 41.0% 和 26.2%。61.3% 的重点院校教师认为专业技能水平能够胜任当前工作，普通本科院校和高职院校分别为 33.1% 和 42.4%。尽管如此，重点院校教师仍然表达出接受进一步培训的强烈愿望。在重点院校、普通本科院校和高职院校中，认为自己需要接受进一步的专业培训的教师分别为 96.8%、87.5% 和 68.5%。

对教育管理者的调研数据表明，重点院校心理健康教育专职教师的数量高于其他两类院校。88.9% 的重点院校教育管理者表示学校心理健康教育专职教师的数量为 3 名及以上，普通本科院校为 76.5%，高职院校为 57.3%。重点院校对专职教师的管理更为规范，62.5% 的重点院校教育管理者认为学校对心理健康教育专职教师的管理非常规范，高于普通本科院校的 50.4% 和高职院校的 39.0%。55.6% 的重点院校教育管理者表示学校对专职教师的工作量有具体规定，高于普通本科院校的 45.1% 和高职院校的 44.4%。62.5% 的重点院校教育管理者表示专职教师参加学术会议、专业培训或进修的机会较多，高于普通本科院校的 46.6% 和高职院校的 46.2%。50.0% 的重点院校教育管理者表示学校建立了专业服务体系保障专职教师的心理健康状态，高于普通本科院校的 46.3% 和高职院校的 42.7%。

(五) 重点院校师生对心理健康教育的满意度更高

重点院校心理健康教育的开展形式更为多样，师资水平更高，学生对心理健康教育的评价也处于较高水平。在对心理健康教育课程的评价上，50.0% 的重点院校学生表示对课程很感兴趣，高于普通本科院校的 37.0% 和高职院校的 38.1%；64.8% 的重点院校学生认为授课教师水平较高，高于普通本科院校的

56.6%和高职院校的51.3%；54.0%的重点院校学生表示课程对自己很有帮助，高于普通本科院校的43.4%和高职院校的49.9%。在重点院校、普通本科院校和高职院校学生中，认为在心理健康教育中自主性较高的分别为36.3%、33.9%和33.2%，认为能够很方便地得到心理健康服务的分别为53.5%、49.0%和43.3%。这表明重点院校心理健康教育的自主自助水平优于其他两类院校。从总体上看，40.9%的重点院校学生对学校目前的心理健康教育感到满意，相比之下，只有36.6%的普通本科院校学生和31.6%的高职院校学生感到满意。

在教师方面，59.3%的重点院校教师认为心理健康教育课程效果很好，普通本科院校为48.1%，高职院校为36.8%。96.6%的重点院校教师认为心理健康教育课程考虑了学生身心发展需要，普通本科院校为85.2%，高职院校为69.0%。71.2%的重点院校教师认为心理健康教育课程考虑了学生职业发展需要，普通本科院校为63.6%，高职院校为59.2%。在对心理咨询的评价上，85.4%的重点院校教师认为心理咨询的效果较好，普通本科院校和高职院校分别只有52.3%和51.4%。

在教育管理者方面，88.2%的重点院校教育管理者对学校目前的心理健康教育感到满意，同样高于普通本科院校的63.8%和高职院校的50.6%。

(六) 重点院校学生更关心情绪调节，高职院校学生更关心人际交往

在"你希望通过心理健康教育在哪些方面获得提高"这一问题上，三类院校的大学生都表示最希望在人际交往、自我管理和情绪调节三个方面获得提高。所不同的是，对重点院校学生而言，情绪调节是他们最为关心的问题，分别有71.3%、69.4%和67.8%的重点院校学生希望在情绪调节、自我管理和人际交往方面获得提高。对普通本科院校学生而言，人际交往是他们最为关心的问题，分别有68.7%、68.5%和67.5%的普通本科院校学生希望在人际交往、自我管理和情绪调节方面获得提高。高职院校学生对三者的关心程度排序与普通本科

院校相同，但更为关注人际交往问题，72.7%的高职院校学生希望在人际交往方面获得提高，希望在自我管理和情绪调节方面获得提高的高职院校学生人数比例分别为67.6%和63.8%（图15-1）。

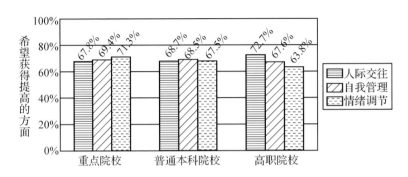

图 15-1　不同类型的高等学校学生希望获得提高的方面

三、分析与讨论

普通本科院校心理健康教育课程的普及程度高于其他两类院校，这得益于行政力量的推动。尤其值得肯定的是，普通本科院校的班级和党团组织为心理健康教育工作做出了努力。对于重点院校而言，由于学生学习任务更为繁重，在心理健康教育课程的排课上较普通本科院校更为困难。重点院校应加强心理健康教育课程的行政推动，依靠学工部门和教务部门的行政力量开展工作，充分发挥学校党团组织在心理健康教育中的作用，扩大心理健康教育的普及程度。调查结果表明，普通本科院校虽然在心理健康教育课程的普及上优于重点院校，但在效果上却不及重点院校。这是因为普通本科院校的心理健康教育工作存在形式化倾向，即只关心有没有把课开起来，而不太关心实际教育效果，导致心理健康教育工作绩效较差。因此，在加大行政力量推动心理健康教育工作的同时，应注意避免心理健康教育的形式化倾向。

首先，重点院校心理健康教育取得的良好成效得益于充足的资金支持。重点院校在心理健康教育方面的经费投入高于普通本科院校和高职院校，这是其获得良好教育效果的前提保障。其次，重点院校心理健康教育形式更为多样，途径更为广泛，在开展心理咨询和举办心理健康教育讲座、设置班级心理委员、成立大学生心理健康社团、建立转介机制、开展网络心理健康教育等方面都处于领先地位，初步构建起全方位的心理健康教育体系，是重点院校心理健康教育收效良好的重要原因。最后，重点院校心理健康教育师资水平更高，在学历、专业背景、培训机会等方面都优于其他两类院校，这为心理健康教育工作的顺利开展提供了人才保障。

与重点院校和普通本科院校相比，高职院校的心理健康教育处于较为落后的地位，这与经费支持较少、师资质量较差等存在密切关联。高职院校应学习重点院校心理健康教育工作的先进经验，加大经费支持力度，增加心理健康教育形式，提高师资队伍质量，进一步加强心理健康教育的制度建设、课程建设、心理咨询室建设和师资队伍建设[1]，切实提高心理健康教育工作的实际效果。尤其要注意帮助高职院校学生形成正确的心理健康认识，增强他们的心理健康意识。调查结果表明，高职院校学生特别希望能够从心理健康教育中获得人际交往方面的提高。高职院校的心理健康教育工作者应顺应学生的这种心理需要，通过心理健康教育帮助他们建立良好人际关系，为他们掌握正确的自我管理和情绪调节方法提供支持。

四、调研结论

第一，普通本科院校心理健康教育课程普及度更高，这得益于行政力量的推动作用；但心理健康教育的收效差于重点院校，表明普通本科院校的心理健康教育中存在形式化倾向。

第二，重点院校心理健康教育效果最好，这是因为重点院校心理健康教育

---

[1] 俞国良、王浩、赵凤青：《心理健康教育：高职院校专兼职教师的认知与评价》，载《黑龙江高教研究》，2017(6)。

的经费充足，心理健康教育形式多样、途径广泛，师资水平较高。

第三，高职院校心理健康教育较为落后，学生对心理健康的认识浮于表面；高职院校应切实提高心理健康教育水平，帮助学生提高对心理健康重要性的认识，增强他们的心理健康意识。

第四篇

实证研究报告

近年来，我们以大学生为研究对象进行了系列实证研究。我们以近 15 年来发表的、使用职业决策自我效能感量表作为工具的 58 篇文献、26501 个独立样本作为研究资料，对文献中性别、年级、生源地等不同因素。在职业决策自我效能感上的标准均差，以及与该指标相关的部分社会心理与生涯变量进行了元分析。结果表明，男女生之间、大一与大二学生之间、大三与大四学生之间、农村与城镇生源之间，在该指标上存在显著差异。减少焦虑感、提高自尊水平、建立良好的社会支持环境，有助于提高大学生职业决策自我效能感水平。目前，大学生自杀成为一个备受关注的社会现象。我们以近 5 年某市高校大学生自杀数据为例，描述大学生自杀的现状，探索大学生自杀的原因及风险因素，通过理论探讨，对预防及干预大学生自杀危机的策略进行了反思。我们采用整群取样方法对北京市两所高校的 673 名大学生进行问卷调查，考察学业求助行为与成就目标在无聊状态与学业拖延行为关系中的作用。结果表明，大学生的无聊状态对学业拖延行为有显著正向预测性。掌握避免动机、成绩避免动机、执行性求助和避免性求助部分地中介了无聊状态对学业拖延行为的正向预测效应，无聊水平越高，以上四者的水平也越高，继而导致了学业拖延行为的增加。我们以 409 名大学生为被试，采用问卷法考察无聊倾向对总体主观幸福感的影响，以及情绪调节效能感的中介作用。结果表明，无聊倾向负向预测积极情绪调节效能感、抑郁情绪调节效能感及愤怒情绪调节效能感；无聊倾向负向预测总体主观幸福感水平。积极情绪调节效能感和抑郁情绪调节效能感在无聊倾向和总体主观幸福感的关系中起到了中介作用。

创造力和心理健康是目前教育界和心理学界共同关注的两个热点话题。研究发现艺术类大学生的创造力较为突出，社科类大学生的创造力较差。创造性思维的年级差异明显，二年级和三年级大学生优于一年级大学生。大学生心理健康水平不容乐观，主要表现是对人际敏感、强迫症状和偏执，焦虑和抑郁也显著高于全国常模。不同专业的大学生在心理健康水平上有显著差异，理工类、管理类大学生的心理健康水平较高，艺术、经济类大学生居中，社科类大学生的心理健康水平较低。如果将创造力作为内源潜变量，将心理健康和创造性人格作为外源潜变量，三者构成的结构模型表明，大学生的创造力受创造性个性和心理健康的积极影响，而富有创造性个性的个体更容易心理健康，即心理健康水平高的大学生，其创造力水平较高。中等程度焦虑和抑郁的大学生接受心理咨询和治疗，焦虑和抑郁情绪恢复到正常状态后，可以提高创造力水平。这说明心理健康或心理正常是个体创造力的基础，也是大学生创造力发展、发挥的必要条件。

第十六章

大学生职业决策自我效能感的元分析

一、引　言

大学生就业问题一直以来是社会关注的焦点，就业工作是检验高校人才培养质量的重要标准之一。在 2014 年底召开的全国普通高校毕业生就业创业工作网络视频会议上，教育部部长袁贵仁指出，2015 年全国高校毕业生总数将达到 749 万，较 2014 年增长 22 万，连续多年的增长让大学生就业面临新挑战。大学生就业困难和供需关系以及市场的饱和紧密相关，也和学生自身的能力、素质不无关联。如何指导大学生选择适合自身发展的工作，提高大学生的职业效能感，是高校就业工作管理与服务部门的艰巨任务。

自我效能感(Self-efficacy)是个体将其自身作为认识对象的一种思维模式，是个体在完成某一特定任务前的信念与判断。[①] 这种认知能力与水平，直接影响个体在完成任务过程中的能力发挥，对心理状态的调节起着重要的作用。自我效能感是一种能力，而非个人特质。[②] 评价自我效能感，必须针对个体需要完成的某一项具体任务的效能感，而非个体先天的属性。同一个人在不同的活动领域所需要的技能不同，在不同任务中的自我效能感也存在差异。

随着自我效能感研究的深入，这个概念被引入生涯规划与指导领域。研究

[①] Bandura, A., "Self-efficacy: toward a unifying theory of behavioral change," *Psychological Review*, 1977, 84(2), pp. 191-215.

[②] Betz, N. E. & Hackett, G., "Career self-efficacy theory: Back to the future," *Journal of Career Assessment*, 2006, 14(1), pp. 3-11.

者对职业自我效能感的类别进行了划分，将其划分为内容导向的职业自我效能感和过程导向的职业自我效能感。① 内容导向的职业自我效能感是指针对某一领域、专业的职业能力，如数学自我效能感。过程导向的职业自我效能感是指应用必要的策略，成功完成决策过程的关键环节，如职业调查能力的自我效能感或职业决策自我效能感（Career Decision Making Self-efficacy）。我们的研究聚焦于个体如何做出职业决策，将职业决策自我效能感作为研究对象，对影响效能感及决策过程各环节的变量进行深入剖析。根据班杜拉（Bandura）自我效能感理论并借鉴克赖茨（Crites）的职业成熟度理论，泰勒（Taylor）和贝茨（Betz）于1983年首先编制了职业决策自我效能感量表，目的是了解自我效能感期待对理解和解决职业决策困难的有效性，以及它们之间的相关程度。② 我国学者彭永新和龙立荣于2001年参照泰勒和贝茨的职业决策自我效能感量表，依据对学生进行访谈的资料和开放式问卷结果，编制出职业决策自我效能感量表（Career Decision Making Self-efficacy Scale，CDMSE）。③ 贝茨、泰勒和克莱因（Klein）于1996年编制了职业决策自我效能感量表简表（CDMSE-SF），上海师范大学的龙燕梅在其硕士学位论文中对该量表进行了翻译和修订④。我们的研究对象即为应用这两个量表的相关文献。

大学生对于职业的选择会受到家庭、就业政策、生活环境因素的影响，但个体自身特质是职业决策的重要因素。近些年，研究者侧重于寻找职业决策自我效能感与其他变量之间的关系，如职业决策自我效能感对经济信心与就业信心之间的关系起部分中介作用⑤，大学生对经济发展的信心能预测其职业决策

① Hackett, G. & Betz, N. E., "A self-efficacy approach to the career development of women," *Journal of Vocational Behavior*, 1981, 18(3), pp. 326-339.

② Taylor, K. M. & Betz, N. E., "Applications of self-efficacy theory to the understanding and treatment of career indecision," *Journal of Vocational Behavior*, 1983, 22(1), pp. 63-81.

③ 彭永新、龙立荣：《大学生职业决策自我效能测评的研究》，载《应用心理学》，2001, 7(2)。

④ 龙燕梅：《大学生择业效能感的研究》，硕士学位论文，上海师范大学，2003。

⑤ 杨萌、刘力、林崇德等：《金融危机中大学生经济信心与就业信心的关系——职业决策自我效能感的中介作用》，载《教育科学》，2010, 26(4)。

自我效能感[1]，父母情感温暖通过责任心对大学生职业决策自我效能感具有间接作用[2]等。我们通过梳理与比较文献中的数据，对大学生职业决策自我效能感在性别、年级、专业等不同变量间的标准均差，以及焦虑、自尊、社会支持、职业未决等变量与该指标的关系进行元分析。我们通过归纳历史数据，探索高校就业指导工作的理论依据，针对不同群体提出具体的择业、就业辅导建议。

二、研究方法

（一）文献的检索

我们选择时间为 2001 年 1 月至 2015 年 6 月的中文文献作为研究对象，主要分析以下两个量表收集的数据：一是由彭永新、龙立荣在 2001 年翻译并修订的泰勒和贝茨在 1983 年编制的职业决策自我效能感量表（CDMSE）；二是由龙燕梅在 2003 年翻译并修订的贝茨、泰勒和克莱因于 1996 年更新的职业决策自我效能感量表简表（CDMSE-SF）。

在文献检索之前，我们确定了"大学生""职业决策自我效能""职业决策自我效能感""生涯决策自我效能""生涯决策自我效能感""择业效能感"为关键词，在中文社会科学引文索引（CSSCI）、中国优秀硕士学位论文数据库、中国博士学位论文数据库中进行检索。进行元分析的文献检索时间集中在 2015 年 10 月。

（二）变量的选择

在检索出的文献中，我们选择符合以下标准的文献进行元分析。

相关文献。2001 年 1 月至 2015 年 6 月发表的文章及通过答辩的硕博论文。

---

① 邝磊、郑雯雯、林崇德等：《大学生的经济信心与职业决策自我效能的关系——归因和主动性人格的调节作用》，载《心理学报》，2011，43（9）。

② 侯春娜、伍麟、刘志军：《家庭因素中父母情感温暖、文化性与责任心对大学生职业决策自我效能的中介与中介调节研究》，载《心理科学》，2013，36（1）。

职业决策自我效能感量表。在查找到的文献中，测量职业自我效能感的量表有 10 种左右，其中包括自编的职业决策自我效能感量表①、按照职业决策具体内容（择业认知、择业情感、择业能力、择业价值观、择业技巧、择业意志）编制的量表②等。我们的元分析只使用了职业决策自我效能感量表（CDMSE）和职业决策自我效能感量表简表（CDMSE-SF）的相关文献，原因是这两个量表的使用范围相对广泛。

这两个量表的编制按照职业决策的具体过程划分，由自我评价、信息收集、目标选择、制定规划和解决问题这五个环节构成，分别对应个体在职业决策自我效能感上的五方面能力。一是自我评价能力，即了解自己的职业兴趣、个人能力、某个职业对员工的需求以及职业价值等；二是信息收集能力，即个人对求职信息的搜索能力、对某一职业发展趋势和前景的信息获取能力等；三是目标选择能力，即做出职业决定、坚定信心、选择自己的兴趣点和发展方向的能力；四是制定规划能力，即向自己选择的职业努力的方向上制订计划、提高能力的能力；五是解决问题能力，即在择业过程中遇到父母反对、经济有困难、正当权益受侵害等问题时，克服这些困难的能力。

职业决策自我效能感量表由 39 道题目组成，采用五点记分法，分别测量自我评价、信息收集、目标选择、制定规划和解决问题五个维度，每个维度分别有 6、7、9、9、8 道题目。职业决策自我效能感量表简表保留了职业决策自我效能感量表中的五个维度和记分方法，但是每个维度压缩到 5 道题目，共 25 道题。

相关变量。在元分析中，我们选取了相关研究的人口统计学变量（如性别、年级、生源地、专业和是否独生子女等），社会心理学变量（如社会支持、焦虑和自尊），生涯研究变量（如职业价值观、职业未决）这三类变量进行分析处理。为了使元分析结果更加精确并具有可推广性，我们选择对同一个变量进行至少

① 张杉杉、郑日昌：《507 名理工科大学生择业效能感现状分析》，载《中国心理卫生杂志》，2002，16(11)。
② 谭荣波、唐鹏：《大学生择业效能及其应对方式的研究》，载《高教探索》，2009(2)。

三个独立研究元分析处理。

数据。我们选择量化数据用于分析处理，至少提供了均值、标准差、t 统计量或者相关系数等统计学指标。最初，我们共搜索到了 113 篇文献，其中中文社会科学引文索引(CSSCI)27 篇，优秀硕士论文 84 篇，博士学位论文 2 篇。剔除没有使用上述两个量表、没有报告均值或标准差的文献 55 篇，选取文献 58 篇。最终选取的变量包括人口统计学变量(性别、年级、生源地、专业和是否独生子女)、社会心理学变量(社会支持、焦虑和自尊)、生涯研究变量(职业价值观、职业未决)9 个变量指标。我们应用相对应数据，对总样本量、每个变量对应的样本量、均值、标准差、t 统计量、相关系数等进行编码与计算。

(三)统计过程

由于不同变量获得的统计量有差异，我们分别按照以下三类方式处理：①对数据进行描述性分析。对于量表总分，我们采用描述性分析的方法，计算量表总分均值并进行比较。②标准均差。为了比较各文献不同变量的组内差异，我们通过计算标准均差，比较男女之间、不同年级之间、城市生源与农村生源之间、文理科学生之间、独生与非独生子女之间，在职业决策自我效能感上的差异。计算标准均差有多种方法，我们主要采用两种，一是利用两个变量的组内样本量、均值和标准差，估计样本标准均差 Cohen's d，对于部分小样本量的研究，我们采用 Hedges'g 修订标准均差；二是如果文献中给出 t 统计量，而样本量、均值或标准差三者有缺失的情况，则通过计算公式将 t 统计量转换为标准均差 Cohen's d。[①] ③相关系数。针对社会支持、焦虑、自尊等社会心理学变量和职业价值观、职业未决等生涯研究变量与职业决策自我效能感的关系，我们对文献中的相关系数进行元分析。在计算过程中，我们将 r 统计量转换为 Fisher's z 统计量，这里的 z 统计量符合正态分布特征。我们以 r 统计量的自由

---

① Borenstein, M., Hedges, L. V., Higgins, J. P., et al., *Introduction to meta-analysis*, West Sussex, John Wiley & Sons Inc., 2009.

度减 3(df–3)为权重,加权计算 Fisher's z 统计量的平均值,再将最终结果转换成为相关系数。

此外,我们还使用卡方检验计算了每一个元分析的异质性——I^2,即总方差中观测到的变差所占的比例。I^2 较高则意味着不同研究之间的异质性较大。在本文中,根据方差齐性检验的显著性水平,我们采用随机效应模型对性别、年级(大三–大四)、专业、是否独生子女、自尊等变量进行元分析计算;采用固定效应模型对年级(大一–大二)、年级(大二–大三)、生源地等变量进行元分析计算。

我们使用 Excel 软件进行文献编码及数据整理,使用 CMA 软件进行元分析计算。

(四)出版偏倚检验

出版偏倚是指元分析过程中收集到的文献受到两方面因素影响:一是具有显著性结果的、大样本的研究结果往往更容易发表,而研究结果不显著、小样本的研究结果不易发表;二是已发表的文献更易被检索,而没有发表的论文、研究报告、会议论文等,难以被搜索到。这两方面的原因导致进行元分析的文献可能缺乏代表性,从而影响元分析的可靠性。我们对元分析的出版偏倚进行检验,采用罗森塔尔(Rosenthal)提出的失安全系数(Fail-safe N)进行检验。罗森塔尔认为,失安全系数 N_{fs} 大于 $5K+10$(K 为原始研究数目)时,出版偏倚可被认为得到了有效控制。

三、研究结果

(一)元分析总体情况介绍

我们对 58 篇文献进行数据汇总与编码,分析的变量包括性别、年级、生源地、专业、是否独生子女、焦虑、自尊、社会支持、职业价值观与职业未决。

总样本量为 26501 个，每篇文献样本量大小为 17~1 207 个，均值为 465 个。部分相关变量测量使用的量表不同，但是所测量变量的定义是一致的。因此，分析数据相关程度之间的比较和运算是有意义的。表 16-1 列出了元分析中选择的变量、研究的数量以及使用的量表。各文献中对于职业决策自我效能感的性别差异研究最多，共 28 篇；其次是职业决策自我效能感在文理科专业上的差异研究，共 16 篇。

表 16-1 各变量文献数量及量表名称或统计量

序号	变量	文献数量/篇	测量量表或统计量
1	性别	28	均值、标准差或 t 值
2	年级	8	均值、标准差或 t 值
3	生源地	11	均值、标准差或 t 值
4	专业	16	均值、标准差或 t 值
5	是否独生子女	8	均值、标准差或 t 值
6	焦虑	5	焦虑自评量表(SAS)(1 篇) 高校毕业生择业焦虑(2 篇) 特质焦虑问卷(T-AI)(2 篇)
7	自尊	3	自尊量表(SES)(3 篇)
8	社会支持	7	社会支持评定量表(SSRS)(3 篇) 领悟社会支持量表(PSSS)(3 篇) 职业相关父母支持量表(CRPSS)(1 篇)
9	职业价值观	4	职业价值观(3 篇) 工作价值观问卷(1 篇)
10	职业未决	5	职业决策困难(3 篇) 职业因素问卷(CFI)(1 篇) 职业决策量表(CDS)(1 篇)

在进行元分析的文献中，职业决策自我效能感量表的职业自我效能感总分均值为 131.60，最高值为 145.67，最低值为 107.70(图 16-1)。从上下四分位数来看，数据的集中程度较高，大部分效能总分处于 128.55 至 137.18。大部分文献中被试的职业决策自我效能感处于中等水平，表明我国大学生职业决策能力

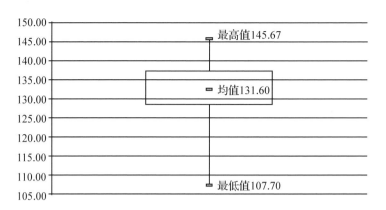

图 16-1　各文献中的职业决策自我效能感总分箱线图

有待加强。

我们检索了跨度 15 年（2001.1—2015.6）的文献，选择职业决策自我效能感总分、性别、专业三项变量进行出版时间的调节效应检验。结果表明，职业决策自我效能感总分并无出版时间效应，多年来大学生的效能感没有显著变化；男女生的效能感水平差距略有缩减；文理专业之间的职业决策自我效能感无出版时间效应。

（二）职业决策自我效能感在人口统计学变量之间的差异

对于人口统计学变量，元分析以标准均差为分析的效应量。即分析在职业决策自我效能感的影响因素中，不同性别、年级、生源地、专业、是否独生子女等方面的差异。由于抽样误差、文献质量等问题，我们首先剔除了各变量中一些严重偏移中心的样本。标准化的均值差反映出变量内部不同水平之间的差异，置信区间表示数据在标准均差左右偏移的范围大小。同时，我们通过计算 Fisher's z 的数值，将标准均差转化为正态分布的标准化值，从而推断出其显著性水平。

性别、年级、生源地这三个变量的内部差异显著，而专业、是否独生子女这两个变量的内部水平不存在显著差异（表 16-2）。在元分析文献中，性别差异的研究和样本量最多，共有 28 篇文献和 13200 个研究对象；其次是专业差异的研究，共有 16 篇文献和 6800 个研究对象；年级差异的研究相对较少，样本量为 2198~2557 个。在标准均差绝对值中，大三、大四学生差异最大，其绝对值达到了 0.211；其次是性别差异。在显著性方面，性别和生源地差异的显著性最高，均小于 0.001 的显著性水平，说明职业决策自我效能感在性别上和生源地上的差异显著。

从失安全系数上来看，年级(大二-大三)、专业、是否独生子女三项的失安全系数很低，可能存在出版偏倚；除性别外，另外三个变量，在统计上也存在一定程度的出版偏倚倾向(失安全系数小于 $5K+10$，K 为原始研究数目)。必须指出，罗森塔尔提出的出版偏倚检验结果作为一个参考值，指在该系数过小的情况下，研究者应警惕出版偏倚的状况。研究中的失安全系数接近 $5K+10$，研究使用的文献具有一定代表性。如果我们因可能存在出版偏倚拒绝下一步研究，可能错过一些有价值的结论。故我们将性别、年级(大一-大二)、年级(大三-大四)、生源地这四个变量保留做进一步分析。

表 16-2　人口统计学变量的标准均差元分析

变量	参与计算文献的数量	样本量	标准均差	置信区间	显著性的 Z 值	方差齐性 Q 值	I^2%	失安全系数 N_{fs}
性别	28	13200	0.159	[0.097, 0.220]	5.507***	78.812***	65.74%	517
年级(大一-大二)	8	2557	0.152	[0.066, 0.238]	3.458**	10.526	33.50%	31
年级(大二-大三)	8	2198	0.049	[-0.036, 0.134]	1.124	10.509	33.39%	0
年级(大三-大四)	8	2257	-0.211	[-0.423, 0.001]	-1.948*	36.388***	80.76%	41
生源地	11	3451	0.147	[0.067, 0.254]	3.927***	10.547	33.63%	40
专业	16	6800	0.048	[-0.087, 0.184]	0.701	109.330***	86.28%	1
是否独生子女	8	3487	0.024	[-0.092, 0.140]	0.411	16.903*	58.59%	0

注：* 表示显著性 $p<0.05$，** 表示显著性 $p<0.01$，*** 表示显著性 $p<0.001$，下同。

我们对表 16-2 标准均差显著的变量进一步分析，对其在职业决策自我效能感的 5 个环节上分别计算标准均差，得到的结果如表 16-3 所示。其中，在 5 个环节中，男生得分均显著高于女生，且在目标选择、问题解决这两个环节上，男女差异较大；大学三年级学生得分均低于大学四年级学生，且毕业生在规划制定、目标选择、信息收集环节上有较高得分，但问题解决环节的差异不大；大一学生在职业决策自我效能感的 5 个环节得分均高于大二学生，但得分的标准均差差异不大；城市与乡村学生相比，在自我评价、制定规划、信息收集等环节均有较高的得分，在问题解决环节差异不大。

表 16-3　差异显著的变量在职业决策自我效能感五个环节上的标准均差

变量	自我评价	信息收集	目标选择	制定规划	问题解决
性别	0.102	0.118	0.172	0.129	0.149
年级(大一-大二)	0.163	0.145	0.166	0.170	0.153
年级(大三-大四)	-0.136	-0.174	-0.188	-0.224	-0.042
生源地	0.142	0.130	0.111	0.136	0.085

(三)对心理学、生涯研究领域相关变量与职业决策自我效能感相关分析的元分析

我们以 Pearson 相关系数为元分析的效应量，采用随机效应模型，计算出加权平均的整体相关系数及置信区间，以及效果量服从正态分布的 Fisher's z 值及其显著性水平。

表 16-4 中的数据呈现的是焦虑、自尊、社会支持 3 个社会心理学变量以及职业价值观、职业未决 2 个生涯研究相关变量共 5 个变量与职业决策自我效能感得分相关系数的元分析结果。文献中对社会支持变量的研究最多，共有 7 篇文献、3714 个研究对象用于评价研究；其次是焦虑变量，共有 6 篇文献进行了相关性研究。自尊与职业决策自我效能感的相关度最高，达到 0.632。相关系数的显著性和方差齐性检验均显著，研究中 I^2 水平均较高，表明变量与职业决策自我效能感之间存在相关关系，且不是由随机效应造成的。出版偏倚检验的失安全系数均大于 $5K+10$，即这几项元分析结论受潜在出版偏倚影响的可能性

较小。纳入元分析的文献数量均小于10篇，失安全系数是否有意义目前仍无定论，在以后的研究中，我们可增加文献，完善分析。这里主要考察上述变量与职业决策自我效能感之间的正负向相关关系，对于相关性的大小暂不进行深入讨论。

表 16-4　心理学相关变量、生涯研究相关变量与职业决策自我效能感相关系数的元分析

变量	参与计算文献的数量	样本量	标准均差	置信区间	显著性的 Z 值	方差齐性 Q 值	$I^2\%$	失安全系数 N_{fs}
焦虑	6	2365	-0.305	$[-0.471,\ -0.118]$	-3.139**	109.573***	95.44%	302
自尊	3	1171	0.632	$[0.191,\ 0.860]$	2.647**	183.358***	98.91%	488
社会支持	7	3714	0.343	$[0.237,\ 0.441]$	6.030***	74.934***	91.99%	841
职业价值观	4	1429	0.399	$[0.280,\ 0.506]$	6.149***	19.519***	84.63%	258
职业未决	5	2856	-0.434	$[-0.660,\ -0.137]$	-2.785**	301.427***	98.67%	673

四、讨　论

（一）性别差异

元分析的结果表明，男女生在职业决策自我效能感上的差异显著。我们通过计算 28 篇文献中的数据发现，男女大学生在该项指标上的标准均差为 0.159，男生职业决策自我效能感得分显著高于女生。我们对职业决策自我效能感的 5 个环节分别进行性别差异元分析，结果发现，男女生差异最大的是目标选择环节，标准均差为 0.172。男生在确定目标、做出判断时，比女生自信程度更高。男女生在问题解决环节差异也相对较大，标准均差为 0.149。

在国外研究中，对于一般职业选择，两性职业决策自我效能感并无显著差异，只是在传统男性职业领域，女性职业自我效能感要明显低于男性[①]；国内研究大多发现男大学生的职业决策自我效能感普遍高于女大学生[②]。我们的元

[①] Bandura, A., *Self-efficacy in changing societies*, Cambridge, Cambridge university press, 1995.
[②] 许存、马红宇：《影响职业决策自我效能的因素及干预研究述评》，载《心理科学进展》，2008，16(5)。

分析验证了这一点，说明职业决策自我效能感存在跨文化差异。统计结果表明，男女生在职业决策过程中，最主要的差异在于目标选择与问题解决这两个环节。女生在职业选择过程中遇到困难时，相对男生缺乏解决问题的信心，尤其是面对经济困难，职业选择违背父母师长、亲戚朋友等人的意愿时，女生缺乏解决这些问题的勇气与方法。在自我评价、信息收集和制定规划3个环节上，男生得分虽显著高于女生，但其差异没有另外两项大。这说明长期以来，在性别角色社会化过程中，性别职业的刻板印象等文化因素对女性职业决策自我效能感的形成影响很大。

(二) 年级差异

在国外学者的研究中，有人认为年龄与职业决策自我效能感没有显著相关性[1]，有人认为高年级学生的职业决策自我效能感显著高于低年级学生[2]。在元分析中，我们对大一至大四学生进行了邻近年级之间的差异分析。结果表明，大一与大二、大三与大四这两组学生的职业决策自我效能感差异显著，大二与大三学生之间的差异不显著。

其一，大四学生的自我效能感显著高于大三学生，标准均差的绝对值为0.211。这是因为大四学生面临择业，求职信息获取渠道多，对未来职业规划思考更加清晰；同时，在观察同伴逐渐找到工作的过程中，一些替代性经验会帮助大四学生提高职业决策自我效能感。从数据来看，大三与大四学生差异最大的环节在于制定规划，相比较之下，大四学生更清楚要为未来做出哪些方面的努力，如制订求职计划、获得求职推荐信、增加实习经验、决定是否报考研究生或参加职业培训等；大四学生的信息收集能力更强，目标选择更加清晰。但是，大四学生的问题解决能力并没有显著高于大三学生，当面对择业困难时，

---

[1] Luzzo, D. A., "Effects of verbal persuasion on the career self-efficacy of college freshmen," *California Association for Counseling and Development Journal*, 1994, 14(1), pp. 31-34.

[2] Peterson, S. L., "Career decision-making self-efficacy and social and academic integration of underprepared college students: Variations based on background characteristics," *Journal of Vocational Education Research*, 1993, 18(1), pp. 77-115.

他们有些束手无策，力不从心。

其二，相比大二学生，大一学生的职业决策自我效能感更高，这可能是因为大一的学生刚刚经过高考洗礼，升入大学后更加信心满满，在各方面表现出较高的自信程度。另外，大一学生由于刚进入大学，所获得的社会支持较高，也促使他们具有较高职业决策自我效能感。他们在经过一段时间的大学生活后，看到更多优秀榜样，逐渐意识到自己的差距，自信心有所下降。在决策的具体环节上，大一与大二学生在 5 个环节上的标准均差相近(在 0.145 至 0.170)，更可以证明，大一学生的分数高于大二学生是系统性高自信心所致。

其三，大二与大三学生更多地将重心放在学业上，职业决策自我效能感较大四学生低属于正常现象，大二与大三学生之间并无显著差异。

(三) 生源地差异、专业差异与是否独生子女的差异

在生源地这个变量上，城镇学生与农村学生的职业决策自我效能感差异显著。我们通过对文献进行元分析，计算出城镇学生与农村学生的标准均差为0.147，城镇学生职业决策自我效能感高于农村学生①，这与以往研究结论一致。在具体环节上，自我评价两者之间差异最大，城镇学生对自己能够找到满意工作更加自信，农村学生清楚地认识到其在就业市场上的劣势。城镇学生视野更加广阔，职业规划更加明确，其信息收集和制定规划环节的得分均高于农村学生。在问题解决环节，农村学生并没有明显低于城镇学生，这说明农村学生有克服困难、完成职业选择的信心。

专业以及是否独生子女这两个变量，在职业决策过程中没有显著差异，即不管是文史类或理工科学生，独生子女或非独生子女，大学生职业决策自我效能感水平相当。

---

① 林志红、朱锋：《大学生职业决策自我效能感的特点与对策研究》，载《辽宁教育研究》，2007(2)。

(四)职业决策自我效能感与焦虑、自尊和社会支持

在社会心理学变量中，焦虑水平与职业决策自我效能感呈中等水平负相关，焦虑水平越高，越不利于职业决策。降低个体焦虑水平，舒缓压力，是提高职业决策自我效能感的有效途径之一。自尊水平与职业决策自我效能感呈较高水平正相关，元分析相关系数达到 0.632。正确认识自身价值，清楚自己在群体中的地位，有助于大学生做出正确职业决策。社会支持与职业决策自我效能感呈中等水平的正相关，个体所处社会处境宽松，社会网络发挥作用程度高；个体感知的社会支持水平高，师长、朋友支持个体择业方向与决定；接受实际有效的支持，如介绍工作、出具介绍信、有建设性的职业指导等方面，都是提高职业决策自我效能感的有效途径。

(五)职业决策自我效能感与职业价值观和职业未决

职业价值观是指个体对于某一职业好与坏的评价，它与职业决策自我效能感呈中等水平正相关，具有明确的目的性、自觉性和坚定性的职业选择的态度和行为，对一个人的择业具有一定程度正向影响。职业未决指个体未能对职业生涯做出决定，即个体不能确定想要从事什么样的工作，它与职业决策自我效能感呈中等水平负相关。影响职业未决的原因有多种，包括个人决策风格、父母卷入等家庭因素、社会支持程度等。也就是说，只有尽早确定择业方向，个体才能更好地做出职业决策与选择。

五、结论与建议

第一，对女性大学生而言，应着力培养独立判断能力，引导女大学生选择符合自己能力与兴趣的工作岗位，帮助解决就业过程中遇到的问题，培养她们克服困难的勇气与能力。

　　第二，对大四学生进行职业辅导的关键是培养在择业过程中克服困难的能力，应当加大力帮助大四学生树立正确择业观，辅导其在择业过程中解决经济困难、家庭阻力、男女朋友的不理解以及正当权益受到侵害等问题，迅速适应社会需求。

　　第三，应帮助农村生源提高自我评价水平，建立自信心；加强对他们进行信息收集、制定规划等方面的培训。

　　第四，降低在择业过程中的焦虑感，提高个体自尊水平，形成良好的社会支持环境，树立正确职业价值观，尽早确定择业方向，均有助于提高大学生职业决策自我效能感水平。

附录：元分析使用的文献

　　柴婧蕊．大学生成就目标定向，职业决策自我效能与职业成熟度的关系[D]．沈阳：沈阳师范大学，2011．

　　陈功香，芦吉虎．大学生职业自我效能，职业价值观与就业能力的关系[J]．中国特殊教育，2011，19(11)：79-82．

　　陈旭．上海大学生归因方式对职业决策自我效能感的影响[D]．上海：华东师范大学，2011．

　　陈燕红．大学生职业动机和职业决策自我效能感关系研究[D]．苏州：苏州大学，2009．

　　程亚．金融风暴视角下地方高校毕业生职业决策自我效能感的初步研究[D]．重庆：西南大学，2009．

　　甘琼．研究型大学本科生职业决策自我效能感，职业成熟度及其关系研究[D]．武汉：华中科技大学，2011．

　　高莉．大学生职业风险认知及其与职业决策效能、职业成熟度的关系[D]．新乡：河南师范大学，2011．

　　葛晓宇．控制点、家庭支持、学校支持与职业决策自我效能的关系研究[D]．长春：吉林大学，2011．

　　郭敏．女大学生职业决策自我效能、社会支持及其相关研究[D]．武汉：华中师范大学，2007．

侯春娜，伍麟，刘志军. 家庭因素中父母情感温暖、文化性与责任心对大学生职业决策自我效能的中介与中介调节研究[J]. 心理科学，2013，36(1)：103-108.

胡艳军. 父母支持与职业归因风格对大学生职业决策自我效能感的影响[D]. 天津：天津师范大学，2009.

黄馨影. 家庭环境、工作价值观对大学生择业效能感的影响研究[D]. 南昌：南昌大学，2011.

康少果. 大学生社会支持、心理控制源与职业决策自我效能感的关系研究[D]. 石家庄：河北师范大学，2012.

邝磊，郑雯雯，林崇德等. 大学生的经济信心与职业决策自我效能的关系——归因和主动性人格的调节作用[J]. 心理学报，2011，43(9)：1063-1074.

李斌，王欣. 职业生涯团体心理辅导对女大学生职业决策自我效能的影响[J]. 中国心理卫生杂志，2006(11)：765-767.

李费菲. 大学生职业社会化现状调查及促进建议[D]. 南昌：南昌大学，2012.

李磊琼. 家庭因素对大学生职业决策自我效能及职业未决的作用[D]. 南昌：江西师范大学，2007.

李莉，马剑虹. 大学生职业决策自我效能及其归因研究[J]. 应用心理学，2004，9(4)：3-6.

李莉. 大学生择业效能感相关研究[D]. 济南：山东师范大学，2010.

李梦霞. 民办高校毕业职业决策自我效能调查[J]. 中国特殊教育，2008(9)：90-93.

李文娟. 女大学生心理控制源、职业决策自我效能与职业成熟度的关系研究[D]. 荆州：长江大学，2012.

刘晨. 大学生学习动机、社会支持与职业决策自我效能感的关系研究[D]. 长沙：中南大学，2013.

刘靖姝. 不同焦虑类型高校毕业生职业未决的比较及其与职业决策自我效能感的关系[D]. 重庆：西南大学，2013.

柳中华. 大学生就业压力、职业决策自我效能感与择业焦虑的关系[D]. 哈尔滨：哈尔滨工程大学，2010.

龙燕梅. 大学生择业效能感的研究[D]. 上海：上海师范大学，2003.

卢文俊. 应届毕业生择业自我效能感及择业内隐、外显态度的研究[D]. 西安：陕西师范大学，2014.

栾春生. 大学生父母教养方式、自尊与职业决策自我效能的关系研究[D]. 哈尔滨：哈尔滨工程大学，2013.

孟卓群．职业决策困难对职业生涯决策过程影响的研究［D］．上海：华东师范大学，2008．

彭伟．职业决策自我效能感与框架效应对大学生职业决策的影响［D］．南京：南京师范大学，2013．

彭永新，龙立荣．大学生职业决策自我效能测评的研究［J］．应用心理学，2005，7(2)：38-43．

秦曙．当代大学生专业承诺、职业决策自我效能感和职业选择的关系研究［D］．扬州：扬州大学，2010．

史卉．大学生职业发展态度研究［D］．天津：天津大学，2013．

舒春永．高校应届毕业生择业效能感的现状及影响因素初探［D］．长沙：湖南师范大学，2008．

孙文静．职业决策自我效能在职业探索和生涯决策中的作用［D］．宁波：宁波大学，2012．

王芬．转专业大学生专业选择及职业探索、职业决策自我效能关系的研究［D］．武汉：华中科技大学，2009．

王金良，张大均，吴明霞．团体训练对提高大学生职业决策自我效能的有效性研究［J］．高等教育研究，2008，29(9)：85-89．

王金良．职业决策自我效能团体训练对大学生职业决策自我效能的影响［D］．重庆：西南大学，2006．

王文建．大学生决策风格、职业决策自我效能与职业决策困难的关系研究［D］．武汉：华中科技大学，2009．

吴韬．高校临近毕业学生择业焦虑与职业决策自我效能的关系研究［D］．长春：吉林大学，2007．

徐爱华．目标定向、职业决策自我效能与大学生职业选择行为关系的研究［D］．上海：华东师范大学，2006．

徐凤．长沙地区大学生职业决策自我效能感与适应性的现状及相关研究［D］．长沙：湖南师范大学，2008．

许存．职业决策自我效能及其与焦虑、职业探索的关系研究［D］．上海：华东师范大学，2008．

闫霞．高校毕业生职业决策自我效能感与应对方式、社会支持关系研究［D］．长春：吉林大学，2011．

杨景．女大学生择业自我效能感的现状分析及其干预研究［D］．苏州：苏州大学，2008．

杨萌，刘力，林崇德等．金融危机中大学生经济信心与就业信心的关系——职业决策自我效能感的中介作用[J]．教育科学，2010(4)：66-69.

杨雪梅．农村生源大学生职业决策自我效能感的特点及干预研究[D]．大连：辽宁师范大学，2011.

于跃进．理工科院校女大学生职业价值观与职业决策自我效能感的现状及关系研究[D]．南京：南京师范大学，2011.

余淑君．大学生完美主义、职业决策自我效能感与职业未决的相关关系研究[D]．北京：北京师范大学，2008.

张春燕．大学生自尊水平、归因方式与职业决策自我效能的相关研究[D]．南昌：江西师范大学，2008.

张娜．情绪智力在职业生涯决策过程中的作用[D]．上海：华东师范大学，2006.

张文墨．焦点解决取向团体辅导对提高大学生职业决策自我效能感的实验研究[D]．重庆：重庆师范大学，2011.

赵玉娟．大学生依恋风格、适应性与职业决策自我效能感的关系研究[D]．长春：吉林大学，2013.

周立．大学生职业决策自我效能实现过程中的社会支持研究[D]．重庆：西南大学，2010.

周利霞．大学生心理资本问卷编制及其相关因素研究[D]．上海：上海师范大学，2012.

周瑜．大学生的职业决策自我效能研究[D]．上海：上海师范大学，2010.

朱韩兵．大学生归因风格对职业自我效能的影响[D]．上海：华东师范大学，2010.

第十七章

——————

以某市高校为例的大学生自杀成因与对策

自杀已成为全社会关注的重大公共卫生问题。据世界卫生组织统计，全世界每年大约有100万人死于自杀。据《参考消息》2016年5月8日报道，美国疾病控制和预防中心公布的最新数据表明，美国的自杀率在1999年至2014年有所上升。据国家卫健委统计，全国每年有25万人自杀死亡，200万人自杀未遂。自杀已经成为仅次于心脑血管病、恶性肿瘤、呼吸系统疾病和意外死亡的第五大死因，成为我国15岁至34岁人群死亡的首要原因。每一个自杀身亡的案例对一个家庭来说都会带来永久伤痛，那些自杀未遂导致残疾的人也给家庭和社会带来了巨大负担。可以说，自杀不仅严重威胁公众健康和家庭幸福，而且影响社会和经济的和谐发展。在这些自杀案例中，有一个群体的自杀现象尤其受到大众和学者的关注，这就是大学生自杀。近年来，有关大学生自杀的报道屡屡见诸报端，已成为社会关注的焦点问题。一个个年轻生命的逝去，不仅给家庭和社会带来巨大心理创伤，也给人们带来很多思考。大学生为什么要舍弃如花的生命？如何预防自杀发生？这里以近5年某市高校数据为例，描述大学生自杀的现状，探索大学生自杀的原因及风险因素，反思预防及干预大学生自杀危机的策略，特别关注研究生以及大中小学生心理健康教育的衔接问题。

一、大学生自杀的现状

（一）自杀人群

近5年来，某市大学生自杀人数为116人，其中男生74人，女生42人，男女生之比达到 1. 76∶1(图 17-1)。有研究对 1991—1995 年某市 8 所高校大学生的自杀情况进行了调查，发现自杀的男女大学生比例为 1. 37∶1。[①] 在我们的研究中，男生自杀人数同样高于女生，男生自杀比例远大于以往研究。这反映了男生在实施自杀时倾向于选择更高致死性、更为激进的自杀方式，而女生选择的自杀方式更为温和。[②] 另外，男生自杀可能造成更为严重的社会问题。有报道称，2015 年 6 月，哈尔滨某高校一男生将前女友杀死后跳楼身亡。在人们的印象中，"男子汉"似乎有着更为坚强的性格，但根据我们的调查结果，男生的心理健康状况堪忧。

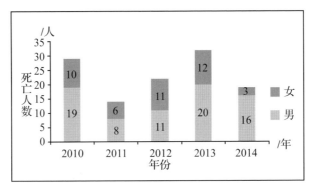

图 17-1 2010—2014 年某市高校学生自杀基本情况

我们根据每年本专科和硕博研究生的人口基数，分别计算本专科和硕博研究生的自杀率。从总体和发展态势来看，近 5 年硕博研究生的自杀率不断攀升(图 17-2)。一方面，研究生的扩招大大增加了在校研究生数量，使研究生不再是高等教育中的凤毛麟角；另一方面，研究生自身发展阶段使其有不同于大学生的心理特点。研究者认为，研究生面临学业压力、人际交往压力、就业与事业成就压力、婚恋压力、经济压力、生活压力等[③]，这些压力都可能成为导致

① 崔玉华、方明昭、马长锁：《大学生自杀者社会心理因素和临床特点》，载《中国临床心理学杂志》，1998，6(3)。

② 陈军、王润、杨汝鹏等：《180 例自杀死亡者自杀方式及其自杀环境的法医学回顾性研究》，载《现代生物医学进展》，2012，12(18)。

③ 俞国良：《现代心理健康教育》，295~321 页，北京，人民教育出版社，2007。

研究生自杀的应激来源。

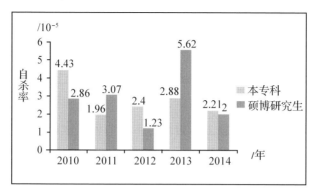

图 17-2 2010—2014 年某市高校不同学历学生的自杀率

（二）自杀方式

如图 17-3 所示，大学生主要选择高坠的方式结束生命，这主要与环境中自杀工具的可获得性或工具的普遍使用有关。如某些高校自从建设高楼后自杀现象增多，而自杀药物的难以获得导致采用服药方式自杀的人数较少。又如，我国农村妇女主要采用服用农药的方式自杀，其他国家也是如此。在美国，由于枪支比较容易获得，使用枪支自杀的人数较多；而男性较女性更倾向于用枪支自杀，也是由于男性更容易接触枪支。因此，严格控制大学生对自杀工具的可获得性，是降低自杀风险的重要方法。

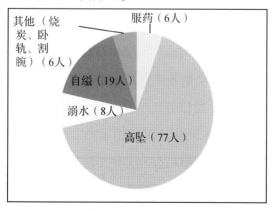

图 17-3 2010—2014 年某市高校学生的自杀方式

二、大学生自杀的影响因素

大学生为什么会自杀？自杀并无基因，它是由诸多因素之间复杂的相互作用造成的。我们通过心理解剖的方法，对自杀死亡者的辅导员、宿舍同学、学校心理健康教育教师进行访谈，获得死者生前的相关信息，重构其生前的生活状况，推测死者的自杀原因。如图17-4所示，大学生自杀的原因主要包括家庭压力、精神疾病、学业压力、经济压力、性格因素、人际关系等，自杀者都有情绪低落、睡眠障碍和焦虑倾向等标记。我们将上述原因归纳为个体因素和环境因素。

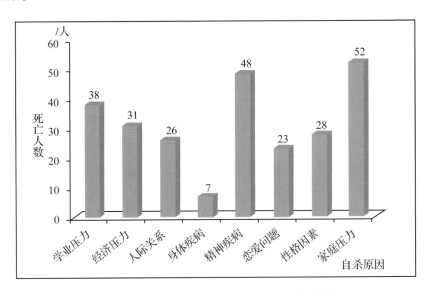

图 17-4　2010—2014 年某市高校学生的自杀原因

(一) 自杀的个体因素

1. 被掩盖在微笑中的抑郁

在某市高校近 5 年的自杀者中，精神疾病成为自杀的主要原因。自杀死亡的大学生多数处于抑郁状态，包括医院确诊的抑郁症和根据心理解剖推测的疑似抑郁症。在很多因抑郁自杀的案例中，令教师和同学震惊的是，死者生前往往表现优秀，阳光开朗，积极向上，面带微笑，可称之为"微笑型"抑郁或"阳光型"抑郁。患者人前光彩照人，人后孤独自闭。患者对别人的评价过于敏感，面临压力时不愿意放弃尊严，拒绝求助；刻意掩饰自己的情绪，掩饰内心极度的无价值感和深深的自卑感。正如一位自杀者在遗言中所说："以后我可以不用再伪装自己了，这种生活太累了……"大量研究表明，抑郁情绪在应激生活事件和自杀意念之间发挥中介作用①②③，这提示我们要对有抑郁倾向的大学生给予更多关注。但是，抑郁症具有一定的隐蔽性，不易被人发现，往往到发现时为时已晚。

2. 理想信念的错位

在社会上重利轻义、重物质轻精神、重现实轻理想的思潮影响下，有些大学生理想信念错位，人生价值观异化，精神世界贫瘠。他们将学习成绩好坏、超过别人、找到好工作、赚更多的钱、拥有美满爱情等作为人生唯一的追求目标，一旦没有实现，就会导致心理失衡，悲观消极；或认为人生无望，消极厌世，甚至放弃生命。可以认为，自杀反映了个体认为物质与现实的价值超越了生命价值。生命价值观指个体对生命价值的认识。④ 研究表明，拥有积极生命价值观的个体更不易产生自杀意念。⑤ 如果大学生将某物作为生命唯一的价值，忽视生命本身的价值，在受挫时容易实施自杀。

3. 人格的缺陷

人格缺陷是导致自杀的重要风险因素。有些大学生性格内向孤僻，敏感多

---

① 朱坚、杨雪龙、陈海德：《应激生活事件与大学生自杀意念的关系：冲动性人格与抑郁情绪的不同作用》，载《中国临床心理学杂志》，2013，21(2)。
② 焦彬、陆静文、杨思等：《应激性生活事件、认知情绪调节、抑郁与自杀意念关系的结构方程模型》，载《中国临床心理学杂志》，2010，18(4)。
③ 陈冲、洪月慧、杨思：《应激性生活事件、自尊和抑郁在自杀意念形成中的作用》，载《中国临床心理学杂志》，2010，18(2)。
④ 芮雪、姚本先：《大学生生命价值观的研究：现状、问题及趋势》，载《中国德育》，2008(3)。
⑤ 胡月、樊富珉、戴艳军等：《大学生生活事件与自杀意念：生命价值观的中介与调节作用》，载《中国临床心理学杂志》，2016，24(1)。

疑，容易陷入焦虑与绝望的陷阱；有些大学生过于争强好胜，追求完美，有极端自我中心主义。他们的思维缺乏灵活性，过分认真、偏执；情绪不稳定，暴躁易怒，易冲动等。这些人格缺陷，使他们难以有效应对生活、学习中的困难、挫折，在感到极度孤独无助时，自杀便成了解决问题的唯一方式。研究表明，外倾性人格、神经质性人格①、完美主义人格②、攻击型人格、冲动型人格③等人格特征能对自杀产生预测作用。

(二) 自杀的环境因素

1. 来自家庭的压力

第一，孩子被工具化。在某些家庭中，父母在爱的名义下，对孩子过度关注和控制，期望值过高，甚至把孩子作为实现自己理想或满足自己欲求的工具。只允许孩子像牡丹一样雍容绽放，不允许野百合也有春天；只激励孩子追求高学历、高收入、高地位，忽略了其自由的意志、独特的禀赋和才华。父母意识不到孩子的感受和存在，孩子感受不到父母的心理支持，从而缺乏自我价值感，导致自罪、自责、自我否定，甚至为了反抗父母的安排和决定而放弃生命。研究表明，不良的教养方式更易使学生产生自杀意念。④

第二，家庭爱的缺位。研究表明，家庭结构特征和家庭关系特征对青少年的自杀意愿和自杀行为均有显著的预测作用，离异家庭和关系恶劣家庭中的青少年具有更高的自杀可能性。⑤ 自杀者的原生家庭往往存在很多问题，如夫妻关系冷漠、隐性离婚或婚姻破裂，孩子成为家长的累赘或者成为夫妻一方制约

---

① Blüml, V., Kapusta, N. D., Doering, S., et al., "Personality factors and suicide risk in a representative sample of the German general population," *PloS ONE*, 2013, 8(10), p. e76646.

② O'Connor, R. C., "The relations between perfectionism and suicidality: A systematic review," *Suicide and Life-Threatening Behavior*, 2007, 37(6), pp. 698-714.

③ Giegling, I., Olgiati, P., Hartmann, A. M., et al., "Personality and attempted suicide: Analysis of anger, aggression and impulsivity," *Journal of Psychiatric Research*, 2009, 43(16), pp. 1262-1271.

④ 肖三蓉、袁一萍:《高职大学生自杀意念与自尊、父母教养方式的关系》，载《中国健康心理学杂志》，2005，13(5)页。

⑤ 彭国胜:《家庭对青少年学生自杀意愿和行为的影响——基于湖南省的实证调查》，载《青年研究》，2007(7)。

及惩罚另一方的工具。在这些家庭中，孩子充满不安全感和被抛弃感，内心孤独自闭，不会主动寻求他人帮助等。当在生活中遭遇挫折时，他们难免会走上绝路。如，某大学生在父母离婚后随母亲生活，该学生是父亲家族中唯一的男孩，经常成为双方家族争夺利益、相互牵制的工具，导致该学生对常态化"夹板"生活绝望，自杀身亡。

2. 当学业不再带来荣耀

在近 5 年某市自杀死亡大学生的案例中，"211"重点高校为 90 人，普通高校为 26 人。有研究者认为，在考虑学生总数的情况下，一本类高校学生的自杀率要远高于其他高校。[①] 在公众眼中，这些能进入重点高校的学生是真正的天之骄子，给家族、学校带来了希望和荣耀。他们在中学就有很强的优越感，受到同学膜拜和教师格外关注，但是，当他们进入重点高校后，面对同样优秀的同学，会产生较大的心理落差。尤其是当学习上出现压力时，如，不喜欢自己的专业，考试出现"挂科"等现象，支撑自我价值感的"大厦"顷刻间就会崩塌，对现实沮丧、失望、绝望而自杀。我们的调查发现，学业压力是家庭压力和精神疾病以外大学生自杀的第三大原因。有研究发现，学业压力是大学生自杀的最重要诱因之一。重点高校的大学生由于面临更大学习压力，更应受到有关部门的重视。

3. 社会经济地位较低者的"双重匮乏感"

很多自杀大学生来自社会经济地位较低的家庭，面临客观和主观上的"双重匮乏感"，即不仅面临社会经济资源的匮乏感，而且面临心理匮乏感。研究表明，贫困大学生存在一定程度的自卑心理、依赖心理和封闭心理[②]，随着群体中社会经济地位的降低，一个人的控制感也会下降，对未来的焦虑感会提升。因心理匮乏感产生的焦虑感也是大学生自杀的诱饵之一。

---

① 杨振斌、李焰：《大学生自杀风险因素的个案研究》，载《思想教育研究》，2013(8)。
② 李艳兰：《大学生自杀行为与干预研究》，130～133 页，南昌，江西人民出版社，2013。

三、对大学生自杀的理论探讨

(一) 自杀：应激与素质的共同作用

自杀作为人类社会的一种普遍现象，受到研究者的广泛关注。大量研究表明，自杀受到很多因素影响，如人格与个体差异、认知因素、社会因素、消极生活事件等。[①] 曼(Mann)提出的自杀应激—易感模型(Stress-diathesis Model)认为，自杀的发生不仅是由应激因素决定的，也会受到个人素质的影响。[②] 具体地说，精神疾病等应激因素是导致自杀的重要影响因素，但在同样的应激条件下一些人会实施自杀，而另一些人不会实施自杀，这就是由于每个人的易感性不同。应激因素主要是指精神疾病，也包括各种心理社会危机；而素质因素则包含了许多方面，如性别、宗教信仰、基因、童年经历、心理社会支持系统、高致死性自杀方式的可得性以及胆固醇水平等。应激—易感模型非常重视个人素质在自杀过程中的作用。该理论认为，最终实施自杀的精神疾病患者与没有实施自杀的精神疾病患者在个人素质上有两点区别。第一，实施自杀的精神疾病患者会体验到更多的主观抑郁感和绝望感，以及更为强烈的自杀意念；第二，实施自杀的个体通常有着更强的攻击性和冲动性。[③] 应激因素和素质因素的共同作用导致了自杀的发生，但应激因素和素质因素对自杀的影响不是静态的，而是一种动态的交互作用。研究者认为，应激因素和素质因素影响自杀的交互作用中存在着一种"点燃效应"(Kindling Effect)，应激的重复出现会使神经元发生变化从而使个体对应激更为敏感，一个很小的应激就可能会引发自杀。[④]

---

① O'Connor, R. C. & Nock, M. K., "The psychology of suicidal behaviour," *The Lancet Psychiatry*, 2014, 1 (1), pp. 73-85.

② Mann, J. J., Waternaux, C., Haas, G. L., et al., "Toward a clinical model of suicidal behavior in psychiatric patients," *American Journal of Psychiatry*, 1999, 156(2), pp. 181-189.

③ Mann, J. J., "A current perspective of suicide and attempted suicide," *Annals of Internal Medicine*, 2002, 136(4), pp. 302-311.

④ Dwivedi, Y., *The neurobiological basis of suicide*, Boca Raton, CRC Press, 2012, pp. 113-123.

除了应激因素和个人素质因素对自杀的作用外，应激—易感模型也强调保护性因素在其中的作用。广义的应激—易感模型认为，自杀是应激因素、保护性因素与个人素质因素三者之间相互影响的过程，保护性因素包括家庭、社会、文化等因素。[①] 曼非常重视生存理由在自杀过程中所发挥的保护作用，认为生存理由能够防止重度抑郁症患者自杀。[②] 在国内，有研究者在大学生群体中对生存理由问卷（Reasons for Living Inventory）中文版进行了修订[③]，发现生存理由在压力性生活事件与自杀意念之间发挥着补偿、中介及调节作用[④]。这一研究表明，对中国大学生群体而言，生存理由作为一种"信念系统"[⑤]能够在预防大学生自杀中发挥重要作用，增强大学生生命导向的信念与期望能够减少自杀的发生。

除了个体的生存理由以外，许多社会因素如家庭环境[⑥]、社会支持[⑦]、校园氛围[⑧]等都能有效减少自杀发生的可能性。迪尔凯姆在其著作《自杀论》中提出："自杀是一种社会现象"[⑨]，因此，对我国大学生自杀的原因进行探析同样不能忽视社会的影响。随着现代化过程的逐步推进与社会持续转型，我国已经步入风险社会[⑩]。40 余年的经济体制改革、政治体制改革及人民思想意识的变迁带给国民更多自由，也带来了更多迷茫与不安全感，进而影响到人们自杀的可能性。研究发现，风险社会所带来的"意义缺失、信任危机、安全感威胁"都是大

---

① 王求是、刘建新、申荷永：《国外自杀心理学研究与理论评介》，载《心理科学进展》，2006，14（1）。

② Malone, K. M., Oquendo, M. A., Haas, G. L., et al., "Protective factors against suicidal acts in major depression: reasons for living," *American Journal of Psychiatry*, 2000, 157（7）, pp. 1084-1088.

③ 邓云龙、熊燕、林云芳：《生存理由量表在中国大学生群体中的应用》，载《中国临床心理学杂志》，2012，20（3）。

④ 熊燕：《大学生生存理由及其对自杀意念的影响研究》，博士学位论文，中南大学，2012。

⑤ Linehan, M. M., Goodstein, J. L., Nielsen, S. L., et al., "Reasons for staying alive when you are thinking of killing yourself: the reasons for living inventory," *Journal of Consulting and Clinical Psychology*, 1983, 51（2）, pp. 276-286.

⑥ 郑爱明：《自杀倾向大学生家庭因素及其家庭治疗的个案研究》，博士学位论文，南京师范大学，2012。

⑦ Heikkinen, M., Aro, H. & Lönnqvist, J., "Recent life events, social support and suicide," *Acta Psychiatrica Scandinavica*, 1994, 89（s377）, pp. 65-72.

⑧ 杨雪、王艳辉、李董平等：《校园氛围与青少年的自杀意念/企图：自尊的中介作用》，载《心理发展与教育》，2013，29（5）。

⑨ 埃米尔·迪尔凯姆：《自杀论：社会学研究》，冯韵文译，北京，商务印书馆，2009。

⑩ 徐勇、项继权：《我们已经进入了风险社会》，载《华中师范大学学报（人文社会科学版）》，2008，47（5）。

学生产生自杀意念重要影响因素。① 有研究者从伦理学的角度分析了社会对自杀的影响。他们认为，无论中国还是西方的文化传统中，伦理道德始终发挥着对自杀的防范作用；而现代社会伦理道德的缺失是导致个体自杀的一个重要原因②。在苗族村落中，人们认为自杀的人是一种"死丑"，会受到苗族群众的排斥，这种对于自杀的文化约束使自杀现象在苗族村落极少发生。③ 因此，在全社会形成尊重生命、反对自杀的文化氛围对防止自杀的发生具有很大保护性作用。

总之，自杀的发生是一个非常复杂的过程，其影响因素涉及生物遗传因素以及从微观层次到宏观层次的各个生态系统。与此同时，各个因素之间也在发生着交互影响。应激—易感模型是被研究者普遍认可的自杀理论，为我们更好地理解自杀的影响因素提供了一个理论框架，但对于人怎样从有自杀意念最终发展到有自杀企图或自杀死亡并没有做出很好解释，而自杀的人际关系理论（Interpersonal Theory of Suicide）和动机—意志整合模型（Integrated Motivational-volitional Model of Suicidal Behaviour）则对这一过程进行了深入探讨。

(二) 从自杀意念到自杀(企图)

自杀的人际关系理论④⑤认为，受挫的归属感（Thwarted Belongingness）、知觉到的累赘感（Perceived Burdensomeness）和习得的自杀能力（Acquired Ability of Suicide）是一个人实施自杀的三要素。在受挫的归属感和知觉到的累赘感的共同作用下，如果个体对这种状态的改变感到无望，则会产生自杀意念。而自杀意

---

① 楚江亭、姜男：《风险社会视野中大学生自杀意念问题研究》，载《首都师范大学学报(社会科学版)》，2015(1)。

② 吴彩虹、全承相：《自杀防范的伦理学审视》，载《伦理学研究》，2012(2)。

③ 麻勇恒、田隆斌：《自杀的文化约束：苗族村落社区的个案》，载《中央民族大学学报(哲学社会科学版)》，2013，40(4)。

④ Van Orden, K. A., Witte, T. K., Cukrowicz, K. C., et al., "The interpersonal theory of suicide," *Psychological Review*, 2010, 117(2), pp.575-600.

⑤ 李建良、俞国良：《自杀的人际关系理论：研究与临床应用》，载《中国临床心理学杂志》，2014，22(1)。

念自身不足以使个体产生自杀企图，只有当具有自杀意念的个体同时拥有了习得的自杀能力时才会产生自杀企图。习得的自杀能力包括对死亡恐惧的降低和躯体痛苦忍受性的提高两个方面，即不怕死和不怕疼。在不断经历身体痛苦与诱发恐惧的事件后，个体会习惯由自伤而带来的身体痛苦与恐惧，习得了自杀能力，从而导致自杀企图的出现。

动机—意志整合模型更加详细地将自杀过程划分为前动机阶段、动机阶段和意志阶段，动机阶段又可以分为挫败与羞耻（Defeat and Humiliation）、受困（Entrapment）、自杀意念与意图（Suicidal Ideation and Intent）三个阶段。①② 在从上一个阶段向下一个阶段发展过程中，特定的调节变量会发挥作用。在个体自杀的前动机阶段，背景因素和触发事件主要在发挥作用，具体而言，素质、环境和生活事件的共同作用决定个体是否进入动机阶段。社会决定完美主义能够降低个体对应激的容忍度，更容易使个体感到挫败与羞耻。威胁自我调节变量，如社会问题解决、自传体记忆偏差、反刍，会影响挫败与羞耻和受困之间关系的强弱。动机调节变量，如积极的未来思考、目标再结合、社会支持，能够影响由受困向自杀意念与意图转化的可能性。意志调节变量，如执行意向、习得的自杀能力，则影响着由自杀意念与意图向自杀行为的转化。可以看出，动机—意志整合模型在已有理论基础上对自杀过程的各阶段进行了划分，并对动机阶段和意志阶段的调节变量进行了梳理。

综上所述，研究者对自杀的影响因素和发展过程进行了大量理论探讨，对"什么样的人会自杀"以及"自杀意念怎样转化成自杀（企图）"这两个问题进行了回答。应激—易感模型认为应激本身不足以使个体自杀，只有在应激因素和素质因素同时存在的情况下，个体才会自杀；自杀的人际关系理论从人际关系的视角解释了由自杀意念向自杀企图的转化过程，认为习得的自杀能力是这一转化过程的关键；动机—意志整合模型从更为整合的视角将自杀过程阶段化，并

① O'Connor, R. C., Platt, S. & Gordon, J., *International handbook of suicide prevention*：*Research*，*policy and practice*，Chichester，John Wiley & Sons Inc.，2011，pp. 181-198.

② 杜睿、江光荣：《自杀行为：影响因素、理论模型及研究展望》，载《心理科学进展》，2015，23（8）。

对影响每一阶段的调节变量进行了分析。这些理论的提出为我们进行大学生自杀干预提供了启示。第一，自杀的影响因素涉及生物、心理、社会各个方面，这些因素都可能导致大学生自杀，可以从这些方面着手防止大学生自杀的发生，从大学生心理发展特点、心理健康状况、家庭环境、校园氛围等各个方面多管齐下，降低大学生自杀的可能性。第二，自杀意念的出现需要经历许多心理阶段，从自杀意念的出现到最终实施自杀同样要经历特定的过程。如果我们能够关注大学生的心理健康状态，筛选出有精神疾病或面临负性应激事件的大学生并给予合理干预，就能在自杀发展的过程中阻止大学生的自杀意念或自杀（企图）的出现。

四、大学生自杀的后果与思考

自杀不仅是个人生命的丧失，还可能导致家庭其他"潜在"自杀者的产生，自杀大学生的父母、亲友可能一直要生活在悲痛之中。对社会而言，大学生是同龄人的优秀代表，国家和社会为他们投入了巨大教育资源，他们本应该为社会的发展贡献力量，回报社会的培养。而自杀无疑造成了社会资源的浪费。毫无疑问，大学生自杀会给家庭和社会带来难以磨灭的哀痛和不可估量的负面影响。因此，对大学生进行心理健康教育，对其自杀进行干预，不仅是在挽救一个个年轻的生命，也是在挽救一个个家庭，为人才的健康发展保驾护航。

大学生的年龄一般处于 17~23 岁，正在完成由青少年向成年的转化。伴随着生理发育的逐渐成熟，大学生的心理发展日趋完善。总体上看，大学生的认知发展和人格发展趋向成熟，但情绪起伏波动仍然较大，挫折或负性生活事件的发生会对大学生造成较大影响。有研究者认为，抗挫素质是大学生自杀的核心影响因素①，大学生的抗挫折心理能力对自杀意念的产生具有负向预测作用②。从埃里克森的心理社会发展理论来看，大学生正处于成年早期，心理社会发展危机是亲密对孤独。如果发展危机顺利解决，大学生会获得亲密感，如果发展危机解决得不好，大学生则会产生孤独感。有研究者认为，孤独是大学生轻生者的一个基本共同特征③，孤独感对大学生的自杀意念具有显著的预测作用④。对大学生自杀进行干预基于该行为的个人特性，即死在自己手里的概率超过死在他人手里的概率。因此，必须将自杀理论与大学生的心理发展特点相结合，这样才能找到切实有效的干预对策。

（一）形成心理健康教育的服务意识

心理健康教育要顺应时代特点，满足大学生健康成长的需求；强调以人为本，不断更新教育观念，将服务理念渗透到心理健康教育工作中去。传统的干预模式收效有限，心理健康教育的服务理念要求学校从以问题为中心的干预模式向全员参与的预防模式转变，这将有利于降低大学生自杀率。⑤ 学校要从大学生心理需要和心理预期出发，制定各项服务制度，为他们提供个性化教育和心理辅导。在扩大教育服务覆盖面的同时，还要将心理健康教育服务落细落实，为心理困扰者、心理亚健康者、心理潜能开发者提供内容丰富、形式多样的心理健康服务，使之成为校园生活的一种时尚。

（二）杜绝行政化心理危机排查方式

大学生自杀事件发生后，往往在校内掀起一场危机排查运动，学校试图用

---

① 张旭东：《大学生自杀的现状、原因及预防策略》，载《内蒙古师范大学学报（教育科学版）》，2007，20（9）。

② 欧何生、黄泽娇、张旭东：《大学生抗挫折心理能力对自杀意念影响的研究》，载《心理学探新》，2013，33（3）。

③ 郭宝华：《大学生轻生现象的分析及对策》，载《西北工业大学学报（社会科学版）》，2004，24（1）。

④ 李欢欢、骆晓君、王湘：《大学生的孤独感与自杀意念的关系：来自内隐和外显测量的证据》，载《中国临床心理学杂志》，2012，20（6）。

⑤ 俞国良、侯瑞鹤：《论学校心理健康服务及其体系建设》，载《教育研究》，2015，36（8）。

行政化手段预防及干预自杀。但心理危机排查并不是搞群众运动，而是需要工作人员平时敏锐的危机觉察意识和细致规范的工作。首先，要建立心理健康测查管理平台。很多高校的心理健康普查一般在新生入学时进行，测查结果只能反映学生在近几周的心理健康状况，不能反映整个大学期间的心理健康水平。因此，学校有必要建立心理健康测查管理平台，分别在每个学期的敏感时间段进行测查或自测等，并提供丰富多样的测查工具。测查方式可以按照教师的要求选择和由学生自选，让学生在网上进行测查，并能随时查询自己的测查结果与咨询建议。对于存在危机可能的测查结果，相关工作人员要及时跟进，重点关注并进行心理辅导或心理治疗。其次，要加强深度访谈中的危机筛查功能。从大学生自杀的可能原因看，家庭冲突、学业困难、恋爱挫折、精神疾病等都可能是导致心理危机的风险因素。心理健康普查并不能完全担当此重任，在一些自杀案例中，多数自杀者并没有在心理健康普查中表现异常。因此，有必要研究、开发一份心理风险因素问卷，分维度、有层次地列出可能导致大学生心理危机的各项因素，作为辅导员、班主任、研究生导师与学生进行深度访谈的依据。当大学生出现某些维度、某个层次上的现象时，就可以被评估为哪一级关注对象，并上传至心理健康教育工作机构，形成多部门共同关注与支持的局面。

(三) 加强大中小学心理健康教育的衔接

人的心理发展有方向性和连续性。一方面，大学生的心理问题并不是一时形成的，可能在中小学阶段甚至在儿童期已埋下隐患，到大学时才以自杀的形式爆发出来。研究表明，童年的不幸遭遇能够显著预测成年后的自杀行为。[1][2]因此，加强中小学阶段的心理健康教育将有效降低大学生发生自杀的可能性。

---

[1] Bruffaerts, R., Demyttenaere, K., Borges, G., et al., "Childhood adversities as risk factors for onset and persistence of suicidal behaviour," *The British Journal of Psychiatry*, 2010, 197(1), pp. 20-27.

[2] 厉洁、肖水源、周亮：《儿童期受虐史与成人期自杀行为(综述)》，载《中国心理卫生杂志》，2007，21(1)。

另一方面，目前对不同年龄阶段学生的心理健康教育存在各自为政的现象。小学到研究生阶段的心理健康教育缺乏有效衔接，导致重复浪费或出现教育空白。如义务教育阶段和大学阶段的心理健康教育不断加强，而高中生和研究生阶段则有所欠缺。因此，必须大力加强大中小学和不同年龄阶段心理健康教育的衔接。教育行政部门要制定相关政策、制度予以保障。

（四）重视研究生的心理健康教育工作

与大学生群体年龄较为相近这一状况不同，研究生年龄相差较大，心理发展特点有很大区别。研究生比大学生承担着更多的家庭、社会责任。随着研究生扩招，研究生还面临着较大的生存与就业压力。这些因素都对研究生的心理健康产生重要影响，给研究生的心理健康教育带来很大挑战。近年研究生的自杀比例有增长趋势。一方面，研究生心理健康教育与本科生心理健康教育无法衔接，服务得不到应有保障；另一方面，从工作管理体制来看，也存在着责权不清晰的问题。大多数高校将心理健康教育机构设在学生处，负责本科生心理健康教育工作，开设心理健康教育课程，组织各项心理文化活动等；研究生则归研工部管理，而研工部没有专门的心理健康教育部门，并且研究生管理部门"重科研、轻心理健康"的现象极为普遍。建议将学校心理健康教育机构独立建制，在校党委领导下，统一负责全校本科生、研究生的心理健康教育和心理危机预防、干预工作，增加研究生心理健康教育工作经费和专职教师编制，切实加强对研究生心理健康教育和心理危机预防、干预工作的领导。

（五）建构生命教育理念下的心理健康教育

大学生选择自杀，无论原因如何，有一点是肯定的，那就是忽视生命本身的价值。《美国精神病学杂志》2002 年刊登的一篇研究报告称，约一半自杀者在自杀前 1 个月找过医生，约 2/3 的自杀者对别人说过想死或正在考虑自杀。这不仅表明他们正处于危险中，也为别人帮助他们提供了机会。大学生的心理健康教育应该在关注学业、人际关系、情绪调节等领域之外，引导学生形成积极的生命价值观，使他们认识到生命的价值，从而珍惜生命、热爱生命。研究者认为，生命教育与心理健康教育相辅相成，应该在生命教育的理念下开展心理健康教育。[1] 也有研究者提出，大学生生命教育应涉及认知、情感、意志和行为四个层面，以达到有效预防大学生自杀的目标。[2] 通过在心理健康教育过程中融入生命教育元素，使学生在遭遇挫折、感到绝望时依然能感受到生命的意义与价值，看到生的希望。

总之，大学生自杀是一个连续发展的过程，这为我们提供了预防与干预的空间。一方面，高校要普及心理健康教育，对求助者做好心理辅导和心理咨询；另一方面，高校要对相关工作人员和学生骨干做好专业培训，将自杀风险控制在最小范围内。只有从这两方面共同着手，才能给大学生提供正确、有效的心理健康教育和心理干预，从而达到预防自杀的目的。

---

① 单常艳、王俊光：《高校生命教育与心理健康教育的建构研究》，载《内蒙古师范大学学报（教育科学版）》，2009，22(9)。

② 张旭东：《大学生生命教育目标探析》，载《社会科学战线》，2007(4)。

第十八章

大学生无聊状态与学业拖延：成就目标的中介作用

一、问题的提出

随着近年来对于无聊研究的增加，到目前为止，研究者对于无聊研究趋于全面，对于无聊的定义也有了一个比较统一的认识，即无聊是一种不愉快的、不满的情绪体验，处于无聊中的个体会知觉到活动的无意义感，无法集中注意，并且不能够有效地觉知、评价和理解自己的情绪。早期研究多将无聊看作一种人格特质，研究个体在情境中可能变得无聊的差异性。[1][2][3] 针对这种观点，法默(Farmer)和松德贝里(Sundberg)在1986年编制了"无聊倾向性量表"(Boredom Proneness Scale，BPS)。该量表由外部刺激、内部刺激、负性情感反应、时间知觉和限制性5个因子组成。[4] 新近研究开始重视状态无聊的作用。达登(Darden)和马克斯(Marks)认为，无聊具有一定的社会意义，随着情境的不同而变化。[5] 马丁(Martin)、萨德沃(Sadlo)和斯图(Stew)认为无聊可能是个体对特定

---

[1] Sommers, J. & Vodanovich, S. J., "Boredom proneness: Its relationship to psychological-and physical-health symptoms," *Journal of Clinical Psychology*, 2000, 56(1), pp. 149-155.

[2] Seib, H. M. & Vodanovich, S. J., "Cognitive correlates of boredom proneness: the role of private self-consciousness and absorption," *The Journal of Psychology*, 1998, 132(6), pp. 642-652.

[3] Farmer, R. & Sundberg, N. D., "Boredom proneness—the development and correlates of a new scale," *Journal of Personality Assessment*, 1986, 50(1), pp. 4-17.

[4] Farmer, R. & Sundberg, N. D., "Boredom proneness—the development and correlates of a new scale," *Journal of Personality Assessment*, 1986, 50(1), pp. 4~17.

[5] Darden, D. K., "Boredom: a socially disvalued emotion," *Sociological Spectrum*, 1999, 19(1), pp. 13-37.

情境的解释。① 佩克伦(Pekrun)认为在学业情境中，无聊是一种低唤醒的、负性的学业情绪，这种情绪有着不愉快的体验、缺乏兴奋以及低生理唤醒的特点。② 作为一种情绪，无聊状态对于个体的适应、动机、组织和信号功能均会产生一定影响，从而影响个体的行为。还有研究者认为无聊状态和无聊特质好比物理学中的动能与势能，反复发生的无聊状态将促使个体形成潜在的无聊特质。③

无聊状态与个体的拖延行为存在一定的关系。拖延(Procrastination)是指个体在面临一项必须完成的任务时不能立刻投入并按时完成，而是有意地、经常性地、不必要地从事与之无关的其他行为活动，推迟完成任务的现象，如临交差时才会做作业。④ 学业拖延聚焦于学业领域，是指在一定的时间范围内推迟学业任务，直到临近最后期限时才开始学习的行为倾向。⑤ 拖延行为会导致心理和生理上的不健康状态，并使个体处于恶性循环之中。⑥ 拖延与焦虑、抑郁、自尊以及自我效能感等因素相关。⑦⑧⑨ 对于大学生来讲，一方面，拖延者没有良好的生活习惯，对于身体症状的治疗不积极，导致身体健康的恶化；另一方面，拖延者不能及时完成学业任务，引起负面情绪，而负面的情绪又会导致拖

---

① Martin, M., Sadlo, G. & Stew, G., "The phenomenon of boredom," *Qualitative Research in Psychology*, 2006, 3(3), pp.193-211.

② Pekrun, R., Goetz, T., Daniels, L. M., et al., "Boredom in achievement settings: Exploring control-value antecedents and performance outcomes of a neglected emotion," *Journal of Educational Psychology*, 2010, 102(3), pp.531-549.

③ 周浩、王琦、董妍:《无聊: 一个久远而又新兴的研究主题》, 载《心理科学进展》, 2012, 20(1)。

④ Ferrari, J. R., Doroszko, E. & Joseph, N., "Exploring procrastination in corporate settings: Sex, status, and settings for arousal and avoidance types," *Individual Differences Research*, 2005, 3, pp.140-149.

⑤ Steel, P., "The nature of procrastination: a meta-analytic and theoretical review of quintessential self-regulatory failure," *Psychological Bulletin*, 2007, 133(1), pp.65-94.

⑥ Sirois, F. M., "'I'll look after my health, later': A replication and extension of the procrastination-health model with community-dwelling adults," *Personality and Individual Differences*, 2007, 43(1), pp.15-26.

⑦ Rothblum, E. D., Solomon, L. J. & Murakami, J., "Affective, cognitive, and behavioral differences between high and low procrastinators," *Journal of Counseling Psychology*, 1986, 33(4), pp.387-394.

⑧ Beswick, G., Rothblum, E. D. & Mann, L., "Psychological antecedents of student procrastination," *Australian Psychologist*, 1988, 23(2), pp.207-217.

⑨ Klassen, R. M., Krawchuk, L. L. & Rajani, S., "Academic procrastination of undergraduates: Low self-efficacy to self-regulate predicts higher levels of procrastination," *Contemporary Educational Psychology*, 2008, 33(4), pp.915-931.

延，长此以往，无论是心理、生理还是学业成绩都会受到消极影响。[1][2] 关于拖延与无聊的关系，沃达诺维奇（Vodanovich）和鲁普（Rupp）在 1999 年的研究中就发现，高拖延得分被试与低拖延得分被试在无聊的四个维度上存在显著差异。[3]此后费拉里（Ferrari）发现拖延与较高的感觉寻求存在联系[4]，而较高的感觉寻求水平也是无聊的特点之一[5]。这可能是拖延与无聊相关的内部机制之一。此外，无聊状态和学业拖延存在一些共同特点，如时间管理缺失[6]以及动机的缺乏[7]。可见，无聊和拖延的关系值得进一步探讨。

虽然没有直接针对无聊状态和学业拖延关系的研究，但是随着对于二者研究的不断深入，越来越多的结论表明，无聊状态可能会对学业拖延行为产生影响。[8][9] 首先，负性情绪被认为是拖延行为的有效预测之一[10]，而无聊状态作为一种负性情绪直接作用于行为，会通过行为的反馈和评价对未来行为进行指导和影响[11]。佩克伦对于学业情绪的研究就表明，无聊状态对学生的学业表现产

---

① Sirois, F. M., "Procrastination and intentions to perform health behaviors: The role of self-efficacy and the consideration of future consequences," *Personality and Individual Differences*, 2004, 37(1), pp. 115-128.

② Rothblum, E. D., Solomon, L. J. & Murakami, J., "Affective, cognitive, and behavioral differences between high and low procrastinators," *Journal of Counseling Psychology*, 1986, 33(4), pp. 387-394.

③ Vodanovich, S. J. & Rupp, D. E., "Are procrastinators prone to boredom?," *Social Behavior and Personality: An International Journal*, 1999, 27(1), pp. 11-16.

④ Ferrari, J. R. & Tice, D. M., "Procrastination as a self-handicap for men and women: A task-avoidance strategy in a laboratory setting," *Journal of Research in Personality*, 2000, 34(1), pp. 73-83.

⑤ Barbalet, J. M., "Boredom and social meaning," *The British Journal of Sociology*, 1999, 50(4), pp. 631-646.

⑥ Loukidou, L., Loan-Clarke, J. & Daniels, K., "Boredom in the workplace: More than monotonous tasks," *International Journal of Management Reviews*, 2009, 11(4), pp. 381-405.

⑦ Fein, G., Di Sclafani, V. & Finn, P., "Sensation seeking in long-term abstinent alcoholics, treatment-naive active alcoholics, and nonalcoholic controls," *Alcoholism, Clinical and Experimental Research*, 2010, 34(6), pp. 1045-1051.

⑧ Vodanovich, S. J., "Psychometric measures of boredom: a review of the literature," *The Journal of Psychology*, 2003, 137(6), pp. 569-595.

⑨ 黄时华、李冬玲、张卫等：《大学生无聊倾向问卷的初步编制》，载《心理发展与教育》，2010(3)。

⑩ Spada, M. M., Hiou, K. & Nikcevic, A. V., "Metacognitions, emotions, and procrastination," *Journal of Cognitive Psychotherapy*, 2006, 20(3), pp. 319-326.

⑪ Baumeister, R. F., Vohs, K. D., DeWall, C. N., et al., "How emotion shapes behavior: Feedback, anticipation, and reflection, rather than direct causation," *Personality and Social Psychology Review*, 2007, 11(2), pp. 167-203.

生显著影响。[①] 其次，从认知加工的角度看，无聊状态伴随着注意力的缺失或会导致认知功能的减退。[②] 1989 年，研究者通过做行为实验，发现当被试在中等分心刺激水平时容易感到无聊，并且他们不能意识到分心刺激是产生无聊的原因。[③] 研究者发现，无聊的个体会出现注意力缺失、对于持续注意中的错误敏感性下降等情况，这表明注意力缺失和无法专注于当前的工作是拖延行为的成因和重要特点。[④] 最后，从动机方面看，无聊状态和拖延行为存在着紧密联系。无聊状态可以通过影响个体的动机进而影响行为。[⑤] 国内外学者的研究都表明无聊状态会造成个体内部动机的缺失，导致个体缺乏自主性和自控能力。[⑥⑦] 而拖延行为被一些研究者看作一种"反动机"（Anti-motivation）行为，表现为避免或推迟对于任务的持续努力。[⑧] 综上所述，我们可以推测无聊状态与学业拖延存在着紧密联系，无聊状态可能是学业拖延行为的一个预测因素。

无聊状态是通过怎样的作用机制影响大学生学业的呢？研究者认为无聊状态对于学业的影响是"复杂的，需要从不同方面进行探讨"[⑨]。无聊状态对于学业的影响，很有可能是通过一系列中介机制实现的，这些中介机制可能涵盖情绪、认知和行为等方面。从行为方面看，无聊状态可能会影响大学生的学业求

---

① Christenson, S., Reschly, A. & Wylie, C., *Handbook of research on student engagement*, New York, NY, Springer, 2012, pp. 259-282.

② Harris, M. B., "Correlates and characteristics of boredom proneness and boredom," *Journal of Applied Social Psychology*, 2000, 30(3), pp. 576-598.

③ Damrad-Frye, R. & Laird, J. D., "The experience of boredom: The role of the self-perception of attention," *Journal of Personality and Social Psychology*, 1989, 57(2), pp. 315-320.

④ Jurich, D., "Attribution of boredom: Attentional factors and boredom proneness," PhD diss., New School University, 2005.

⑤ Ferrari, J. R., Doroszko, E. & Joseph, N., "Exploring procrastination in corporate settings: Sex, status, and settings for arousal and avoidance types," *Individual Differences Research*, 2005, 3, pp. 140-149.

⑥ Farmer, R. & Sundberg, N. D., "Boredom proneness—the development and correlates of a new scale," *Journal of Personality Assessment*, 1986, 50(1), pp. 4-17.

⑦ Spada, M. M., Hiou, K. & Nikcevic, A. V., "Metacognitions, emotions, and procrastination," *Journal of Cognitive Psychotherapy*, 2006, 20(3), pp. 319-326.

⑧ Klassen, R. M., Krawchuk, L. L. & Rajani, S., "Academic procrastination of undergraduates: Low self-efficacy to self-regulate predicts higher levels of procrastination," *Contemporary Educational Psychology*, 2008, 33(4), pp. 915-931.

⑨ Belton, T. & Priyadharshini, E., "Boredom and schooling: a cross-disciplinary exploration," *Cambridge Journal of Education*, 2007, 37(4), pp. 579-595.

助行为。先前的研究表明，无聊状态会影响个体的社会交往。一方面，无聊状态会影响社会交往时个体的状态，如无法集中精力、有较高的愤怒和攻击性水平等，使个体在社会交往中难以建立和维持良好关系，交往需求不能得到满足①②③④⑤；另一方面，无聊状态会影响个体的社交动机。高无聊倾向的个体总是认为社会刺激没有意思，对交往活动缺乏兴趣⑥⑦。因此，作为社会交往行为的一种，大学生的学业求助行为可能会受到无聊状态的影响，从而产生学业拖延行为。研究者将学业求助分为三种，工具性求助、执行性求助以及避免性求助。⑧ 细化出的三种求助类型需要的动机资源、认知能力、社交能力、个人目标以及求助愿望都是不同的，对于学业拖延的影响也不一样。无聊状态对于这三种学业求助行为的影响可能也存在差异。根据无聊的相关研究，无聊倾向水平高的个体与倾向水平低的个体在注意认知、情绪状态、自我意识以及行为等方面存在着显著差异⑨⑩⑪，所以无聊状态对于不同学业求助的影响需要分别进行探讨。我们从学业求助行为的视角分析无聊状态影响学业拖延行为的内在机

---

① Farmer, R. & Sundberg, N. D., "Boredom proneness—the development and correlates of a new scale,"*Journal of Personality Assessment*, 1986, 50(1), pp. 4-17.

② Leong, F. T. L. & Schneller, G. R., "Boredom proneness: Temperamental and cognitive components,"*Personality and Individual Differences*, 1993, 14(1), pp. 233-239.

③ Watt, J. D. & Vodanovich, S. J., "Boredom proneness and psychosocial development,"*The Journal of Psychology*, 1999, 133(3), pp. 303-314.

④ Dahlen, E. R., Martin, R. C., Ragan, K., et al., "Boredom proneness in anger and aggression: Effects of impulsiveness and sensation seeking,"*Personality and Individual Differences*, 2004, 37(8), pp. 1615-1627.

⑤ 黄时华、李冬玲、张卫等：《大学生无聊倾向问卷的初步编制》，载《心理发展与教育》，2010(3)，308~314页。

⑥ Sommers, J. & Vodanovich, S. J., "Boredom proneness: Its relationship to psychological-and physical-health symptoms,"*Journal of Clinical Psychology*, 2000, 56(1), pp. 149~155.

⑦ Dahlen, E. R., Martin, R. C., Ragan, K., et al., "Boredom proneness in anger and aggression: Effects of impulsiveness and sensation seeking,"*Personality and Individual Differences*, 2004, 37(8), pp. 1615~1627.

⑧ Karabenick, S. A. & Newman, R. S., "Help seeking in academic settings: Goals, groups, and contexts," New Jersey, USA, Lawrence Erlbaum Associates, 2006.

⑨ Karabenick, S. A. & Newman, R. S., "Help seeking in academic settings: Goals, groups, and contexts," New Jersey, USA, Lawrence Erlbaum Associates, 2006.

⑩ Wallace, J. C., Vodanovich, S. J. & Restino, B. M., "Predicting cognitive failures from boredom proneness and daytime sleepiness scores: an investigation within military and undergraduate samples,"*Personality and Individual Differences*, 2003, 34(4), pp. 635-644.

⑪ Tsapelas, I., Aron, A. & Orbuch, T., "Marital boredom now predicts less satisfaction 9 years later,"*Psychological Science*, 2009, 20(5), pp. 543-545.

制，检验学业求助行为的中介作用，从理论上加深对无聊状态作用机制的认识。

此外，成就目标与无聊状态和学业拖延也存在一定关系。佩克伦等人的研究表明，学业无聊状态与动机水平呈显著负相关。[①] 作为一种动机因素，成就目标与无聊状态可能存在一定相关。传统的成就目标理论认为个人的成就目标存在两种主要取向，即掌握目标取向（Master Goals Orientation）和成绩目标取向（Performance Goals Orientation）。掌握目标取向的学生动机在于学习和理解知识，而成绩目标取向的学生试图做得比别人好，显示自己的聪明。[②] 埃利奥特（Elliot）和平特里奇（Pintrich）加入趋近—避免维度，形成了 2×2 的成就目标体系，成就目标变得更加复杂。[③④] 对于四种不同的成就目标，无聊状态影响可能存在差异，继而也会对行为产生不同作用，但是没有具体的研究考察无聊状态与成就目标的关系。成就目标与学业拖延的关系很密切，掌握—避免目标能够正向预测学业拖延行为，而掌握—接近目标和成绩—接近目标能够负向预测学业拖延行为。因此，从无聊状态、成就目标和拖延行为的关系看，作为影响大学生学习的主要因素之一，成就目标可能是无聊状态与学业拖延行为之间的中介因素。

综上，我们主要考察大学生无聊状态与学业拖延行为的关系，以及学业求助行为、成就目标的中介作用。主要研究问题有，无聊状态与学业拖延行为的关系；不同学业求助行为在无聊状态与学业拖延行为的关系上是否起到了不同的中介作用；不同的成就目标取向在无聊状态与学业拖延行为的关系上是否起到了不同的中介作用。拟研究的模型如图 18-1 所示。

---

① Pekrun, R., Goetz, T., Titz, W., et al., "Academic Emotions in Students´ Self-Regulated Learning and Achievement: A Program of Qualitative and Quantitative Research," *Educational Psychologist*, 2002, 37(2), pp. 91-105.

② Dweck, C. S. & Leggett, E. L., "A social-cognitive approach to motivation and personality," *Psychological Review*, 1988, 95(2), pp. 256-273.

③ Elliot, A. J. & McGregor, H. A., "A 2 X 2 achievement goal framework," *Journal of Personality and Social Psychology*, 2001, 80(3). pp. 501-519.

④ Pintrich, P. R., "An achievement goal theory perspective on issues in motivation terminology, theory, and research," *Contemporary Educational Psychology*, 2000, 25(1), pp. 92-104.

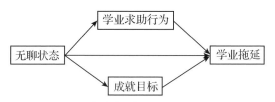

图 18-1　无聊状态与学业拖延关系的假设模型

二、研究方法

（一）被　试

研究采用整群随机抽样，选取北京市两所大学本科学生作为调查对象。删除无效问卷后，有效被试 673 人。其中男生 368 人，女生 305 人。大一 209 人，大二 216 人，大三 149 人，大四 99 人。被试年龄范围为 18~25 岁。

（二）研究工具

1. 大学生无聊状态问卷

研究采用研究者自编的《大学生无聊状态问卷》进行施测。问卷在访谈的基础上，参考法默和松德贝里、黄时华等人的研究编制而成。[1][2] 问卷包含 25 个项目，其中 8 个项目测量负性情感反应（如，我觉得心里很烦闷），6 个项目测量动机水平（如，我发现自己没有学习的动力），4 个项目测量思维约束性（如，我的脑子会想一些不着边际的事情），4 个项目测量社交困难与孤独情况（如，受到别人排斥与冷漠对待），3 个项目测量注意涣散水平（如，我可以聚精会神地听老师讲课）。问卷采用六点记分，从"完全不同意"到"完全同意"分别记 1~6 分，分数越高表示问卷描述与自己的情况越相近。我们对预测数据进行探索性因素分析，根据特征根和碎石图抽取五个因子，分别对应负性情感反应、动

---

① Farmer, R. & Sundberg, N. D.，"Boredom proneness—the development and correlates of a new scale,"*Journal of Personality Assessment*，1986，50（1），pp. 4-17.

② 黄时华、李冬玲、张卫等：《大学生无聊倾向问卷的初步编制》，载《心理发展与教育》，2010，26（3）。

机水平、思维约束性、社交困难与孤独和注意力涣散水平。五个因子的累计方差贡献率为 55.73%。我们对正式研究的数据($N=673$)进行了验证性因子分析，结果表明五因子模型对数据拟合良好，整体拟合指数为：$\chi^2/df=2.47$，NFI$=0.89$，IFI$=0.93$，CFI$=0.93$，RMSEA$=0.05$；各项目载荷为 $0.35 \sim 0.76$，表明问卷有良好的结构效度。研究中五个分量表的 Cronbach α 系数分别为 0.87、0.77、0.71、0.71、0.69。

2. 大学生学业拖延问卷

研究采用韩贵宁参照国外相关问卷编制的《大学生学业拖延问卷》[1]，问卷仅包含一个维度，共 37 个项目，旨在考察大学生在完成作业、复习备考、自主学习三方面学习拖延程度以及学习拖延所产生的影响，如，"尽管我觉得应该做作业，但会拖拖拉拉，不能马上动手去做"。问卷采用五点记分，从"从不这样"到"总是这样"分别记 $1 \sim 5$ 分，分数越高表明学习拖延程度越高。在本研究中，各项目载荷为 $0.47 \sim 0.92$，表明问卷有良好的结构效度；问卷的 Cronbach α 系数为 0.92。

3. 学业求助行为问卷

研究采用李晓东自行设计编制的《学业求助行为问卷》[2]，问卷包含 14 个项目，其中 5 个项目测量工具性求助（如，遇到不会的困难问题，我会请老师或同学就相关难点进行解释），4 个项目测量执行性求助（如，对于学习过程中的难题，我经常不做任何尝试就向别人询问怎么做），5 个题目测量避免性求助（如，不知道什么原因，我尽量避免向别人求教难题）。[3][4] 问卷采用五点记分，从"完全不符合"到"完全符合"，分别记 $1 \sim 5$ 分，分数越高表明个体在学习时采取学

---

[1] 韩贵宁、庞维国：《我国大学生学习拖延的现状与成因研究》，载《清华大学教育研究》，2009，30(6)。

[2] 李晓东、张炳松：《自我效能、价值、课堂环境及学习成绩与学业求助的关系》，载《心理学报》，1999，31(4)。

[3] 李晓东、张炳松：《初二学生目标取向、自我效能及学习成绩与学业求助的关系》，载《心理发展与教育》，2000(4)。

[4] Lee, E., "The relationship of motivation and flow experience to academic procrastination in university students," *The Journal of Genetic Psychology*, 2005, 166(1), pp. 5-14.

业求助行为的倾向性越高。在本研究中，三个分量表的 Cronbach α 系数分别为 0.72、0.63 和 0.74。我们对问卷重新进行了验证性因素分析，结果发现，各拟合指数达到可以接受的水平，所有题目标准化载荷都达到了 0.31 以上，并且达到了显著水平。

4. 成就目标问卷

研究采用埃利奥特和麦格雷戈（McGregor）编制的《成就目标问卷》[1]。问卷包括 12 个项目，其中 3 个项目测量掌握接近目标，3 个项目测量掌握避免目标，3 个项目测量成绩接近目标，3 个项目测量成绩避免目标。埃利奥特和麦格雷戈的研究显示，问卷有较高的信度和效度，验证性因素分析显示量表有良好的结构。[2] 在本研究中，四个分量表的 Cronbach α 系数如下，成绩接近目标分量表为 0.74，掌握避免目标分量表为 0.71，掌握接近目标分量表为 0.74，成绩避免目标分量表为 0.67。我们对问卷进行了验证性因素分析，结果发现，各拟合指数基本达到可以接受的水平，所有题目标准化载荷都达到了 0.33 以上，并且达到了显著水平。

（三）数据收集过程

主试为经过严格培训的心理学研究生，以班级为单位进行团体施测。主试要求被试仔细阅读指导语，然后按要求填答问卷。主试在指导语中向被试说明问卷不记名，并强调研究结果将严格保密且仅供科学研究使用，要求被试独立、真实地填写问卷。被试完成全部问卷约需 15 分钟。

（四）统计处理

研究采用 SPSS 18.0 和 AMOS 7.0 进行统计分析。分析策略如下，第一步，进行验证性因子分析和基本描述性统计检验；第二步，采用结构方程模型检验。

---

① 韩贵宁、庞维国：《我国大学生学习拖延的现状与成因研究》，载《清华大学教育研究》，2009(6)。
② 韩贵宁、庞维国：《我国大学生学习拖延的现状与成因研究》，载《清华大学教育研究》，2009(6)。

三、结果与分析

(一)相关分析

我们对研究的主要变量进行了相关分析,结果显示,无聊状态水平与学业拖延行为正相关($r=0.67$)。无聊状态与工具性求助行为负相关($r=-0.03$),与执行性求助和避免性求助正相关($r=0.42$,$r=0.42$);无聊状态与掌握接近目标和成绩接近目标负相关($r=-0.23$,$r=-0.03$),与掌握避免目标和成绩避免目标正相关($r=0.29$,$r=0.25$)。学业拖延行为与工具性求助负相关($r=-0.21$),与执行性求助和避免性求助正相关($r=0.36$,$r=0.35$);学业拖延行为与掌握接近目标和成绩接近目标负相关($r=-0.14$,$r=-0.08$),与掌握避免目标和成绩避免目标正相关($r=0.31$,$r=0.19$)。

(二)结构方程模型分析

1. 测量模型的构建与检验

本研究采用 AMOS 7.0 对无聊状态、成就目标、学业求助行为与学业拖延行为之间的关系进行了结构方程模型分析。在分析结构模型之前,研究者根据结构方程模型的建模要求,首先完成对于无聊状态、学业拖延行为、学业求助行为和成就目标测量模型的构建与检验,即先检验各个潜变量的测量是否理想和有效。结果显示,测量模型的非标准化参数估计和标准化参数均比较理想,说明本研究的测量模型是有效的。

2. 结构模型的构建与检验

基于上述测量模型的有效性,我们进一步构建无聊状态与学业拖延行为的中介模型。结构模型的理论假设为,无聊状态会对学业拖延行为产生直接影响;无聊状态会通过学业求助行为和成就目标对学业拖延行为产生间接影响。

研究采用极大似然法对假设的结构模型进行估计和检验,经初步参数估计检验，各拟合指数的值显示，NNFI = 0.83，IFI = 0.90，CFI = 0.90，RMSEA = 0.04，初步接受该模型。我们进一步考察了该模型中的标准化路径系数，结果发现"无聊状态→掌握接近目标""无聊状态→掌握避免目标""无聊状态→成绩避免目标"等标准化路径系数均显著，与理论模型的路径假设一致。然而，原路径假设中的"无聊状态→成绩避免目标""无聊状态→成绩接近目标"以及"工具性求助→学业拖延行为"三条标准化路径系数均不显著。我们采用逐步删除法删除不显著路径，对原假设模型进行修正后的模型所保留的十二条路径的标准化路径系数仍均显著，且修正后模型的各项拟合指数如表 18-1 所示。结果表明修正后的模型对数据拟合良好，可接受经修正的模型，其标准化路径图及各变量间的标准化路径系数如图 18-2 所示。

表 **18-1** 修正后模型的各项拟合指标

χ^2	df	χ^2/df	RMSEA	NNFI	IFI	CFI
2156.64	1090	1.98	0.038	0.835	0.911	0.910

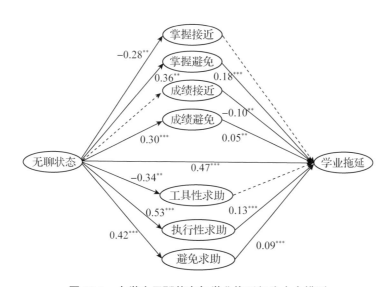

图 **18-2** 大学生无聊状态与学业拖延行为中介模型

3. 结构模型的中介效应及各变量间效应值的分解

我们基于理论构想,采用 Sobel 中介效应显著性检验方法对掌握避免动机、成绩避免动机、执行性求助、避免性求助的中介效应进行检验。结果显示,在"无聊状态→掌握避免动机→学业拖延行为"路径中,中介效应,$|Z|=3.98$,$p<0.01$;在"无聊状态→成绩避免动机→学业拖延行为"路径中,中介效应,$|Z|=1.47$,$p>0.05$;在"无聊状态→执行性求助→学业拖延行为"路径中,中介效应,$|Z|=3.32$,$p<0.02$;在"无聊状态→避免性求助→学业拖延行为"路径中,其中介效应,$|Z|=8.92$,$p<0.01$。

我们进一步对关系模型中各变量之间的效应值进行分解(表 18-2),发现无聊状态对学业拖延行为、掌握避免动机、成绩避免动机、执行性求助以及避免性求助具有积极的效应。

表 18-2　结构模型因果作用的效应分解

影响路径	效应值
无聊状态→学业拖延行为	0.47
无聊状态→掌握避免动机→学业拖延行为	$0.36×0.18≈0.065$
无聊状态→成绩避免动机→学业拖延行为	$0.30×0.05=0.015$
无聊状态→执行性求助→学业拖延行为	$0.53×0.13≈0.069$
无聊状态→避免性求助→学业拖延行为	$0.42×0.09≈0.038$

四、讨　论

(一)大学生无聊状态与学业拖延行为的关系

研究结果显示,无聊状态与学业拖延行为呈显著正相关($r=0.67$,$p<0.001$);经检验的结构方程模型显示,无聊状态对学业拖延行为有正向的预测作用。中介效应显著性的检验结果表明,成就目标中的掌握避免动机和成绩避免动机作为中介变量对学业拖延行为有正向预测作用;学业求助行为中的执行

性求助和避免性求助对学业拖延行为有正向预测作用，这证明原理论模型假设成立。总体上看，无聊状态对于学业拖延行为具有直接和间接两方面影响。无聊状态对学业拖延行为的间接影响主要通过学业求助行为和成就目标实现。

从无聊状态对学业拖延行为的直接影响来看，很多研究结果表明，无聊对于学业的影响是负面的，如降低学业成绩、导致不良的学业表现[①②]，也有研究表明，无聊可能与学业拖延行为有着密切的关系[③④]。本研究的结果说明无聊状态对于学业拖延行为确实有着影响。无聊状态对学业拖延行为的直接影响体现在无聊状态水平能够正向显著预测学业拖延水平。本研究进一步探讨了无聊状态不同维度对于学业拖延行为的作用。结果与前人的研究存在较高一致性。导致学业拖延行为的原因包括完美主义、缺乏动机、自我评价过低而畏惧完成任务、自我管理水平较低等。[⑤⑥] 有研究发现个体由于完美主义，过分追求高标准，在面对任务的时候反而会产生对于任务完成的焦虑和抑郁情绪，从而引起拖延。这也支持了本研究所发现的负性情感反应维度对学业拖延行为的影响。国内学者研究发现，中国大学生学业拖延行为的主观原因主要在于缺乏内在动机和自身对于时间或任务的管理能力较差，在面对学习任务时缺乏坚忍性或是畏惧困难、精力不集中，常常中断任务[⑦]，这与本研究的结果一致。此外，虽然没有直接的研究表明拖延会与社交困难和孤独感相关，但是社交过少，认为

---

① Watt, J. D. & Vodanovich, S. J., "Boredom proneness and psychosocial development," *The Journal of Psychology*, 1999, 133(3), pp. 303-314.

② Daschmann, E. C., Goetz, T. & Stupnisky, R. H., "Testing the predictors of boredom at school: Development and validation of the precursors to boredom scales," *The British Journal of Educational Psychology*, 2011, 81(3), pp. 421-440.

③ Ferrari, J. R. & Tice, D. M., "Procrastination as a self-handicap for men and women: A task-avoidance strategy in a laboratory setting," *Journal of Research in Personality*, 2000, 34(1), pp. 73-83.

④ Dahlen, E. R., Martin, R. C., Ragan, K., et al., "Boredom proneness in anger and aggression: Effects of impulsiveness and sensation seeking," *Personality and Individual Differences*, 2004, 37(8), pp. 1615-1627.

⑤ Lee, E., "The relationship of motivation and flow experience to academic procrastination in university students," *The Journal of Genetic Psychology*, 2005, 166(1), pp. 5-14.

⑥ Haycock, L. A, Patricia, M. C. & Skay, C. L., "Procrastination in college students: the role of self-efficacy and anxiety," *Journal of Counseling and Development*, 1998, 76(3), pp. 318-324.

⑦ Daschmann, E. C., Goetz, T. & Stupnisky, R. H., "Testing the predictors of boredom at school: Development and validation of the precursors to boredom scales," *The British Journal of Educational Psychology*, 2011, 81(3), pp. 421-440.

他人将自己排除在外，感到孤独，可能会导致较低的自我评价，形成较低的自我效能感，这可能也会造成拖延行为。① 综合本研究结果与前人的结论，可以得出无聊状态对于学业拖延行为有直接影响。

从成就目标与学业求助行为的中介作用来看，本研究发现，掌握避免动机、成绩避免动机、执行性求助和避免性求助部分中介了无聊状态对学业拖延行为的正向预测效应：无聊水平越高，以上四者水平越高，继而导致学业拖延行为的增加。

掌握避免目标指主要关心自己是不是最好的，尽力避免自己没有全面理解材料，或者避免不能达到自己设定的掌握标准；而成绩避免目标的个体通常试图避免在比较中让别人认为自己太笨或者没有竞争力。② 本研究的结果显示，掌握避免目标和成绩避免目标部分解释了无聊状态对学业拖延行为的促进效应。首先，无聊本身是一种负性情绪。负性情绪总分与成绩避免目标呈显著相关③，负性情绪能够导致目标取向水平的降低④，所以无聊状态水平较高的个体，成绩避免目标水平相应较高。其次，成绩避免目标已经被证明与学业拖延行为存在正相关关系⑤⑥，成绩避免目标得分越高，拖延行为水平就越高。因此当个体无聊状态水平高时，成绩避免目标倾向个体的学业拖延水平会更高。但是与前人研究不一致的地方在于，本研究结果表明掌握避免目标对于学业拖延行为也会产生部分中介作用。而掌握避免目标一直被认为与适应性行为模式、幸福感、

① Haycock, L. A, Patricia, M. C. & Skay, C. L., "Procrastination in college students: the role of self-efficacy and anxiety," *Journal of Counseling and Development*, 1998, 76(3), pp. 318-324.

② 李晓东、张炳松：《自我效能、价值、课堂环境及学习成绩与学业求助的关系》，载《心理学报》，1999，31(4)。

③ Sideridis, G. D. , "Goal orientation, academic achievement, and depression: evidence in favor of a revised goal theory framework," *Journal of Educational Psychology*, 2005, 97(3), pp. 366-375.

④ Vandewalle, D. , "Negative performance feedback and self-set goal level: The role of goal orientation emotional reactions," *Academy of Management Annual Meeting Proceedings*, 2002(1).

⑤ Howell, A. J & Buro, K. , "Implicit beliefs, achievement goals, and procrastination: A mediational analysis," *Learning and Individual Differences*, 2009, 19(1), pp. 151-154.

⑥ Howell, A. J. & Watson, D. C. , "Procrastination: Associations with achievement goal orientation and learning strategies," *Personality and Individual Differences*, 2007, 43(1), pp. 167-178.

适应性的社会交往、求助行为、学习兴趣等相联系。① 埃利奥特补充到，虽然成就目标是四分结构，但是掌握避免目标倾向避免自我参照或任务参照的无能，使个体避免失去技能，或者避免忘记学会的东西、误解材料或者不能完成任务。总的来说，掌握避免目标与掌握接近目标相比会产生较少的积极结果，也有研究表明掌握避免目标在影响因素和结果上与成绩避免目标更相似。② 综合前人的研究与本研究结果，掌握避免目标可能不像传统的观点所说，属于典型的适应性动机模式，可能与成绩避免目标和掌握接近目标存在一定的联系和相似点。

执行性求助(Executive Help-seeking)指面对本应自己解决的问题时却请求别人替自己完成，不加以思考，只为完成任务；避免性求助(Avoidance of Help-seeking)指虽然需要求助，但是却避免这种行为。③ 本研究的结果显示，执行性求助和避免性求助部分解释了无聊状态对学业拖延行为的促进效应。学业求助行为被认为是一种元认知技能，是一种非常重要的自我管理的学习策略，学业求助行为在学生成功学习中占有非常重要的地位。④ 执行性求助虽然也有向他人请求帮助的行为，但是对于他人帮助的依赖性较高，自我思考问题的成分较少，与避免性求助同属于消极的学习策略，从而影响学业表现。有研究显示，求助者动机、自我效能感以及求助者和被求助者的关系对学业求助存在影响。⑤⑥⑦⑧ 无聊状态水平较高的个体，动机与活跃性水平较低，对于自我效能

① Job, V., Langens, T. A. & Brandstätter, V., "Effects of achievement goal striving on well-being: The moderating role of the explicit achievement motive,"*Personality and Social Psychology Bulletin*, 2009, 35(8), pp. 983-996.

② Elliot, A. J. & Reis, H. T., "Attachment and exploration in adulthood,"*Journal of Personality and Social Psychology*, 2003, 85(2), pp. 317-331.

③ 李晓东、张炳松：《成就目标、社会目标、自我效能及学习成绩与学业求助的关系》，载《心理科学》，2001，24(1)。

④ Tsapelas, I., Aron, A. & Orbuch, T., "Marital boredom now predicts less satisfaction 9 years later,"*Psychological Science*, 2009, 20(5), pp. 543-545.

⑤ 郑信军：《动机与情境对不同自控水平儿童学业求助的影响》，载《心理科学》，2000，23(1)。

⑥ 唐芳贵：《初二学生成就目标、自我效能及文化因素与学业求助的关系》，载《中国临床心理学杂志》，2004，2(3)。

⑦ Knarabeick, *Strategic help seeking*: *Implications for learning and teaching*, Mahwah, NJ, Erlbaum, 1998, pp. 61-94.

⑧ Williams, J. D. & Takaku, S., "Help seeking, self-efficacy, and writing performance among college students,"*Journal of Writing Research*, 2011, 3(1), pp. 1-18.

感的认识较为消极，在人际交往上存在一定困难，这些特征均不利于个体进行学业求助以及选择良好适应的求助行为。一般而言，选择一个良好的学习策略会改善学业行为，而一种适应不良的学习策略不利于问题的解决和知识的获得，导致学业拖延行为。

(二) 研究意义、局限性及启示

首先，本研究具有重要理论意义。虽然已有一批国内外学者对于个体的无聊展开了研究，但研究范围多数局限于特质型无聊。因此，研究大学生无聊状态，有利于丰富该领域内容。从现有研究中，我们虽然可以推测出无聊与学业成绩、学业拖延、学业求助以及成就动机存在一定关系，但是缺乏某些直接的实证研究，本研究的开展弥补了这方面研究的不足，建立了大学生无聊状态对于学业拖延行为的模型，发现了无聊状态对学业拖延行为的作用机制。

其次，本研究具有重要现实意义。大学生活是个人身心成长与发展的重要阶段，是个体走向社会的前期准备阶段。学生需要在大学中找到自己的定位和方向，努力完善自己，以更好地应对社会挑战和压力。无聊并非表面的、偶发的，反映了大学生心理发展的问题。它引发的后果会对大学生的发展产生负面影响，如无精打采，对课业或工作漠不关心，无法发现自己存在的价值。本研究通过探讨无聊状态对学业学习的影响及其机制，通过实践干预中介因素，减少无聊状态水平对大学生学业的影响。

在本研究中，学业求助行为和成就目标作为中介变量出现在模型中。人格差异等因素，也与无聊状态和学业拖延行为有着紧密联系①②，但是本研究并没有将这些变量归入模型。在未来的研究中，有必要纳入更多因素，完善模型。

---

① Musharbash, Y., "Boredom, time, and modernity: An example from aboriginal Australia," *American Anthropologist*, 2007, 109(2), pp. 307-317.

② Watt, J. D. & Vodanovich, S. J., "Boredom proneness and psychosocial development," *The Journal of Psychology*, 1999, 133(3), pp. 303-314.

(三)研究结论

第一，无聊状态可以对大学生学业拖延行为产生直接和间接影响。

第二，掌握避免目标、成绩避免目标、执行性求助、避免性求助在无聊状态与学业拖延行为的正向预测关系中起部分中介作用。

第十九章

无聊倾向与总体主观幸福感：情绪调节效能感的作用

一、问题的提出

"我很无聊"已经成为越来越多人的口头禅，用来表达自己无所事事、对什么都打不起精神的状态。无聊是人们在日常生活中因为活动缺乏和兴趣丧失所产生的一种消极情绪体验。日常我们所谈论的无聊主要包括空虚、郁闷以及使人感到无聊的状态。研究者对于无聊的定义还没有达成一致，综合研究者的结论如下。无聊是一种不愉快的情绪体验，是一种特殊的情绪状态。这种状态主要是由贫乏的外部刺激和内部刺激所造成的，即个体由于无法得到满足，进而产生冷漠、孤独、抑郁、无助等负性综合情绪。根据跨时间、跨情境的稳定性，无聊可以分为状态型无聊（State Boredom）和特质型无聊（Trait Boredom）。状态型无聊是指个体在特定情境中所产生的短暂无聊体验，是一种可意识到的主观感受，多由单调重复的外部刺激或者认知能力缺乏引发；特质型无聊是指个体在各种情境中产生的稳定无聊倾向，是一种一般性的人格特质，自身调控能力、其他人格特征、内在动机以及价值观等重要因素与特质型无聊存在关联。[1][2] 我们探讨的是特质型无聊，采用法默和松德贝里编制的无聊倾向性量表（Boredom Proneness Scale，BPS），该量表主要用于特质型无聊的测量。[3]

---

① Belton, T. & Priyadharshini, E., "Boredom and schooling: a cross-disciplinary exploration," *Cambridge Journal of Education*, 2007, 37(4), pp.579-595.

② Musharbash, Y., "Boredom, time, and modernity: An example from aboriginal Australia," *American Anthropologist*, 2007, 109(2), pp.307-317.

③ 周浩、王琦、董妍：《无聊：一个久远而又新兴的研究主题》，载《心理科学进展》，2012，20(1)。

在无聊倾向性研究中，研究者发现，具有较高水平无聊倾向性的被试会有更高水平的抑郁症状或其他较高水平的负性情绪。[1][2] 高水平无聊倾向个体更容易产生抑郁、焦虑等负性情绪，而高焦虑、抑郁等消极情绪会对总体主观幸福感有显著的负性预测作用。[3][4] 此外，高水平无聊倾向还会对个体的生活和工作产生不良影响，如工作倦怠、降低学业成绩、增加冲动性行为等。[5][6] 可见，无论是从情绪角度还是从行为角度，无聊倾向性可能是总体主观幸福感的显著预测变量。除了对总体主观幸福感的影响，无聊倾向性还会对个人的情绪知觉产生影响。研究表明，无聊倾向性水平较高的个体，对于自身的情绪状态觉知较差，而且倾向于做出外部归因。他们不能够意识到并且理解自己当下的情绪状态。[7] 此外，塞布(Seib)和沃达诺维奇发现，高水平无聊倾向个体对于自身内部状态的意识相对消极，这种意识将直接导致人们对于自身情绪的体验、判断和评估的偏差。[8] 而情绪调节能力建立在正确认识个体情绪状态基础之上，不适应的情绪认知会影响个体对于自我情绪调节的信念，即情绪自我调节效能感。由此，无聊倾向性对情绪自我调节效能感可能会存在影响。

情绪调节自我效能感是指个体对有效调节情绪状态的一种自信程度，是一种个体管理自身情绪的能力感，这种能力感会影响个体情绪调节实际效果，也

---

[1] German, D. & Lattkin, C., "Boredom, depressive symptoms, and HIV risk behaviors among urban injection drug users," *AIDS and Behavior*, 2012, 16(8), pp. 2244-2250.

[2] Tsapelas, I., Aron, A. & Orbuch, T., "Marital boredom now predicts less satisfaction 9 years later," *Psychological Science*, 2009, 20(5), pp. 543-545.

[3] Sommers, J. & Vodanovich, S. J., "Boredom proneness: Its relationship to psychological-and physical-health symptoms," *Journal of Clinical Psychology*, 2000, 56(1), pp. 149-155.

[4] Vodanovich, S. J., Wallace, J. C. & Kass, S. J., "A confirmatory approach to the factor structure of the boredom proneness scale: Evidence for a two-factor short form," *Journal of Personality Assessment*, 2005, 85(3), pp. 295-303.

[5] Eiselt, H. A. & Mariano, V., "Employee positioning and workload allocation," *Computers and Operations Research*, 2008, 35(2), pp. 513-524.

[6] Ruthing, J. C., Perry, R. P., Hladkyj, S., et al., "Perceived control and emotions: Interactive effects on performance in achievement settings," *Social Psychology of Education*, 2008, 11(2), pp. 161-180.

[7] Eastwood, J. D., Cavaliere, C., Fahlman, S. A., et al., "A desire for desires: Boredom and its relation to alexithymia," *Personality and Individual Differences*, 2007, 42(6), pp. 1035-1045.

[8] Seib, H. M. & Vodanovich, S. J., "Cognitive correlates of boredom proneness: the role of private self-consciousness and absorption," *The Journal of Psychology*, 1998, 132(6), pp. 642-652.

会影响个体情绪状态。①② 研究表明，情绪调节自我效能感可以影响总体主观幸福感。作为自我信念体系的一部分，情绪调节自我效能感水平高，意味着个体认为自身调节积极情绪和消极情绪的能力较强，这种信念继而会提高个体对未来的积极预期并维持积极的自我概念，从而使个体体验到更多的积极情绪，提高总体主观幸福感。③ 因此，情绪调节自我效能感是总体主观幸福感的一个显著预测变量。④

综上所述，本研究采用问卷法考察无聊对总体主观幸福感的预测作用以及情绪调节自我效能感是否在两者关系中起到了中介作用。根据前人研究，我们提出了研究假设：无聊倾向性对情绪调节自我效能感和总体主观幸福感有显著预测作用；情绪调节自我效能感在无聊倾向性和总体主观幸福感的关系中起到了中介作用。

二、研究方法

（一）被　试

本研究用随机取样的方法抽取了北京某高校的 419 名大学一年级学生。其中，男生 197 名(47.0%)，女生 222 名(53.0%)，平均年龄为 20.1 岁。

（二）研究工具

1. 无聊倾向性量表

研究采用法默和松德贝里于 1986 年编制的无聊倾向性量表，该量表属于自

---

① Bandura, A., Caprara, G. V., Barbaranelli, C., et al., "Role of affective self-regulatory efficacy in diverse spheres of psychosocial functioning,"*Child Development*, 2003, 74(3), pp. 769-782.

② Caprara, G. V., Di Giunta, L. & Eisenberg, N., et al., "Assessing regulatory emotional self-efficacy in three countries,"*Psychological Assessment*, 2008, 20(3), pp. 227-237.

③ Steca, G. & Caprara, V., "The contribution of self-regulatory efficacy beliefs in managing affect and family relationships to positive thinking and hedonic balance,"*Journal of Social and Clinical Psychology*, 2006, 25(6), pp. 603-627.

④ Tsapelas, I., Aron, A. & Orbuch, T., "Marital boredom now predicts less satisfaction 9 years later,"*Psychological Science*, 2009, 20(5), pp. 543-545.

陈式量表，包含 28 个项目，主要考察个体的无聊倾向性水平。该量表有 5 个因子，分别为，外部刺激、内部刺激、情感反应、时间知觉、限制性。量表采用 7 点记分，从 1（完全同意）到 7（完全不同意），分值越高说明无聊倾向性水平越高。该量表早期研究结果表明其适用于东亚文化群体。[①] 国内学者近几年使用的结果表明该量表的信度良好，其 Cronbach α 系数在朱湘茹、张慧君等人的研究中为 0.743[②]。在本研究中，该量表的 Cronbach α 系数为 0.826。

2. 情绪调节自我效能感量表

研究采用卡普拉拉（Caprara）最新修订的情绪调节自我效能感量表（Regulatory Emotional Self-efficacy）的中文版进行测量[③]，该量表包括表达积极情绪的自我效能感（POS）、调节沮丧/痛苦情绪的自我效能感（DES）和调节生气/愤怒情绪的自我效能感（ANG）三个维度，共由 12 个项目组成，采用 5 点记分法，分值越高说明情绪调节能力越强。该量表在国内学者的研究中显示出较高的信效度。[④][⑤] 在本研究中，该量表的内部一致性系数为 0.795。

3. 总体主观幸福感量表

研究采用迪纳（Diener）等人编制的《国际大学生调查》（ICS）问卷，该问卷已被跨文化研究证实有良好的信效度。国内研究结果也表明，该问卷适合中国大学生群体。量表包括生活满意度、总体主观幸福感、积极情感和消极情感 4 个分量表，共 24 个项目。其中，总体主观幸福感为 9 点记分，选项从 1（非常不快乐）到 9（非常快乐），分值越高说明总体主观幸福感越强；积极情感和消极情感均为 9 点记分，选项从 1（根本没有）到 9（所有时间），分值越高说明相应

① Sundberg, N. D., Latkin, C. A., Farmer, R. F., et al., "Boredom in young adults: Gender and cultural comparisons," *Journal of Cross-Cultural Psychology*, 1991, 22(2), pp. 209-223.

② 朱湘茹、张慧君、刘畅等：《述情障碍和无聊倾向性在神经质与焦虑、抑郁之间的中介效应》，载《中国心理卫生杂志》，2009，23(5)。

③ Caprara, G. V., Di Giunta, L., Eisenberg, N., et al., "Assessing regulatory emotional self-efficacy in three countries," *Psychological Assessment*, 2008, 20(3), pp. 227-237.

④ 文书锋、汤冬玲、俞国良：《情绪调节自我效能感的应用研究》，载《心理科学》，2009，32(3)。

⑤ 卢家楣、张萍、张敏：《情绪调节自我效能感量表在中国大学生中的试用结果分析》，载《中国临床心理学杂志》，2010，18(5)。

的情感水平越高；生活满意度为 7 点记分，选项从 1（强烈反对）到 7（极力赞成），分值越高说明生活满意度越高。该量表在本研究中的一致性系数为 0.771。

(三) 测量的实施

研究采用纸笔方式进行匿名施测，施测之前被试均阅读了知情同意书，问卷当场收回。所有数据采用 SPSS 18.0 进行统计分析。

三、结果和分析

(一) 无聊倾向性、情绪调节自我效能感与总体主观幸福感的相关分析

由表 19-1 可知，无聊倾向性与情绪调节自我效能感的三个维度以及总体主观幸福感之间都显著负相关。这说明无聊倾向性感受越多的人，其总体主观幸福感水平越低，情绪调节自我效能感越差。

表 19-1　变量的相关矩阵

变量	1	2	3	4
1 总体主观幸福感				
2　无聊	-0.272^{***}			
3　积极情绪调节自我效能感	0.314^{***}	-0.227^{***}		
4　抑郁情绪调节自我效能感	0.260^{***}	-0.250^{***}	0.240^{***}	
5　愤怒情绪调节自我效能感	0.149^{**}	-0.209^{***}	0.156^{**}	0.505^{***}

注：** 表示在 0.01 水平上显著，*** 表示在 0.001 水平上显著，下同。

(二) 无聊倾向性对总体主观幸福感和情绪调节自我效能感的预测作用

研究把无聊倾向性作为预测变量，把总体主观幸福感和情绪调节自我效能感作为结果变量，通过回归分析考察无聊倾向性对总体主观幸福感和情绪调节自我效能感的预测作用。结果表明，无聊倾向性对总体主观幸福感有显著预测作用（$\beta = -0.272$，$p < 0.001$）；对于积极情绪调节自我效能感（$\beta = -0.227$，$p < 0.001$）、抑

郁情绪调节自我效能感($\beta=-0.250$，$p<0.001$)以及愤怒情绪调节自我效能感($\beta=-0.209$，$p<0.001$)，无聊倾向性也存在显著的预测作用，验证了假设。

(三) 情绪调节自我效能感对总体主观幸福感的预测作用

回归分析结果表明，积极情绪调节自我效能感和抑郁情绪调节效能感对总体主观幸福感有显著的预测作用($\beta=-0.267$，$p<0.001$；$\beta=-0.196$，$p<0.001$)，而愤怒情绪调节自我效能感的预测作用不显著($\beta=0.012$，$p=0.823$)。

(四) 情绪调节自我效能感的中介作用

根据假设，本研究检验了无聊倾向性(X)和总体主观幸福感(Y)之间可能存在的中介变量，依次为积极情绪调节自我效能感(W)、抑郁情绪调节自我效能感(U)和愤怒情绪调节自我效能感(Z)。分析结果如表 19-2、表 19-3 和表 19-4 所示。

积极情绪调节自我效能感(W)的中介效应分析结果如表 19-2 所示，其中的结果是标准化解，用小写字母代表相应变量的标准化变量。由于依次检验都是显著的，所以积极情绪调节自我效能感的中介效应显著。由于第四个 t 检验也是显著的，所以中介效应是部分中介效应，中介效应占总效应的比例为 $0.227\times0.266\div0.273\approx22.1\%$。

表 19-2　积极情绪调节自我效能感(W) 中介效应的依次检验

	标准化回归方程	回归系数检验
第一步	$y=-0.273x$	$SE=0.041$　$t=-5.7^{***}$
第二步	$w=-0.227x$	$SE=0.007$　$t=-4.7^{***}$
第三步	$y=0.266w$	$SE=0.284$　$t=5.6^{***}$
	$-0.212x$	$SE=0.040$　$t=-4.5^{***}$

抑郁情绪调节自我效能感(U)的中介效应分析结果如表 19-3 所示，其中的结果是标准化解，用小写字母代表相应变量的标准化变量。由于依次检验都是显著，所以抑郁情绪调节自我效能感的中介效应显著。由于第四个 t 检验也是

显著的，所以中介效应是部分中介效应，中介效应占总效应比例为 $0.250 \times 0.205/0.273 = 18.8\%$。

表 19-3　抑郁情绪调节自我效能感(U)中介效应的依次检验

	标准化回归方程	回归系数检验
第一步	$y = -0.273x$	$SE = 0.041$　$t = -5.7^{***}$
第二步	$u = -0.250x$	$SE = 0.008$　$t = -5.2^{***}$
第三步	$y = 0.205u$	$SE = 0.252$　$t = 4.3^{***}$
	$-0.221x$	$SE = 0.041$　$t = -4.6^{***}$

愤怒情绪调节自我效能感(Z)的中介效应分析结果如表 19-4 所示，其中的结果是标准化解，用小写字母代表相应变量的标准化变量。由于依次检验中的第三步检验不显著(即 z 对 y 的回归系数不显著，$t = 1.997$，$p > 0.05$)，需要进行 sobel 检验，计算得到 $z = -0.27$，$p > 0.05$。所以愤怒情绪调节自我效能感(Z)的中介效应不显著。

表 19-4　愤怒情绪调节自我效能感(Z)中介效应的依次检验

	标准化回归方程	回归系数检验
第一步	$y = -0.273x$	$SE = 0.041$　$t = -5.7^{***}$
第二步	$z = -0.209x$	$SE = 0.006$　$t = -4.3^{***}$
第三步	$y = 0.097z$	$SE = 0.357$　$t = 1.997$
	$-0.252x$	$SE = 0.042$　$t = -5.201^{***}$

四、讨　论

研究发现，无聊倾向性水平负向预测总体主观幸福感；无聊倾向性水平负向预测积极情绪调节自我效能感、抑郁情绪调节自我效能感以及愤怒情绪调节自我效能感；积极情绪调节自我效能感和抑郁情绪调节自我效能感正向预测总体主观幸福感水平，在无聊倾向性和总体主观幸福感的关系中起到部分中介作用。

研究发现个体无聊倾向性水平越高，其总体主观幸福感水平越低。这个结果与前人研究结论一致。无聊倾向性属于一种负性的情绪状态，它的存在意味着个体焦虑、沮丧、抑郁等负性情绪，这些情绪的存在减少了个体的愉快体验，继而影响总体主观幸福感水平。虽然以往研究鲜有考察无聊情绪与情绪调节自我效能感之间的关系，但有研究者认为，无聊倾向性个体不能够正确地觉知、评价和理解他们的情绪。有研究者认为，倾向性个体压抑了本我冲动，不能有效地认知、标定和监控自己的情绪状态①；还有研究者认为，无聊倾向性水平高的个体认知功能会受到一定影响，如导致认知任务的失败。这种对于自我情绪状态认知的不足，可能会造成情绪调节自我效能感的降低。这解释了本研究无聊倾向性对于情绪调节自我效能感的负向预测作用。

本研究发现，情绪调节自我效能感中的积极情绪调节自我效能感和抑郁情绪调节自我效能感能够正向预测总体主观幸福感水平。积极情绪调节自我效能感和抑郁情绪调节自我效能感较高的个体，积极情绪体验较多而消极情绪体验较少，因此，其体验到的幸福感水平就比较高。而愤怒情绪调节自我效能感对总体主观幸福感并没有显著预测作用。这可能是由于个体在评价总体主观幸福感时对一段时间以来的幸福感状态进行了一个整体评价，而对愤怒情绪调节自我效能感的评价可能更多针对某个时间点的特定事件或状态②，较之积极情绪调节自我效能感和抑郁情绪调节自我效能感，作用时间少，作用范围小，所以对于总体主观幸福感的预测作用较差。

本研究进一步探讨了无聊倾向性对总体主观幸福感的作用机制。结果发现，无聊倾向性除了能够直接预测总体主观幸福感外，还能通过积极情绪调节自我效能感和消极情绪调节自我效能感起作用，即积极情绪调节自我效能感和消极情绪调节自我效能感在无聊倾向性和总体主观幸福感之间起到部分中介作用。

---

① Eastwood, J. D., Cavaliere, C., Fahlman, S. A., et al., "A desire for desires: Boredom and its relation to alexithymia," *Personality and Individual Differences*, 2007, 42(6), pp. 1035-1045.

② Caprara, G. V., Di Giunta, L., Eisenberg, N., et al., "Assessing regulatory emotional self-efficacy in three countries," *Psychological Assessment*, 2008, 20(3), pp. 227-237.

当无聊倾向性意味着更多的负性情绪以及消极行为时，积极情绪调节自我效能感会在一定程度上平衡无聊倾向性效果。积极情绪调节自我效能感即个体在面对成功或其他愉快事件时，允许自己表达快乐、自豪等积极情绪的效能信念。[1]所以积极情绪调节自我效能感水平高的个体，积极情绪水平较高；不仅如此，积极情绪调节自我效能感还能够使个体有效应对压力、提高人际关系质量、调节亲社会行为及成瘾行为等。

同时抑郁情绪调节自我效能感也起到了部分中介作用。在前人研究中，无聊和抑郁、焦虑呈显著正相关，而此两种情绪也是无聊倾向性个体的基本特征。同时无聊倾向性也被当作临床焦虑症、抑郁症的症状表现[2]，可见无聊倾向性与焦虑和抑郁情绪的联系很紧密。无聊倾向性还会削弱个体的动机。[3]抑郁情绪调节自我效能感即个体面对这些负性情绪时，对于负性情绪管理和应对能力的信念。具有较高抑郁情绪调节自我效能感的个体，会通过改变对消极事件的认知减弱失败对自身的影响，对战胜失败、挫折、沮丧、失望等怀有信心，从而加倍努力。除了对于个体行为的影响，抑郁情绪调节自我效能感也会影响个体面对问题时应对策略。研究发现，抑郁情绪调节自我效能感水平高的个体比较不受负性情绪的影响，相信自己有能力控制自身的情绪。[4][5]

---

① Caprara, G. V., Di Giunta, L., Eisenberg, N., et al., "Assessing regulatory emotional self-efficacy in three countries,"*Psychological Assessment*, 2008, 20(3), pp. 227-237.

② Wallace, J. C., Vodanovich, S. J. & Restino, B. M., "Predicting cognitive failures from boredom proneness and daytime sleepiness scores: an investigation within military and undergraduate samples,"*Personality and Individual Differences*, 2003, 34(4), pp. 635-644.

③ 汤冬玲、董妍、俞国良等：《情绪调节自我效能感：一个新的研究主题》，载《心理科学进展》，2010，18(4)。

④ Vodanovich, S. J., Wallace, J. C. & Kass, S. J., "A confirmatory approach to the factor structure of the boredom proneness scale: Evidence for a two-factor short form," *Journal of Personality Assessment*, 2005, 85(3), pp. 295-303.

⑤ Fein, G., Di Sclafani, V. & Finn, P., "Sensation seeking in long-term abstinent alcoholics, treatment-naive active alcoholics, and nonalcoholic controls,"*Alcoholism*, *Clinical and Experimental Research*, 2010, 34(6), pp. 1045-1051.

五、结　论

　　本研究得出如下结论，无聊倾向性对情绪调节自我效能感和总体主观幸福感有显著预测作用。无聊倾向性对于积极情绪调节自我效能感、抑郁情绪调节自我效能感及愤怒情绪调节自我效能感都有负向预测作用；无聊倾向性负向预测总体主观幸福感水平；积极情绪调节自我效能感和抑郁情绪调节自我效能感在无聊倾向性和总体主观幸福感的关系中起到部分中介作用。

第二十章

———————

大学生创造力、心理健康发展特点及其相互关系

著名的"钱学森之问",引发了新一轮的创造性或创造力研究热潮。目前,世界各国都在大力加强创造力研究,培养和造就高素质的创造性人才已成为人们的共识。儿童、青少年创造力的高低直接关系到国家的综合国力。[①] 对大学生创造力的特点与心理健康相互关系的研究,能使我们更好地理解创造力的本质,丰富完善创造力和心理健康的理论,把握青少年创造力发展的特点与规律,为我国经济社会发展培养高素质创造性人才提供科学依据,也能够为各级各类学校的创造力教育和心理健康教育提供有益启迪。

一、创造力和心理健康的关系

长期以来,一些研究者认为,天才与丧失理智有必然联系,天才或创造力建立在心理失调或心理紊乱的基础上。有关精神病患者与高创造性正常人之间类似的研究,常常沿着两个方向发展。一是精神病患者的思维功能混乱,类似于正常的创造性思维;二是高创造性的正常人具有与精神病患者相似的个性品质。[②] 艾森克(H. J. Eysenck)认为,天才——无论是艺术领域抑或科学领域里的天才,都表现出高水平的精神分裂症状。但是,精神分裂并不是成为天才的必要条件,许多天才的创造者也并非精神病患者。考夫曼(J. C. Kaufman)对 1629

———————

① 俞国良:《创造力与创新能力》,2 页,北京,华艺出版社,1999。
② 俞国良:《创造力心理学》,49 页,杭州,浙江人民出版社,1996。

名作家进行了研究，发现女诗人比男作家和女作家经历了更多的心理疾病的困扰。[1] 进一步追溯该类研究时，我们可以清楚地看到，巴伦（F. Barron）在研究创造性作家时发现，他们在明尼苏达多项人格测验（MMPI）测定精神分裂症倾向、抑郁症倾向、癔症倾向和心理变态倾向的一些量表中，得分较高。[2] 如果我们认真而谨慎地接受这些测验结果，那么，作家似乎比普通人的心理健康水平更高，也更成问题。换言之，他们有更多心理行为问题，但更有能力解决这些问题。艾希鲍姆（W. L. Eichbaum）等人提到，许多变成精神病患者的天才，只是在完成了他们的伟大事业之后才生病的。面对这一事实，我们必须要对任何关于天才乃是精神病的一种形式的理论持反对态度。据此，我们推测天才者的"精神病理疾病"的比例高低与创造性劳动的形式有关，也可以说与思维类型有关。在政治家和科学家中，抽象思维占优势，而在作曲家、画家、小说家中，形象思维占绝对优势，因而心理疾患严重。优秀的创造性人格有助于防范创造激情所诱发的种种精神异常症状。心理疾患随着社会文明程度的提高被逐渐认识，它像身体疾病一样，可能被任何人患有，而不仅仅是天才的一种"专利"。

从另一个角度来看，创造力在某种程度上是每个人所固有的，一旦创造性潜力得以实现，不管其范围如何，都使人在心理上处于正常状态。一些精神病学家认为，借助于唤起病人创造性能力的精神治疗，应当是心理治疗的全部目的。他们把创造性能力的培养视为使神经官能症患者养成克服困难习惯的心理治疗程序。学习解决日常问题策略方面的课程，加强了人的心理稳定性。在这种情况下，发挥主要作用的并不是所获得的知识，而是有可能变换策略和使行为正常化的灵活性。人本主义心理学家认为，真正的创造力是两种创造力的整合，即初级创造力和次级创造力。初级创造力来源于无意识里的冲突，次级创造力是自我状态良好、心理健康成人的行为中自然的、逻辑的产物。人本主义

---

[1] Kaufman, J. C., "The sylvia plath effect: mental illness in eminent creative writers," *Journal of Creative Behavior*, 2001, 35(1), pp. 37-50.

[2] Barron, F., *Creative person and creative process*, New York, Holt, Rinehart & Winston, 1969.

关于创造性人格的观点和高自尊的特征基本相同。只有那些具有高自尊的人才能获得高水平的创造力。①

近年来，我们对创造力和心理健康的关系进行了一些研究，从理论上阐述了创造的动力系统、认知系统、个性系统和行为系统，创造意识和创造精神、创造性思维和创造性人格、创造能力与实践能力以及这些特征与心理健康的关系，并明确提出以心理健康教育为突破口，全面培养和提高青少年的创造素质。②③ 王极盛等研究发现，中学生创新心理素质与心理健康水平关系较为密切，创新意识与学习压力、抑郁、焦虑显著负相关，创新能力与学习压力、抑郁显著负相关，而与适应不良显著正相关，竞争心与抑郁、焦虑、学习压力显著负相关；心理健康水平高者的创新意识和竞争心较心理健康水平低者高；学习压力对创新意识和竞争心的预测作用较大。④ 卢家楣等通过教学现场实验，研究了情绪状态对学生创造性的影响，结果表明，学生在愉快情绪状态下的创造性总体水平显著高于在难过情绪状态下的创造性总体水平，且主要体现在流畅性和变通性两个方面。⑤ 这些研究都从不同角度充分说明，健康的心理是创造性活动得以顺利进行的基本心理条件。⑥

二、大学生创造力发展特点的研究

当前创造力研究的一个重要趋势是从多层面、多角度深入探讨影响创造力的因素。我们从多角度深入探讨大学生创造力的特点，把大学生的创造力定义为创造性思维、创造性思维的典型表现和创造性人格三个方面。研究采取随机

①　Yau, C., "An essential interrelationship: Healthy self-esteem and productive creativity," *The Journal of Creative Behavior*, 1991, 25(2), pp. 154-161.
②　俞国良：《创新教育理念中的心理健康教育》，载《教育科学研究》，2002(1)。
③　俞国良：《直面基础教育的创新教育研究》，载《光明日报》，2001-11-29(B1)。
④　王极盛、丁新华：《中学生创新心理素质与心理健康的相关研究》，载《心理科学》，2002，25(5)。
⑤　卢家楣、刘伟、贺雯：《情绪状态对学生创造性的影响》，载《心理学报》，2002，34(4)。
⑥　林崇德等：《创新人才与教育创新研究》，289 页，北京，经济科学出版社，2009。

整体抽样的方法，抽出全国 10 所大学的大一至大四学生 1008 名，对其施测由中国科学院心理研究所编制的"创造性能力测验"中的"实用创造力测验"分测验、威廉斯创造性倾向量表和典型行为的创造性思维能力测验。被试的年龄为 17～28 岁，平均年龄为 20.79 岁，标准差为 1.28。被试人数和性别具体分布情况如表 20-1 所示。

表 20-1 被试的分布情况

年级	性别		合计
	男	女	
大一	84 人	121 人	205 人
大二	196 人	160 人	356 人
大三	199 人	195 人	394 人
大四	32 人	21 人	53 人
总计	511 人	497 人	1008 人

实用创造力测验。该测验秉承吉尔福特（Guilford）和托伦斯（Torrance）的关于创造性思维的界定和维度划分，把创造力分解为如下三个维度，流畅性、变通性和新颖性。流畅性即思维敏捷，反应迅速，对于特定问题情景能够顺利产生多种反应或提出多种方案；变通性即具有较强的应变能力和适应性，具有灵活改变取向的能力；新颖性即产生新的非凡思想的能力，表现为产生新奇、罕见、首创的观念和成就。测验中的流畅性根据被试产生的反应数量记分，变通性根据被试在相邻反应间的类别转换记分，新颖性根据被试的反应在总体反应中的出现频率记分。测验要求被试尽可能多地想出日常生活用品的不常见的各种用途。测验物品分两项：（木头做的）尺子、报纸。每一项测验时间为 6 分钟。测验以班级为单位进行集中施测，每个班由 1 名受过培训的心理学教师作为主试。

威廉斯创造性倾向量表。该量表由 50 道三选一选择题组成，反映被试的观念倾向，包括四个维度，好奇性、想象性、挑战性和冒险性。好奇性包括刨根问底精神，主意多，乐于接触新奇的环境，深入思索事物的奥秘，把握特殊现象；想象性包括视觉灵敏和建立心像能力，幻想尚未发生过的事情，直觉地推测，能够超越感官及现实界限；挑战性包括寻找各种可能性，了解事情可能性及与现实间的差距，能够从杂乱中理出秩序，愿意探究复杂的问题；冒险性包括勇于面对失败或批评，敢于猜测，在杂乱的情境中完成任务，为自己的观点辩护。

典型行为的创造性思维能力测验。本测验对 2003 年骆方编制的典型行为的创造性思维能力测验进行了修订，使各项目内容符合大学生创造力的特点，共有 46 个条目，有较好的结构效度、效标关联效度、信度和区分度，包括十个维度。

把握重点(Seizing Keystone)。寻找问题的核心，把握重点和关键处。

综合整理(Synthesis)。将两种或两种以上的事物以某种规则串联在一起，使信息在头脑中能够有序安排。

联想力(Association)。把以往的观念、情绪、经验、表征、相关的情景线索之间有机联结起来，把看上去毫不相干的东西连在一起，在脑海中涌现出大量新颖、奇异的想法。

通感(Synaesthesia)。视、听、动、触等感觉互相串联、互相激发的能力。

兼容性(Resolution-incongruity)。糅合不相称的元素；同时经验两种以上的不相称的情绪或感觉；由紧张中获得松弛的经验；化重要为不重要，化不重要为重要。

独创力(Originality)。独辟蹊径地分析、探讨和处理问题。

洞察力(Insight)。超越外表的限制，跳出设定的局限，看透问题本质和根本动因。

概要解释力(Summarily Explaining)。精确传达信息，以简洁的字眼或动作提供充分信息，将整个情境呈现出来。

评估力(Evaluation)。个人依据某种标准(例如统一性、相似性、一贯性等)，对事物分析好坏、是非、适当与否，进行价值判断和决定取舍的能力。

投射未来（Pointing on Future）。保持开放心态，将自己的世界投向无限的未来。

（一）不同专业大学生创造力的特点

以往对不同专业大学生创造力特点的研究较少，一些以大学生为被试的实证研究的取样仅为艺术类和理工类，得出的结论往往不具有代表性。这里考察了不同学科大学生，将这些大学生的专业划分为 5 个类别，包括经济类、艺术类、管理类、理工类和社科类。

研究发现（表 20-2 和图 20-1、图 20-2），不同专业大学生在创造力的发展上表现出不平衡性。艺术类学生的创造力较为突出，这与以往一些对杰出艺术家研究的结论相同。艺术类学生在创造性个性方面具有冒险性、好奇性、想象性和挑战性；在创造思维方面，在把握重点、综合整理、联想力、通感、兼容性、独创力、洞察力、概要解释力和评估力上均得分最高。这可能是因为艺术类学生多采用直觉的、主观的和情感的表达方式进行艺术创作，这种思维方式更有利于创造力潜能的开发。

表 20-2　不同专业大学生在实用性创造力上的得分情况比较

专业分类	新颖性		流畅性		变通性	
	M	SD	M	SD	M	SD
经济类	−0.28	0.73	−0.24	0.74	−0.27	0.72
艺术类	−0.39	0.79	−0.36	0.89	−0.44	0.76
管理类	0.07	0.91	0.09	0.89	0.10	0.85
理工类	0.34	1.03	0.30	0.98	0.31	0.99
社科类	−0.29	1.07	−0.29	1.14	−0.28	1.18
F 值	18.898***	16.272***	17.523***			

注：M 为各维度得分的标准分，*** 为 $p < 0.001$，下同。

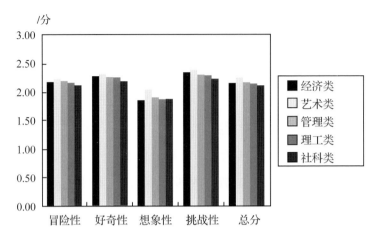

图 20-1 不同专业大学生在威廉斯创造性倾向测验上的得分

研究发现，社科类学生的创造力较差，尤其是在把握重点、综合整理、洞察力、概要解释力、评估力和投射未来等方面，明显差于其他专业的学生。社科类学生在个性上缺少冒险性、好奇性、挑战性，说明可能由于缺乏创造性人格，他们在创造性思维能力方面存在欠缺。管理类、经济类和理工类学生在创造力上没有显著差异，均处于中间水平。这可能是因为这些专业需要学生具有客观逻辑推理并得出结论的能力，更需要聚合思维。

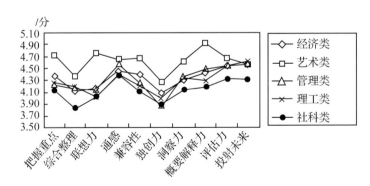

图 20-2 不同专业大学生在典型行为的创造性思维能力测验上的得分

(二)不同年级大学生创造力的特点

我们对不同年级、不同性别大学生典型行为的创造性思维能力测验得分进行多元协方差分析。结果发现，性别存在主效应($p<0.01$)，年级存在主效应($p<0.001$)，性别与年级的交互作用不显著($p>0.05$)。进一步分析表明，性别在通感、洞察力和投射未来维度上有显著差异；年级在把握重点、通感、兼容性、洞察力、概要解释力、评估力和投射未来维度及总分上有显著差异。总体来说，大学二年级和三年级学生表现出较强的创造力，一年级学生的创造力较差（图20-3）。

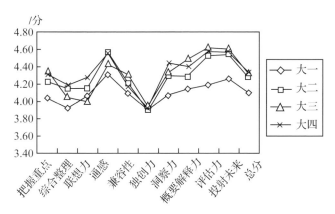

图 20-3　不同年级的大学生在典型行为的创造性思维能力测验上的得分

三、大学生心理健康的特点及与创造力的关系

(一)大学生心理健康的特点

我们用症状自评量表(SCL-90)、抑郁自评量表和焦虑自评量表考察了大学生的心理健康状况。结果发现，从症状自评量表(SCL-90)的检出率来看，各维度在3分以上的人数比例为4.1%~22%，说明总体上大学生的心理健康水平较高。但是，人际敏感、强迫症状、抑郁、偏执等维度3分以上者偏多，说明大学生存在的心理问题集中在人际、情绪和思维等方面（表20-3）。研究还发现，总体上看，大学生抑郁人数较多，无抑郁症状的占73.4%，中度到重度抑郁的

为 9.9%；大学生焦虑水平的平均得分为 33.798±8.63，高于全国正常人的总分均值 29.78±0.46。因此，应加强大学生的心理健康教育，提高大学生的心理健康水平，注重对大学生情绪的调节和控制训练。

表 20-3　我国大学生在症状自评量表（SCL-90）各维度上的得分情况

项目　維度	躯体化	强迫症状	人际敏感	抑郁	焦虑	敌对	恐怖	偏执	精神病性
M	1.57	2.18	2.29	1.94	1.80	1.89	1.59	1.94	1.79
SD	0.60	0.70	0.80	0.76	0.66	0.75	0.64	0.71	0.61
3 分以上比例	4.1%	15.8%	22%	12.1%	7.7%	10.9%	4.9%	11.1%	5.4%

研究还考察了不同专业大学生心理健康发展的特点，发现不同专业大学生的心理健康水平有显著差异。从测量结果来看，在所有 9 个维度上，理工类和管理类大学生心理健康水平最好，社科类大学生心理健康水平最差，艺术类和经济类大学生心理健康水平居中。从抑郁自评量表、焦虑自评量表的得分看，不同专业的大学生表现出相同趋势。

大学生心理健康还表现出了典型的年级差异。症状自评量表（SCL-90）的各维度得分和抑郁自评量表、焦虑自评量表的得分是大一学生最差，其次是大三学生，说明可能大一和大三学生的心理健康水平较差。分析原因，大一学生由于刚刚进入大学，对学校环境还没有完全适应，在心理方面可能存在种种困惑，焦虑和抑郁水平也较高；大三学生由于进入专业课学习的关键阶段，又面临着学习、交友等人生大事，心理困扰可能导致心理健康水平较差。

（二）不同心理健康水平的大学生创造力发展特点

大学生在心理健康量表各维度上的得分，与实用创造力测验、威廉斯创造性倾向测验、典型行为的创造性思维能力测验之间的相关分析如表 20-4 所示。

表 20-4　心理健康各维度与创造力测验各维度之间的相关分析

心理健康	躯体化	强迫症状	人际敏感	抑郁	焦虑	敌对	恐怖
新颖性	−0.19**	−0.16**	−0.14**	−0.13**	−0.18**	−0.11**	−0.23**
流畅性	−0.20**	−0.16**	−0.14**	−0.13**	−0.18**	−0.19**	−0.26**
变通性	−0.21**	−0.15**	−0.13**	−0.12**	−0.18**	−0.09**	−0.25**
冒险性	−0.15**	−0.20**	−0.23**	−0.22**	−0.16**	−0.12**	−0.17**
好奇性	−0.06	−0.06	−0.12**	−0.11**	−0.06	−0.05	−0.12**
想象性	−0.02	0.00	−0.02	0.02	−0.03	0.02	0.00
挑战性	−0.11**	−0.10	−0.14	−0.11	−0.08	−0.06	−0.11
把握重点	−0.21**	−0.29**	−0.32**	−0.27**	−0.25**	−0.17**	−0.25**
综合整理	−0.10**	−0.16**	−0.19**	−0.19**	−0.12**	−0.14**	−0.10**
联想力	0.00	−0.06	−0.07	−0.04	0.00	−0.01	−0.08**
通感	−0.11**	−0.09**	−0.12**	−0.12**	−0.13**	−0.12**	−0.14**
兼容性	−0.21**	−0.29**	−0.37**	−0.33**	−0.27**	−0.24**	−0.27**
洞察力	−0.03	−0.10	−0.10	−0.10	−0.03	−0.04	−0.03
独创力	−0.12**	−0.15**	−0.18**	−0.17**	−0.13**	−0.10**	−0.15**
概要解释力	−0.20**	−0.30**	−0.34**	−0.29**	−0.24**	−0.22**	−0.25**
评估力	−0.21**	−0.21**	−0.25**	−0.24**	−0.21**	−0.19**	−0.26**
投射未来	−0.17**	−0.15**	−0.17**	−0.17**	−0.12**	−0.19**	−0.17**

心理健康	偏执	精神病性	抑郁自评量表（SDS）分	焦虑自评量表（SAS）分	精神质（P）量表	内外向性（E）量表	神经质（N）量表
新颖性	−0.11**	−0.20**	−0.21**	−0.19**	−0.14**	0.11**	−0.07**
流畅性	−0.11**	−0.20**	−0.21**	−0.19**	−0.15**	0.09**	−0.07**
变通性	−0.10**	−0.19**	−0.21**	−0.19**	−0.16**	−0.09**	−0.05**
冒险性	−0.13**	−0.18**	−0.18**	−0.21**	−0.12**	0.34**	−0.17**
好奇性	−0.05	−0.08**	−0.08**	−0.16**	−0.13**	0.20**	−0.06
想象性	0.02	0.00	−0.03	−0.04	−0.07	0.13**	0.02
挑战性	−0.04	−0.07*	−0.08*	−0.15**	−0.13**	0.18**	−0.06
把握重点	−0.15**	−0.25**	−0.24**	−0.28**	−0.16**	0.25**	−0.20**
综合整理	−0.10**	−0.13**	−0.13**	−0.22**	−0.10**	0.17**	−0.13**

心理健康	偏执	精神病性	抑郁自评量表（SDS）分	焦虑自评量表（SAS）分	精神质（P）量表	内外向性（E）量表	神经质（N）量表
联想力	0.05	−0.01	−0.05	−0.09**	0.01	0.22**	0.05
通感	−0.07**	−0.08**	−0.11**	−0.14**	−0.18**	0.18**	−0.01
兼容性	−0.25**	−0.25**	−0.25**	−0.28**	−0.22**	0.43**	−0.27**
洞察力	0.02	−0.06	−0.06	−0.08**	−0.01**	0.24**	−0.10**
独创力	−0.04	−0.15**	−0.14**	−0.18**	−0.10**	0.19**	−0.15**
概要解释力	−0.20**	−0.28**	−0.20**	−0.24**	−0.18**	0.34**	−0.21**
评估力	−0.15**	−0.23**	−0.21**	−0.26**	−0.27**	0.23**	−0.14**
投射未来	−0.11**	−0.16**	−0.17**	−0.21**	−0.25**	0.18**	0.00

注：* 为 $p<0.05$，** 为 $p<0.01$。

由表 20-4 可以看出，总体上，心理健康的得分与创造力得分呈显著负相关。由于心理健康得分越低表明心理越健康，所以，心理健康水平越高，创造力得分越高。除了好奇性、想象性、洞察力、联想力等少数维度与心理健康不是很相关外，创造力的各个维度几乎与心理健康的所有维度都存在显著相关关系。

个体心理素质的好坏直接影响创造力的开发，良好的内部心理素质有助于个体创造力的发展，不良的心理素质则阻碍创造力的发展。人本主义心理学家马斯洛（A. H. Maslow）认为，自我实现的人是内在本性发展得最为充分的人，这样的人才有真正的健康心理。也就是说，真正心理健康的人应是具备创造能力的人；而且心理愈健康，创造力也愈高；创造力发展得愈充分，愈能提高心理健康水平。这里按照心理健康测验得分的高低，把被试分为高心理健康水平组和低心理健康水平组，考察了不同心理健康程度大学生的创造力发展特点。结果发现，在各个创造力测验中，心理健康程度高的大学生创造力得分也高，并且与得分低的大学生相比有显著差异（除了想象性、洞察力之外）。这说明心理健康是创造力发展和发挥的重要内在条件。这与以往一些研究结论是一致的。最近的实证研究表明，当鉴别相似性时，具有积极情绪的被试与控制组相比能够更好地使用更广的类别；当鉴别差异性时，具有积极情绪的被试能更多地转移到更细微的类别上，这些能力都是与创造性问题解决相关的。考夫曼（G. Kaufmann）研究证明，积极情绪能够促进创造力的发展。[①] 赵志裕等研究证明，自我调节能够促进创造性任务的完成，能够促进创造性思维的发展，如提高思维的流畅性、灵活性等。[②] 心理健康能为创造力提供必需的自信心、独立性和怀疑精神。在创造活动中，人只有具备这些心理素质，才能不迷信权威，不随大流，才能努力达到自己的目标。而且，心理健康为创造力的发挥提供了较强烈的兴趣、抱负水平和责任感。心理健康的人具备自制力、坚持性和挫折耐受力，这些也是创造力不可或缺的条件。因此，心理健康从认知、情感、意志等多方面为创造力提供着必需的心理条件。

四、以心理健康或心理正常为前提的大学生创造力培养对策

无论是科学创造力还是艺术创造力，是可以培养的[③]，但如何培养，研究者却有不同的观点，概括起来主要有两类。一是通过创造技能训练培养创造力；二是将创造力培养贯穿于学校教育。本研究表明，心理健康水平会影响青少年创造力的发挥，心理健康的水平为个体创造力的发展和发挥提供了基本的心理条件。基于这一认识，可以通过提高青少年的心理健康水平促进创造力水平的提高。

以往研究者多采用情景诱发情绪的方法研究情绪对创造力的影响，发现学生在愉快情绪状态下的创造力总体发挥水平显著高于在难过情绪状态下的创造力总体发挥水平。肖索维克（N. Jausovec）的研究也证明，正性或积极情绪有助于人们完成类比推理任务，但对顿悟性问题解决没有效果。"在儿童心理学与教

---

① Kaufmann, G. & Vosburg, S. K., "The effects of mood on early and late idea production," *Creativity Research Journal*, 2002, 14(3-4), pp. 317-330.

② Lam, W. H. & Chiu, C. Y., "The motivational function of regulatory focus in creativity," *Journal of Creative Behavior*, 2002, 36(2), pp. 138-149.

③ 胡卫平、俞国良：《青少年的科学创造力研究》，载《教育研究》，2002(1)。

育心理学研究中，只有将儿童与青少年放到现实生活中，在真实的社会环境、学校环境和家庭环境中研究儿童与青少年心理的发展和变化，才能保证儿童心理学与教育心理学的研究结果有较高的生态化效度，即接近显示生活中儿童与青少年的实际，有较高的生态化价值。"①焦虑和抑郁是当前影响青少年心理健康的两种常见不良情绪，我们通过心理咨询、心理辅导的技巧，对青少年进行干预，使其心理健康水平恢复到正常状态，这是目前许多心理健康教育工作者在开展的工作。这里采用单盲的方法，对到相关心理咨询中心求助的具有中度至重度焦虑和抑郁情绪的青少年进行创造力培养研究。

　　焦虑、抑郁情绪的改善，对青少年创造力的发挥究竟会产生何种影响？从研究结果看到，焦虑组的被试通过接受心理咨询、治疗，在焦虑水平恢复到正常水平（总分均值低于 29.78±0.46）后，接受实用创造力测验和威廉斯创造性倾向测验，结果显示，在流畅性、变通性和新颖性上，前后测的差异显著，创造力水平的发挥随焦虑情绪的降低而得到了明显改善，这说明正性或积极情绪对于完成创造性任务具有促进作用。因为在正性或积极情绪状态下，个体更愿意去探究新奇的过程和各种可能性，从而促进创造性问题解决。而在威廉斯创造性倾向量表的各个维度上，被试的前后测差异不显著，这说明焦虑情绪水平的降低对创造性倾向的改善并不明显。这一结果符合"创造性人格是一种较为稳定的心理特征"。我们在焦虑组青少年与正常组青少年的创造力前测差异中也看到，二者在威廉斯创造性倾向量表上的差异不是十分显著，只在好奇性、想象性两个维度上略有差异。这可能是因为处于焦虑状态下的青少年，用更多精力关注自身的感受，对周围事物的兴趣会降低。对抑郁组青少年来说，通过接受心理咨询和治疗，在抑郁水平降低到正常状态（抑郁指数低于 0.5）后，创造力的水平得到了一定提高，但是在实用创造力的三个维度上，改善并不显著。在威廉斯创造性倾向量表中，也只有冒险性和好奇性两个维度上的差异显著。这可能是由于尽管这些青少年的抑郁情绪得到了改善，恢复到正常状态，但可能

---

① 林崇德：《教育的智慧》，284 页，北京，开明出版社，1999。

还有其他心理困扰影响其心理健康整体水平，如人际关系、学习困难等。

在自然条件下，心理咨询、治疗的形式能够改善青少年心理健康状况，创造力水平也得到了相应提高，说明心理健康水平的提高能促进其创造性思维的提高。这向我们展示了一条全新的创造力培养途径，即通过对青少年进行各种形式的心理健康教育，提高其心理健康水平，促进其创造力水平的发挥和发展。目前，创新教育或创造力培养正成为素质教育新的生长点和制高点。我们要树立创造力培养离不开心理健康教育这样一种观念，把心理健康教育作为大学、中小学创新教育系统工程中的一个重要子系统，探讨如何通过多种形式、卓有成效的心理健康教育，促进各级各类学校学生心理素质的全面提高①，为青少年创造力的正常发挥和发展提供必要条件，以实际行动来回答"钱学森之问"，培养和造就大批促进社会和谐与经济发展的创造性人才。

---

① 俞国良：《现代心理健康教育》，42 页，北京，人民教育出版社，2007。

第二十一章

———————

大学生心理健康、创造性人格与创造力关系的模型建构

一、问题提出：模型建构的思考

研究个体创造力的重要意义，在于找到影响创造力发展的各种因素，从而尽可能地挖掘和培养个体的创造潜能。目前对大学生创造力的研究多从外部入手，忽视大学生内部因素的研究。创造力是蕴藏在个体身上的一种资源，这种资源的开发不能离开自身心理因素，因而有必要探讨心理健康与创造力之间的关系。以往的研究显示，个体的某些个性特征与创造力之间密切相关，个性因素也被纳入了我们的研究范围。

在心理健康与创造性关系问题上存在两种认识，即负相关与正相关。前者的代表人物如朗勃罗梭（Lomroso）。他观察到一些患者，特别是脑部受伤的人，在受伤之后创造力增加了，因而认为有些疾病会刺激创造力。在心理上，创造者由于过度敏感而表现出情绪不稳定，精神过于集中造成其感受性因疲惫而麻木，加之，朗勃罗梭研究的天才中很多患有抑郁症、自大狂、酒精依赖、幻觉症等神经症，因而他认为天才是心理病态的表露。尽管由于取样的偏差，他的结论以偏概全，但这种认识仍产生了很大影响。以弗洛伊德（Freud）为代表的精神分析学派认为，创造者身上的本我与超我之间存在严重冲突，这种情绪困扰是创造的源泉，这种认识无形中助长了人们对心理健康与创造力之间负相关的认识。

另一种认识是正相关。例如，爱立思（Ellis）对于创造性天才大规模的研究就否定了朗勃罗梭的结论。他调查了1000多名在智慧上有特殊表现的名人，发现其中心理病态者只占很小比例。考克斯（Cox）和怀特（White）类似的研究得出相似结论，心理病态者在创造者和天才样本中只占很小的比例。托伦斯发现，创造性强的儿童因好奇、不断提问、想法特殊而经常受到教师和同伴的"压制"甚至"制裁"，他们内心紧张、焦虑，以至于出现神经质倾向，因此，他认为心理病态乃是创造性受到环境压抑的产物。与弗洛伊德相反，他认为，心理病态不是创造的动力，反而阻碍了创造力的发展。罗杰斯（Rogers）根据临床心理治疗的经验也认为，病态心理有害于创造。他发现很多艺术家和文学家由于创造力受情绪困扰而求助治疗，经过心理治疗，他们的创造力得以恢复。库比（Kubie）认为创造是一种前意识活动，不必依赖潜意识的升华解释。潜意识、情绪紊乱、心理冲突以及精神错乱等都有损创造。

尽管心理健康与创造力之间的因果关系很难确认，但二者呈正相关关系得到了不少研究的初步证实。这类研究多采用调查法进行，设计简单，变量控制不够严格，因而尽管得出一些结论，但并没有完全消除人们对二者之间呈负相关的错误认识。

更深层的问题是心理健康、创造力本身就是模糊的概念，是不能被直接测量的"潜变量"，使用特定测量工具过程中常包含大量测量误差。特别是过去由于统计技术的限制，研究者难以揭示这些潜变量之间的关系。

现在，结构方程模型是利用一定的统计手段，对复杂的理论模式加以处理，根据模式与数据关系的一致性程度，对理论模式做出适当评价，从而达到证实或证伪研究者事先假定的理论模式的目的。结构方程模型结合了路径分析、因素分析和回归分析等一般线性模式，具有5个特点：①可同时考虑或处理多个因变量；②可允许自变量和因变量含有测量误差；③允许潜变量由多个外源指标变量组成，并可同时估计指标变量的信度和效度；④可采用比传统方法更有弹性的测量模型，如某一观测变量或项目在模型内可同时从属于两个潜变量；

⑤可以考虑潜在变量之间的关系，并估计整个模型是否与数据相吻合。本研究的目的就是借助现代统计技术——结构方程模型，揭示心理健康、个性和创造力之间的关系。

二、研究工具与方法

研究采用乔瑞斯考格(Karl G. Joreskog)和索尔波姆(Dag Sorbom)编写的计算机软件 LISREL8.3 进行结构方程模型的验证与修正。

对于心理健康潜变量，本研究选用症状自评量表(SCL-90)各项得分、焦虑自评量表、抑郁自评量表作为观测变量即"指标"；对于人格潜变量，选用艾森克成人人格问卷、威廉斯创造性倾向量表各个维度得分作为观测指标；对于创造力潜变量，选用"典型行为的创造性思维能力测验"的 10 个项目的分数作为指标。本研究进行结构方程的验证与分析。

症状自评量表(SCL-90)。该量表包含广泛的精神病症状学内容，如思维、情感、行为、人际关系、生活习惯共 9 个因子：躯体化、强迫症状、人际敏感、抑郁、焦虑、敌对、恐怖、偏执、精神病性以及 7 个附加项目。量表为 5 级评分(0~4)，0＝从无，1＝轻度，2＝中度，3＝相当重，4＝严重。此量表在国外广泛应用，也是目前我国各高校普遍对学生进行心理健康筛查以及建立心理健康档案常用工具。所以，我们把症状自评量表(SCL-90)作为大学生心理健康研究的主要工具有广泛的操作意义。

焦虑自评量表(SAS)。该量表适用于具有焦虑症状的成年人，与汉密尔顿焦虑量表的 Pearson 相关系数为 0.365，Spearman 等级相关系数为 0.341，具有较高效度。国外研究者认为，该量表能较准确地反映有焦虑倾向患者的主观感受。近年来，该量表成为心理咨询门诊了解焦虑症状的一种自评工具。该量表采用 4 级评分，主要评定项目为所定义症状出现的频度，1＝没有或很少时间有，2＝小部分时间有，3＝相当多时间有，4＝绝大部分或全部时间都有。

抑郁自评量表(SDS)。该量表用于衡量抑郁状态轻重程度及其在治疗中的变化。该量表由20个陈述句和相应问题条目组成，按1~4级评分，反映抑郁状态四组特异性症状：精神性-情感症状、躯体性障碍、精神运动性障碍、抑郁的心理障碍。抑郁严重度指数=各条目累计得分/80(最高总分)，指数范围为0.25~1.0，抑郁指数在0.5以下者为无抑郁，0.50~0.59为轻微至轻度抑郁，0.60~0.69为中至重度抑郁，0.70以上为重度抑郁。该量表具有较高信度和效度，在国内外已被广泛应用。

艾森克成人人格问卷。该问卷包含决定人格的三个基本因素——内外向性(E)、神经质(又称情绪性)(N)和精神质(又称倔强、讲求实际)(P)。掩饰性(L)测定被试的掩饰、假托或自身隐蔽，或者测定其社会性朴实幼稚的水平。掩饰性(L)与其他量表的功能有联系，但它本身代表一种稳定的人格功能。内外向性(E)、神经质(N)和精神质(P)三方面的不同倾向和不同表现程度构成不同的人格特征。内外向性(E)、神经质(N)和精神质(P)人格程度经过许多数学统计上的行为观察方面的分析，得到了实验室多种心理实验的考察。这就使得该问卷在分析人格结构的研究中受到广泛重视，也是目前医学、司法、教育和心理咨询等领域应用很广泛的问卷之一。

威廉斯创造性倾向量表。详见第二十章"二、大学生创造力发展特点的研究"。

典型行为的创造性思维能力测验。详见第二十章"二、大学生创造力发展特点的研究"。

三、模型假设

通过对文献的分析，我们将创造力作为内源潜变量，将心理健康和个性作为外源潜变量，建立以下三个假设结构模型，进行比较验证。

模型一：研究将艾森克成人人格问卷的内外向性(E)、神经质(N)、精神质(P)分量表和威廉斯创造性倾向量表的冒险性、好奇性、想象性、挑战性融合在一起,作为个性特征潜变量指标。结构模型存在两条路径,一条是心理健康作用于创造力,另一条是个性特征作用于创造力(图21-1)。

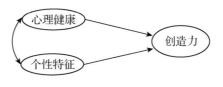

图 21-1 假设模型一

模型二:研究将艾森克成人人格问卷的内外向性(E)、神经质(N)和精神质(P)维度作为一般个性特征,将威廉斯创造性倾向量表的冒险性、好奇性、想象性、挑战性作为创造性个性特征,分别指向创造力潜变量。结构模型存在三条路径,分别指向创造力(图21-2)。

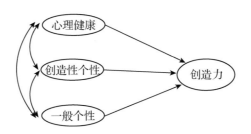

图 21-2 假设模型二

模型三:只保留创造性个性特征,结构模型存在两条路径,一条由心理健康指向创造力潜变量,另一条由创造性个性指向创造力潜变量(图21-3)。

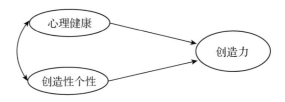

图 21-3 假设模型三

四、模型的验证

研究以 792 人样本数据建立的协方差矩阵，分别对以上三个模型进行检验，样本构成如表 21-1 所示。

表 21-1 协方差结构模型检验样本构成

		男	女	总数
年级	大一	59 人	98 人	157 人
	大二	167 人	132 人	299 人
	大三	130 人	178 人	308 人
	大四	7 人	21 人	28 人
专业分类	经济类	65 人	63 人	128 人
	艺术类	7 人	15 人	22 人
	管理类	116 人	154 人	270 人
	理工类	107 人	71 人	178 人
	社科类	68 人	126 人	194 人

研究对三个模型分别检验后得到的参数估计及路径图如图 21-4、图 21-5、图 21-6 所示。

LISREL 程序工作的原理，首先用样本数据对设定的模型参数进行估计，再根据这些参数估计重建方差-协方差，然后尽可能地将重建的方差-协方差矩阵 Σ 与观测方差-协方差矩阵 S 相匹配，二者的匹配程度决定了结构方程模型拟合样本数据的程度。模型的总体拟合程度有绝对拟合指数和相对拟合指数两类测量指标。前者如拟合优度卡方检验、拟合优度指数（GFI）、调整的拟合优度指数（AGFI）、近似误差均方根（RMSEA）；后者如标准拟合指数（NFI）、相对拟合指数（CFI）等。研究对假设的三个模型进行检验后，得到的整体拟合指标如表 21-2 所示。

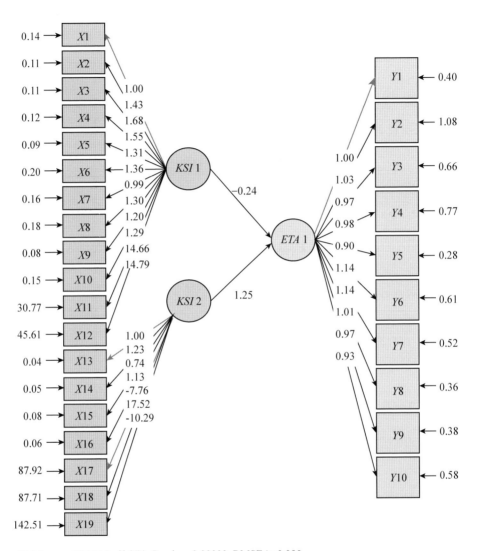

Chi-Square=2746.14, df=374, P-value=0.00000, RMSEA=0.090

图注：X1——躯体化，X2——强迫症状，X3——人际敏感，X4——抑郁1，X5——焦虑1，X6——敌对，X7——恐怖，X8——偏执，X9——精神病性，X10——其他，X11——焦虑2，X12——抑郁2，X13——冒险性，X14——好奇性，X15——想象性，X16——挑战性，X17——神经质，X18——内外向，X19——情绪稳定性，$\xi 1$——心理健康，$\xi 2$——个性特征，η——创造力，Y1——把握重点，Y2——综合整理，Y3——联想力，Y4——通感，Y5——兼容性，Y6——独创力，Y7——洞察力，Y8——概要解释力，Y9——评估力，Y10——投射未来。

图 21-4　模型一的路径图与各参数估计值

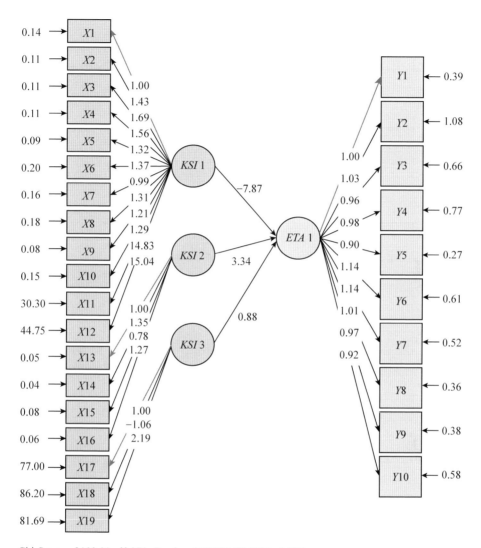

Chi-Square=2103.01, df=371, P-value=0.00000, RMSEA=0.077

图注：X1——躯体化，X2——强迫症状，X3——人际敏感，X4——抑郁1，X5——焦虑1，X6——敌对，X7——恐怖，X8——偏执，X9——精神病性，X10——其他，X11——焦虑2，X12——抑郁2，X13——冒险性，X14——好奇性，X15——想象性，X16——挑战性，X17——神经质，X18——内外向，X19——情绪稳定性，ξ1——心理健康，ξ2——创造性个性特征，ξ3——个性特征，η——创造力，Y1——把握重点，Y2——综合整理，Y3——联想力，Y4——通感，Y5——兼容性，Y6——独创力，Y7——洞察力，Y8——概要解释力，Y9——评估力，Y10——投射未来。

图 21-5　模型二的路径图与各参数估计值

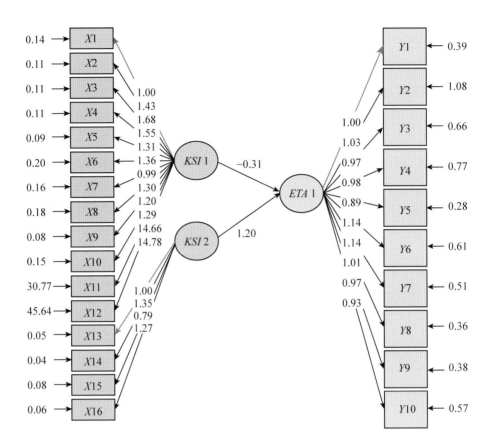

Chi-Square=1520.27, *df*=296, *P*-value=0.00000, RMSEA=0.072

图注：X1——躯体化，X2——强迫症状，X3——人际敏感，X4——抑郁1，X5——焦虑1，

X6——敌对，X7——恐怖，X8——偏执，X9——精神病性，X10——其他，X11——焦虑2，

X12——抑郁2，X13——冒险性，X14——好奇性，X15——想象性，X16——挑战性，ξ1——

心理健康，ξ2——创造性个性特征，η——创造力，Y1——把握重点，Y2——综合整理，

Y3——联想力，Y4——通感，Y5——兼容性，Y6——独创力，Y7——洞察力，Y8——概要解

释力，Y9——评估力，Y10——投射未来。

图 21-6　模型三的路径图与各参数估计值

表 21-2 结构模型的各项拟合指数

模型	χ^2	df	χ^2/df	GFI	AGFI	RMSEA	NFI	CFI
模型一	2745	374	7.33	0.81	0.78	0.09	0.82	0.84
模型二	1935	371	5.22	0.85	0.82	0.08	0.86	0.89
模型三	1436	296	4.85	0.87	0.85	0.07	0.89	0.91

综合考察以上结果，模型一整体拟合指数较低，提示模型设定可能存在某些不合理之处。模型二整体拟合参数略有提高，但各路径参数 t 值未达到显著水平，结构模型难以深入解释。模型三整体拟合指数较高，达到可接受水平，测量模型中各指标在潜变量上有很好的负荷，路径系数均达到显著水平。因此，我们认为模型三是解释心理健康、个性、创造性三者关系的较好模型。图 21-7 和表 21-3 说明了该模型三组潜变量指标的因素负荷的 t 值及潜变量关系的结构模型。

表 21-3 测量模型各指标在潜变量的因素负荷、标准误和 t 值

	$\xi1$	$\xi2$	η		
X1	1.00	—		Y1	1.00
X2	1.43	—		Y2	1.03
		−0.05	−0.08		
		26.84	12.51		
X3	1.68	—		Y3	0.97
		−0.06	−0.07		
		27.94	14.16		
X4	1.55	—		Y4	0.98
		−0.06	−0.07		
		27.27	13.57		
X5	1.31	—		Y5	0.89
		−0.05	−0.05		
		26.99	17.09		

	$\xi1$	$\xi2$	η		
X6	1.36	—		Y6	1.14
	-0.06	-0.07			
	23.68	15.87			
X7	0.99	—		Y7	1.14
	-0.05	-0.07			
	21.38	16.61			
X8	1.30	—		Y8	1.01
	-0.05				-0.06
	23.91				17.03
X9	1.20	—		Y9	0.97
	-0.05				-0.06
	26.68				16.53
X10	1.29	—		Y10	0.93
	-0.05				-0.06
	24.57				14.4
X11	14.66	—			
	-0.66				
	22.19				
X12	14.78	—			
	-0.74				
	19.97				
X13		1.00			
X14		1.35			
	-0.08				
	17.19				
X15		0.79			
	-0.07				
	11.96				

续表

	ξ1	ξ2	η		
X16		1. 27			
	−0. 08				
	16. 52				

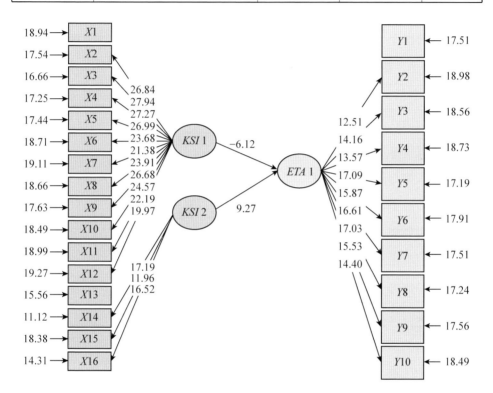

Chi-Square=1520.27, *df*=296, *P*-value=0.00000, RMSEA=0.072

图注: X1——躯体化, X2——强迫症状, X3——人际敏感, X4——抑郁 1, X5——焦虑 1, X6——敌对, X7——恐怖, X8——偏执, X9——精神病性, X10——其他, X11——焦虑 2, X12——抑郁 2, X13——冒险性, X14——好奇性, X15——想象性, X16——挑战性, ξ1——心理健康, ξ2——创造性个性特征, η——创造力, Y1——把握重点, Y2——综合整理, Y3——联想力, Y4——通感, Y5——兼容性, Y6——独创力, Y7——洞察力, Y8——概要解释力, Y9——评估力, Y10——投射未来。

图 21-7 心理健康、创造性个性、创造力结构模型

五、分析与讨论

心理健康与创造力谁为因果是个很难解决的问题，结构方程模型只考察了测量数据和假设模型之间的拟合程度，也不能解决因果关系问题。我们将创造力作为内源潜变量(相当于因变量)，将心理健康作为外源潜变量(相当于自变量)设定模型，基于心理健康是创造力的基础，心理健康水平高的人才可能发挥各种潜能(包括创造潜能)。每个个体都有创造潜能，但这种潜能的实现需要条件，心理健康就是条件之一。当然，我们并不否认创造力的发展反过来会推动个体心理健康水平的提高。

对于人格与创造力的关系，我们在比较了三种不同模型后发现，创造性个性区别于一般个性特征并对创造力有积极影响，它以冒险性、好奇性、想象性、挑战性等为特征。一般个性特征和心理健康、创造力之间可能存在更为复杂的关系。有研究指出，自我实现和其他人格变量如态度、动机、价值观、自我认识和自我控制等，可以预测具有高创造性的智力超常学生的心理健康水平。本研究采用艾森克成人人格问卷进行测查，可能难以揭示其复杂关系。因此，模型三剔除这些指标后，得到了很好的数据支持。对于个性与心理健康、创造力之间的复杂关系，今后可继续探讨。

从本研究结构模型的 t 值来看，创造性人格和心理健康两个潜变量之间存在着显著的负相关关系。这说明具有创造性个性的人更容易成为心理健康的人，或者相反，心理健康的人更容易具有创造性个性。另外两条路径分别提示，创造力受到创造性个性和心理健康的积极影响(由于心理健康潜变量各指标分数越高表明个体越可能存在某方面的心理问题，因而心理健康系数与创造力路径系数之间存在减号)，这一结论与国外一些学者的研究相一致。吉尔福特的研究表明，尽管每个儿童具有巨大的创造潜能，但由于心理健康水平高的儿童比其他儿童更善于对待他人批评和社会压力，对他人批评和社会压力能够采取更为合理的取舍，因而在创造力的测验中成绩更高。也有人认为，天才或创造者的心理并不健康，比如梵·高、海明威在功成名就前后，就表现出某种心理失调或心理疾病。其实，二者并没有直接的因果关系。许多有助于创造的个性特征，如对现实不满、喜欢冒险、敢于挑战、我行我素等，常被社会排斥或拒绝。那些敢于向权威挑战、有点古怪的"天才"们正是由于长期生活在强大的压力下，再加上功成名就后无法自我否定和自我超越，才会出现各种心理失调或心理疾病。我们更应从他们的成长背景和当时的社会文化历史环境中去理解和解释这一现象。

必须指出，我们考察的是常态大学生心理健康和创造力之间的关系，模型的建构也基于常态大学生样本。从现有文献看，的确存在一些支持创造力和心理病理存在某种相关的研究。比如，研究者使用精神疾病诊断标准 DSM-Ⅲ 对通过取样得到的 291 名颇具创造力的科学家、作曲家、政治家、艺术家、思想家、作家进行研究，显示艺术家、作家心理病态检出率高于科学家。还有研究显示，艺术类大学生抑郁得分高于科学类大学生。我们认为这与本研究并不矛盾，因为以上研究关注的是特殊领域如艺术、文学，本研究关注的是常态大学生，样本涉及人文社科、理工、经济管理等诸多学科，纯艺术类大学生比例相对较小，因此，本研究得到的心理健康、创造性人格与心理健康关系的结构模型是可以被接受的。同时，研究进一步证实了我们的理论设想和研究假设。这对于在学校实际工作中，把心理健康教育和创造力培养有机结合起来，把提高大学生的心理健康水平作为提高创造力的突破口及大学创新教育的组成部分，全面培养和提高大学生的创新素质，塑造心理健康、勇于创新的新一代大学生，具有重要理论价值和现实指导意义。

总之，结构方程模型基本验证了我们对心理健康与创造力之间关系的认识，心理健康的实质是个体各种心理机能的协调和完善，是各种心理机能的充分发展。创造力是人类一种普遍的心理能力，是人类心理机能的高级表现。因此，个体创造力的发展必须建立在心理健康的水平之上，即心理健康是个体创造力发展、发挥的基础。此外，创造力的发挥可能还需要其他一些条件，如创造性个性，这是一个历来被研究者关注的特性。可能还存在一些我们的模型中没能考察到的成分，如创造动机、创造的社会环境因素等。这些积极因素在个体身上汇集得越多，个体的创造潜能越可能得到充分发挥。

六、研究结论

大学生创造力与心理健康存在显著正相关，心理健康水平高的大学生，创造力水平也高。

研究将创造力作为内源潜变量，将心理健康和创造性人格作为外源潜变量，三者构成的结构模型表明，大学生的创造力受创造性个性和心理健康的积极影响，富有创造性个性的个体更容易心理健康。心理健康是个体创造力的基础，也是大学生创造力发展的必要条件。

第二十二章

———————

基于心理健康或心理正常的大学生创造力培养实验

一、问题的提出

大学生年龄一般在 17~23 岁，属于成年初期（或称青年晚期，18~35 岁）。在这一时期，大学生的思维方式由形式逻辑思维向辩证逻辑思维发展，也是创造性思维发展的重要时期。研究显示，个体的创造力高低受人的智力、知识、思维风格、人格、动机和环境等诸方面因素的影响。不同学科最佳创造力的年龄不完全相同，一般而言，最佳创造力年龄在 23~40 岁。由此可见，大学生应该为今后创造性地开展学习、研究和工作做好知识和心理准备，这种准备的第一步便是创造力的培养。人本主义心理学家马斯洛认为：“创造力是每个人生而有之的潜质”。我国著名教育家陶行知坚信：“处处是创造之地，天天是创造之时，人人是创造之人”。创造力是每个健康个体都具有的一种普遍心理能力，对创造力及其培养方案的研究也越来越受到研究者的广泛关注。近年来，在尼克森提出关于创造性的 8 个假设中，后两个就涉及创造力的培养问题，可见，创造力是可以培养的。高校怎样以开展心理健康教育促进大学生创造力的发展？我们在前面研究的基础上，以心理健康教育中的个别心理咨询和团体心理辅导为突破口，采用自然实验的方法，对大学生创造力的培养进行干预研究。

二、研究假设

假设 1：学校采用个别心理咨询和团体心理辅导相结合的方式，能使大学生心理健康水平得到明显的提高。

假设 2：大学生心理健康水平的提高，能有效促进创造性思维的提高。

假设 3：大学生心理健康水平的提高，能不断改善个体的创造性人格特征。

三、研究方法

(一) 被　试

本研究的对象是于 2002 年 9 月至 2004 年 4 月，到北京师范大学等 4 所大学心理咨询中心寻求心理帮助，经诊断为中至重度抑郁症状、焦虑症状的学生。被试的分布情况如表 22-1 所示。

表 22-1　被试的分布情况

年级	焦虑症状		抑郁症状		合计
	男	女	男	女	
一年级	9 人	11 人	7 人	8 人	35 人
二年级	10 人	8 人	8 人	10 人	36 人
三年级	7 人	9 人	9 人	9 人	34 人
四年级	7 人	6 人	7 人	7 人	27 人
合计	33 人	34 人	31 人	34 人	132 人

(二) 研究设计

本研究为单盲实验，采用现场自然实验，探讨接受心理辅导干预后，大学生心理健康水平和创造力情况的发展变化。

1. 实验设计

实验采用实验组—控制组—对照组的前后测设计，将研究对象随机分配为实验组和控制组。实验组和控制组均接受心理辅导干预，实验组接受心理健康和创造力的前测和后测，为避免前测效应，控制组的被试不参加前测。我们在 2002 年 10 月进行的新生心理健康测试症状自评量表（SCL-90）的总分为前 27%

的学生中，随机选取40名作为对照组，对照组不做任何心理辅导干预。实验设计如表22-2、表22-3所示。

表22-2 本研究焦虑组的实验设计

组别	分配方式	前测	实验处理	后测
Group1 （实验组） $N=34$	R	01 实用创造力测验 威廉斯创造性倾向量表	X1 实施 心理辅导干预	02 实用创造力测验 威廉斯创造性倾向量表
Group2 （控制组） $N=33$	R		X2 实施 心理辅导干预	03 实用创造力测验 威廉斯创造性倾向量表
Group3 （对照组） $N=40$	R	04 实用创造力测验 威廉斯创造性倾向量表		05 实用创造力测验 威廉斯创造性倾向量表

表22-3 本研究抑郁组的实验设计

组别	分配方式	前测	实验处理	后测
Group1 （实验组） $N=33$	R	01 实用创造力测验 威廉斯创造性倾向量表	X1 实施 心理辅导干预	02 实用创造力测验 威廉斯创造性倾向量表
Group2 （控制组） $N=32$	R		X2 实施 心理辅导干预	03 实用创造力测验 威廉斯创造性倾向量表
Group3 （对照组） $N=40$	R	04 实用创造力测验 威廉斯创造性倾向量表		05 实用创造力测验 威廉斯创造性倾向量表

R＝将所选的被试随机分配到实验组和控制组

X＝根据实验设计和实验目标对被试进行的治疗和干预

O＝对独立变量进行的观察和测量

因此，前后测的实验设计表示如下：

Group1（实验组）：R01   X1   02

Group2（控制组）：   X2   03

Group3（对照组）：R04   05

2. 研究变量

自变量。本研究的自变量指实验组所接受的心理辅导实验处理。实验组和控制组接受每周 1 次 1 小时的心理咨询、心理辅导；对照组不接受任何实验处理。

因变量。本研究的因变量是被试在接受心理咨询、辅导后，与辅导前相比，在症状自评量表（SCL-90）、实用创造力测验和威廉斯创造性倾向量表中所表现出的由自变量引起的变化。

控制变量。为了减少实验误差，减少实验干扰因素，本研究的设计采取了如下措施。

第一，对实验效应的控制。本研究采用实验组、对照组和控制组的三组实验设计，由此可以仔细考察因变量的变化，了解实验效应的存在情况，避免因实验效应引起的误差。为了避免实用创造力测验和威廉斯创造性倾向量表的前测可能产生学习和记忆作用，本研究特设控制组被试，控制组不参加前测。

第二，对实验者误差的控制。来自 4 所学校心理咨询中心的 8 名心理咨询员每个月就抑郁和焦虑个案进行讨论分析，对个案进行录像，请专家督导。

第三，对被试的控制。

为避免被试自我期待对实验结果的影响，实验组被试并不知道自己是被试。

3. 研究工具

本研究所使用的工具包括。症状自评量表、焦虑自评量表、抑郁自评量表、实用创造力测验、威廉斯创造性倾向量表。

（三）研究过程

本研究的实施程序分为"实验处理前""实验处理"和"数据管理"三个阶段。

1. 实验处理前

（1）资料收集。我们一直关注大学生心理行为问题中常见的抑郁和焦虑情绪，收集相关资料和积累个案，并进修学习治疗抑郁和焦虑的有效方法。

（2）主试培训、前测、实验对象的分配。2002年9月，我们先对4所大学心理咨询中心的7名咨询员进行了培训，告知研究目的和程序。来心理咨询中心求助的大学生，经咨询员初步诊断为有焦虑或抑郁情绪后，填写焦虑自评量表和抑郁自评量表。抑郁指数为0.6~0.69（中至重度抑郁）者成为抑郁组研究对象，量表总分在33分以上者初步诊断为患有焦虑症，对这些被试进一步进行症状自评量表（SCL-90）测查，看其焦虑项、抑郁项得分，把焦虑情绪者区分出来。我们把挑选出来的研究对象随机分配为实验组和控制组。在2002年10月进行的大学生心理健康普查的症状自评量表（SCL-90）总分位于前27%的学生中，我们随机抽取40名学生组成对照组。

（3）前测。实验组被试第二次来心理咨询中心接受心理咨询和治疗前，完成实用创造力测验和威廉斯创造性倾向量表。2003年5月，研究者对对照组的被试施测实用创造力测验和威廉斯创造性倾向量表。

2. 实验处理

实验处理于2002年9月至2004年4月进行。研究者对在此期间到4所高校心理咨询中心求助的有中至重度抑郁（抑郁指数在0.6~0.69）和焦虑情绪的大学生实施个别咨询、发放相关宣传材料等形式的心理辅导。实验组和控制组每周接受1次1小时的个别心理咨询，当咨询员和来访者双方均同意来访者的焦虑或抑郁情绪减轻到轻度以下时，研究者对被试施测抑郁自评量表（SDS）和焦虑自评量表（SAS）。对于抑郁自评量表（SDS）抑郁指数降低到0.5以下的被试和焦虑自评量表（SAS）总分为29.78±0.46（正常人常模均值之上限）以下的被试，我们施测实用创造力测验和威廉斯创造性倾向量表。2004年5月，我们对对照组的 40 名被试施测实用创造力测验和威廉斯创造性倾向量表。

3. 数据管理

根据组别，我们对每个被试在各量表前测、后测都分别予以分类和编号，采用 SPSS11.5 进行数据管理和统计分析。

四、研究结果

实验施行与量表的后测完毕后，我们将收集到的全部数据录入 SPSS11.5，进行统计处理。

（一）焦虑、抑郁实验组和对照组前测在实用创造力测验和威廉斯创造性倾向量表上的差异

我们首先比较了焦虑组学生与正常学生在创造力上的差异，结果如表 22-4 所示。在实用创造力测验的三个维度上，焦虑组的得分显著低于正常学生。而在威廉斯创造性倾向量表上，焦虑组学生只有在好奇性和想象性上的得分与正常学生有明显差异。在冒险性、挑战性和总分上，正常学生的得分略高于焦虑组学生，二者差异并不显著。

表 22-4　焦虑组和对照组前测在创造力各维度上的差异结果

创造力各维度	组别	N	均值	标准差	F 值	t 值	自由度	显著性
流畅性	焦虑组	34	3.176	2.492	0.121	-3.567^{***}	71	0.001
	对照组	40	5.425	2.644		-3.592^{***}	69.902	0.001
变通性	焦虑组	34	2.926	2.239	0.634	-3.043^{**}	71	0.003
	对照组	40	4.500	1.954		-3.006^{**}	64.514	0.004
新颖性	焦虑组	34	8.25	6.708	0.130	-3.114^{**}	71	0.003
	对照组	40	13.5	6.968		-3.129^{**}	69.466	0.003

续表

创造力 各维度	组别	N	均值	标准差	F 值	t 值	自由度	显著性
冒险性	焦虑组	34	2.122	0.277	1.616	−1.838	71	0.070
	对照组	40	2.341	0.292		−1.906	68.459	0.061
好奇性	焦虑组	34	2.210	0.247	1.450	−2.159*	71	0.034
	对照组	40	2.320	0.563		−2.294*	58.378	0.025
想象性	焦虑组	34	1.890	0.242	1.839	−2.077*	71	0.041
	对照组	40	1.925	0.447		−2.121*	70.958	0.037
挑战性	焦虑组	34	2.348	0.445	0.255	−0.578	71	0.565
	对照组	40	2.374	0.263		−0.612	60.409	0.543
总分	焦虑组	34	2.142	0.207	2.795	−1.838	71	0.070
	对照组	40	2.240	0.293		−1.906	68.459	0.061

注：* 表示显著性 $p<0.05$，** 表示显著性 $p<0.01$，*** 表示显著性 $p<0.001$，下同。

抑郁组学生和正常学生在创造力各维度上的前测差异如表 22-5 所示。与焦虑组的结果一样，抑郁组学生在实用创造力各维度上与正常学生有显著差异，特别是在流畅性和变通性上，抑郁组学生显著低于正常学生。抑郁组学生的冒险性、好奇性明显低于正常学生，而在想象性和挑战性上，二者差异不显著。在总分上，二者差异较显著。

表 22-5 抑郁组和对照组前测在创造力各维度上的差异结果

创造力 各维度	组别	N	均值	标准差	F 值	t 值	自由度	显著性
流畅性	抑郁组	33	4.045	1.981	0.262	−3.086**	71	0.003
	对照组	40	5.425	2.644		−3.118**	70.451	0.003
变通性	抑郁组	33	3.742	1.686	0.391	−2.589**	71	0.012
	对照组	40	4.500	1.954		−2.5726**	66.479	0.012
新颖性	抑郁组	33	10.015	5.741	0.143	−2.649*	71	0.010
	对照组	40	13.5	6.968		−2.665*	69.743	0.010

续表

创造力各维度	组别	N	均值	标准差	F值	t值	自由度	显著性
冒险性	抑郁组	33	2.051	0.247	2.248	-2.735^{*}	71	0.008
	对照组	40	2.341	0.292		-2.921^{*}	55.668	0.005
好奇性	抑郁组	33	2.179	0.274	0.002	-2.133^{*}	71	0.036
	对照组	40	2.320	0.563		-2.141^{*}	69.347	0.036
想象性	抑郁组	33	1.857	0.304	0.375	-0.734	71	0.466
	对照组	40	1.925	0.447		-0.760	68.721	0.450
挑战性	抑郁组	33	2.241	0.314	0.094	-1.965	71	0.053
	对照组	40	2.374	0.263		-1.931	60.409	0.058
总分	抑郁组	33	2.082	0.198	1.698	-2.631^{*}	71	0.010
	对照组	40	2.240	0.293		-2.728^{*}	68.459	0.008

从表22-4和表22-5我们看到，在没有进行心理健康实验干预以前，焦虑组和抑郁组学生的创造力水平明显不如正常学生。这从一个侧面反映了我们在前面(第二十章)研究中得到的结果。

(二)焦虑、抑郁实验组和对照组后测在实用创造力测验和威廉斯创造性倾向量表上的差异

经过实验干预，焦虑组被试的焦虑水平下降到正常水平后，我们对其再次施测实用创造力测验和威廉斯创造性倾向量表，其后测结果与正常学生的后测结果差异如表22-6所示。从表22-6我们可以看出，焦虑组和正常学生后测在创造力的各个维度上的差异均不显著，说明经过心理咨询、心理辅导，实验组学生的心理健康恢复到正常水平后，其创造力的发挥也恢复到正常水平。

表 22-6　焦虑实验组和对照组后测在创造力各维度上的差异结果

创造力各维度	组别	N	均值	标准差	F 值	t 值	自由度	显著性
流畅性	焦虑实验组	34	5.823	3.106	1.885	1.362	72	0.177
	对照组	40	4.775	2.42		1.330	60.007	0.188
变通性	焦虑实验组	34	4.911	2.401	0.167	0.750	72	0.456
	对照组	40	4.325	2.173		0.740	65.488	0.462
新颖性	焦虑实验组	34	14.455	10.039	0.796	0.633	72	0.529
	对照组	40	12.812	7.577		0.617	59.559	0.539
冒险性	焦虑实验组	34	2.088	0.273	1.094	−0.896	72	0.373
	对照组	40	2.150	0.312		−0.906	71.928	0.368
好奇性	焦虑实验组	34	2.122	0.277	0.026	0.524	72	0.602
	对照组	40	2.260	0.425		0.528	71.485	0.599
想象性	焦虑实验组	34	1.893	0.280	0.791	−0.348	72	0.729
	对照组	40	1.917	0.300		−0.350	71.349	0.727
挑战性	焦虑实验组	34	2.335	0.445	0.058	0.455	72	0.650
	对照组	40	2.288	0.444		0.450	70.068	0.650
总分	焦虑实验组	34	2.157	0.259	0.271	0.044	72	0.965
	对照组	40	2.154	0.317		0.045	71.907	0.964

抑郁组学生经过实验干预后，心理健康水平恢复到了正常水平（抑郁指数小于0.5），再次被施测实用创造力测验，与正常学生的实用创造力测验后测的差异结果表明，抑郁组和对照组（正常大学生）在创造力各个维度上的差异均不显著，说明抑郁组学生的抑郁情绪得到改善，恢复到正常水平后，其创造力的发挥得到了提高。这与焦虑组学生的结果基本接近。

（三）焦虑、抑郁实验组和控制组后测在实用创造力测验和威廉斯创造性倾向量表上的差异

为了检验在本实验中实验组创造力的提高是否存在前测效应，本研究特意安排了没有前测的控制组。焦虑实验组和控制组后测在创造力各维度上的差异如表 22-7 所示。从表 22-7 中我们可以看出，尽管在实用创造力测验的三个维度上，实验组的均值略大于控制组，但这种差异不显著。在威廉斯创造性倾向量表的各维度上，实验组的均值都略低于控制组，这种差异也不显著。根据这个实验结果，我们可以认为，本研究不存在前测效应。

表 22-7　焦虑实验组和控制组后测在创造力各维度上的差异结果

创造力各维度	组别	N	均值	标准差	F 值	t 值	自由度	显著性
流畅性	焦虑实验组	34	5.823	3.106	3.107	1.532	65	0.130
	控制组	33	4.636	2.169		1.541	57.608	0.129
变通性	焦虑实验组	34	4.911	2.401	0.993	1.074	65	0.287
	控制组	33	4.151	1.847		1.079	60.358	0.285
新颖性	焦虑实验组	34	14.455	10.039	1.516	0.876	65	0.384
	控制组	33	12.257	6.76		0.882	57.095	0.382
冒险性	焦虑实验组	34	2.088	0.273	1.228	−1.653	65	0.103
	控制组	33	2.206	0.311		−1.650	63.377	0.104
好奇性	焦虑实验组	34	2.122	0.277	0.771	0.146	65	0.884
	控制组	33	2.297	0.353		0.147	64.634	0.884
想象性	焦虑实验组	34	1.893	0.280	0.031	−0.851	65	0.398
	控制组	33	1.952	0.282		−0.851	64.899	0.398
挑战性	焦虑实验组	34	2.335	0.445	2.613	−0.647	65	0.520
	控制组	33	2.394	0.266		−0.651	54.291	0.518
总分	焦虑实验组	34	2.157	0.259	0.118	−0.906	65	0.368
	控制组	33	2.212	0.240		−0.907	64.843	0.368

对抑郁组的被试，我们做了同样的检验，抑郁组和控制组后测在创造力不同维度上的差异如表 22-8 所示。表 22-8 显示，抑郁实验组被试和正常大学生在后测创造力的各个维度上差异不显著。这个结果同样说明，对抑郁组被试来说，研究不存在前测效应。

表 22-8　抑郁实验组和控制组后测在创造力各维度上的差异结果

创造力各维度	组别	N	均值	标准差	F 值	t 值	自由度	显著性
流畅性	抑郁实验组	33	5.075	3.356	3.107	1.532	65	0.130
	控制组	32	4.636	2.169		1.541	57.608	0.129
变通性	抑郁实验组	33	4.484	2.473	0.993	1.074	65	0.287
	控制组	32	4.151	1.847		1.079	60.358	0.285
新颖性	抑郁实验组	33	13.393	8.507	1.516	0.876	65	0.384
	控制组	32	12.257	6.76		0.882	57.095	0.382
冒险性	抑郁实验组	33	2.261	0.270	1.228	−1.653	65	0.103
	控制组	32	2.206	0.311		−1.650	63.377	0.104
好奇性	抑郁实验组	33	2.368	0.250	0.771	0.146	65	0.884
	控制组	32	2.297	0.353		0.147	64.634	0.884
想象性	抑郁实验组	33	1.973	0.302	0.031	−0.851	65	0.398
	控制组	32	1.952	0.282		−0.851	64.899	0.398
挑战性	抑郁实验组	33	2.367	0.286	2.613	−0.647	65	0.520
	控制组	32	2.394	0.266		−0.651	54.291	0.518
总分	抑郁实验组	33	2.42	0.216	0.118	−0.906	65	0.368
	控制组	32	2.212	0.240		−0.907	64.843	0.368

（四）焦虑组前后测在实用创造力测验和威廉斯创造性倾向量表上的差异

为了进一步考察心理健康干预对创造力的影响，我们比较了实验组前后测在创造力各维度上的差异。表 22-9 反映了焦虑实验组在实验前后的创造力差异，从表 22-9 我们可以看出，焦虑实验组的前后测在实用创造力测验的三个维度上的差异均显著，而在威廉斯创造性倾向量表的各维度上，前后测差异均不显著。

表 22-9　焦虑实验组在创造力各维度上的前后测差异结果

创造力各维度	前测			后测			t 值	显著性
	N	均值	标准差	均值	标准差	平均差		
流畅性	34	3.176	2.492	5.823	3.106	−2.647	3.876***	0.000
变通性	34	2.926	2.239	4.911	2.401	−1.985	3.531**	0.001
新颖性	34	8.250	6.708	14.455	10.039	−6.205	3.053**	0.004
冒险性	34	2.122	0.277	2.088	0.273	0.034	−0.472	0.640
好奇性	34	2.210	0.247	2.122	0.277	−1.01	1.072	0.292
想象性	34	1.890	0.242	1.893	0.280	−0.003	0.049	0.961
挑战性	34	2.348	0.445	2.335	0.445	0.013	−0.110	0.913
总分	34	2.142	0.207	2.157	0.259	−0.015	0.215	0.831

（五）抑郁实验组前后测在实用创造力测验和威廉斯创造性倾向量表上的差异

抑郁实验组在创造力各维度上的前后测差异如表 22-10 所示。从表 22-10 我们可以看出，抑郁组被试在冒险性、好奇性和总分上的前后测差异显著，而在实用创造力测验的三个维度以及威廉斯创造性倾向量表的想象性、挑战性维度上差异不显著。

表 20-10　抑郁实验组在创造力各维度上的前后测差异结果

创造力各维度	前测			后测			t 值	显著性
	N	均值	标准差	均值	标准差	平均差		
流畅性	33	4.045	1.981	5.075	3.356	−1.030	−1.523	0.138
变通性	33	3.742	1.686	4.484	2.473	−0.742	−3.272	0.148
新颖性	33	10.051	5.741	13.393	8.507	−3.378	−1.482	0.057
冒险性	33	2.051	0.247	2.261	0.270	−0.210	−3.272*	0.003
好奇性	33	2.179	0.274	2.368	0.250	−0.188	−2.850*	0.008
想象性	33	1.857	0.304	1.973	0.302	−0.115	−1.593	0.121
挑战性	33	2.241	0.314	2.367	0.286	−0.126	−1.590	0.122
总分	33	2.082	0.198	2.242	0.216	−0.160	−2.994*	0.005

五、分析与讨论

以往的许多研究表明，创造力是可以培养的，但如何培养，研究者却有不同观点，概括起来主要有两类：一是通过创造技能的训练培养创造力；二是将创造力的培养贯穿学校教育。大学生的创造力受多种因素的影响，不仅知识、智力、非智力、文化传统、家庭教育、社会氛围、学校教育等因素对创造力有影响，我们的研究还表明，心理健康水平也会影响大学生创造力水平的发挥。能否把"创造力培养"和"心理健康教育"有机结合起来，以收到事半功倍的效果呢？前面的研究结果为这项工作的开展提供了依据。我们认为，创造力和心理健康密切相关，心理健康是个体创造力发展和发挥作用的基础。心理健康水平为个体创造力的发展提供了基本心理条件。基于这一认识，可以通过大学生心理健康水平的改善促进创造力水平的改善。

以往的研究者多采用情景诱发情绪的方法研究情绪对创造力的影响，发现学生在愉快情绪状态下的创造力总体发挥水平显著高于在难过情绪状态下的创造力总体发挥水平。研究者通过实验证明，在执行概念分类任务时，诱发的正性情绪使被试产生了更多概念类别，对中性词汇产生了更多不寻常联想。肖索维克的研究证明，正性情绪有助于完成类比推理任务，但对顿悟性问题解决没有效果。另有研究表明，负性情绪（悲伤、恐惧、愤怒等）有助于顿悟性问题解决。之所以这些研究结果不尽相同，可能与实验室实验的生态化效度有关。对此，林崇德认为，在儿童心理学与教育心理学的研究中，只有将儿童与青少年放到现实生活中去，在真实的社会环境、学校环境和家庭环境中研究儿童与青少年心理的发展和变化，才能保证儿童心理学与教育心理学的研究结果有较高的生态化效度，即接近现实生活中儿童与青少年的实际，有较高的生态化价值。焦虑和抑郁是当前影响大学生心理健康的两种常见不良情绪，通过心理咨询、心理辅导的技巧对其进行干预，使其心理健康水平恢复到正常状态，这是目前许多大学心理咨询中心都在开展的工作。我们采用单盲的方法，对到高校心理咨询中心求助的具有中度至重度焦虑和抑郁情绪的学生进行创造力培养的实验研究。

焦虑、抑郁这两种不良情绪的改善，对学生创造力的发挥究竟会产生什么影响？我们从结果中看到，焦虑组的被试通过接受心理咨询、治疗，焦虑水平恢复到正常水平（总分均值低于 29.78 ± 0.46）后，被施测实用创造力测验和威廉斯创造性倾向量表，结果显示，在流畅性、变通性和新颖性上，前后测的差异显著，说明其创造力水平的发挥随焦虑情绪的降低得到了明显改善。这一结果与国外的某些研究结果相一致，说明正性情绪对于完成创造性任务具有促进作用。因为在正性情绪状态下，个体更愿意探究新奇的过程和各种可能性，从而促进创造性问题解决。在威廉斯创造性倾向量表的各个维度上，被试的前后测差异不显著，说明焦虑情绪水平的降低对创造性倾向的改善并不明显。这一结果符合创造性人格是一种较为稳定的心理特征。创造性人格的形成不是一朝一夕的事情。我们在焦虑组学生与正常学生的创造力前测差异中看到，二者在威廉斯创造性倾向量表上的差异也不是十分显著，只有在好奇性、想象性两个维度上略有差异。这可能是因为处于焦虑状态的学生，对周围事物的兴趣降低，会用更多的精力去关注自身的感受。对抑郁组学生来说，通过接受心理咨询和治疗，抑郁水平降低到了正常状态（抑郁指数低于 0.5），创造力水平也得到了一定提高。但是，在实用创造力测验的三个维度上，这种改善的差异并不显著，在威廉斯创造性倾向量表上也只有冒险性和好奇性两个维度的差异显著。这可能是由于这些学生的抑郁情绪尽管恢复到了正常状态，但可能还有其他心理困扰影响心理健康的整体水平，如人际关系、学习困难等。在今后的研究中，研究者需要全面考察影响学生心理健康的因素，使其心理素质得到全面提高。

本研究在自然条件下通过心理咨询、治疗的形式，改善大学生的心理健康水平，从而发现其创造力水平得到了相应提高，验证了我们的假设之一，即学生心理健康水平的提高，能促进其创造性思维的提高。研究也部分验证了假设之二，即心理健康水平的提高能改善学生的创造性人格，但这需要一个长期的心理健康教育过程。研究结果向我们展示了一条全新的创造力培养途径，那就是通过对学生进行各种形式的心理健康教育，提高其心理健康水平，可以促进其创造力水平的发展。因此，要树立创造力培养离不开心理健康教育的观念，把心理健康教育作为大学创新教育系统工程中的一个重要子系统。在进一步的研究中，我们要探讨如何通过多种形式的心理健康教育，促进大学生心理素质的全面提高，为大学生创造力的正常发展提供必要条件。

六、研究结论

对有中等程度焦虑和抑郁情绪的大学生进行心理咨询和治疗，使他们的焦虑和抑郁情绪恢复到了正常状态，可以提高大学生创造力的发挥水平。

第五篇

结 语

社会转型中的学校心理健康教育研究对心理和谐、社会和谐具有特殊意义。在这里，个人基于 20 年的心理健康教育研究实践，在理论上对心理健康与生涯规划的关系、学校心理辅导制度与心理健康服务体系建设以及社会生态系统对学生心理健康的影响机制进行了阐释。在元分析基础上，我们历经数年，分别编制了中小学生心理健康量表、中职生心理健康量表、青少年心理健康量表和教师心理健康评价量表等测评工具；继而从学生心理健康现状和心理健康教育工作现状两个层面，分别对中小学校、中等职业学校和高等学校进行了广泛调查研究，初步积累了第一手数据资料。我主持和完成了《中小学心理健康教育指导纲要》的编制与修订、《中等职业学校学生心理健康教育指导纲要》和《高等学校学生心理健康教育指导纲要》的编制研究工作，为教育行政部门的决策提供了科学依据。通过对研究实践的梳理与再分析，我们结合社会转型的"机遇期"与改革开放的"关键期"，提出全面推进和深化学校心理健康教育工作，树立"大心理健康观"至关重要，其中加强现代学校心理辅导制度建设是核心，编制具有中国特色的学生心理健康测评工具是基础，从实施心理健康教育走向心理健康服务并建立服务体系是途径，提供适合学生发展需要的心理辅导与心理健康服务是关键。

第二十三章

学校心理健康教育研究的回顾与展望
——基于个人 20 年研究实践的梳理与再分析

我们正处在一个社会转型的特殊历史发展时期。全面改革开放的中国社会由传统型向现代型的快速转型，究竟会对社会发展、心理健康教育带来什么影响？这就是我国社会的主要矛盾已经从"人民日益增长的物质文化需要同落后的社会生产之间的矛盾"转变为"人民日益增长的美好生活需要和不平衡不充分的发展之间的矛盾"，这就是在初步解决了 14 亿国民的温饱问题后，国家越来越重视心理健康、心理健康教育的重要作用，先后颁布了多项统领学生发展全局的纲领性文件、政策。特别是 2012 年 10 月颁布、2018 年 4 月修订的《中华人民共和国精神卫生法》，更是从法律层面对学校心理辅导和心理健康教育工作进行了规定。显然，这与我国不断深化改革开放的伟大社会实践有关，与社会转型期的社会心理与心理冲突有关，更与大力加强德育与思想政治教育工作、全面推进和实施素质教育有关。开展心理健康教育，不仅是时代和社会发展的需要，也是促进学生全面发展、创造性发展和可持续发展，深入贯彻落实"立德树人，育人为本"根本任务的必然要求。知识经济、信息社会和互联网时代的人才，首先应该是心理健康的。现代生理学家和脑科学家一致认为，从事创造性学习和创造性活动，要以个人的心理正常或心理健康作为基本条件。[①] 大学生、中小学生正处于身心发展的重要时期，社会的急剧变化使他们心理上的动荡、困扰进一步加剧，所面临的心理冲突、行为适应问题前所未有。解决这些心理行为问题仅依靠传统的说教式、单一化和程式化的德育、思想政治教育是无法奏

[①] 俞国良：《现代心理健康教育》，13 页，北京，人民教育出版社，2007。

效的，这时就需要心理健康教育的帮助和支持。只有不断强化多种形式的心理健康教育，才能很好地解决学生所面临的种种心理行为问题，发挥春风化雨、润物无声的既治标又治本的独特作用，促进他们更好地适应学校生活、社会生活和职业生活，健康快乐地成长。目前，心理健康教育已成为深化教育改革、全面推进素质教育新的着力点和生长点，并为加强和改善德育与思想政治教育工作，提高主动性、针对性、实效性和吸引力做出了独特贡献。在这里，我把和课题组 20 年来对社会转型中的学校心理健康教育的理论思考与实践研究进行系统梳理与分析，冀望对推动这项工作有所助益。

一、学校心理健康教育的理论探索

在学校心理健康教育的理论探索中，我们对心理健康与生涯规划的关系、学校心理辅导制度建设与心理健康服务体系建设的关系、学校心理健康服务的发展路径与社会转型期复杂生态系统对学生心理健康的影响机制进行了重点阐释。同时，我们对教师心理健康标准、国内外心理健康研究的现状与发展趋势等论题也有所涉猎。

（一）提出了应把生涯规划纳入心理健康范畴的理念

心理健康有多种界定，主要是指一种生活适应良好的状态。生涯规划源于 20 世纪初美国出现的职业辅导领域，意指通过信息给予，帮助个人选择职业，做好就职准备，从事自己喜欢和擅长的职业。现在，人们普遍认同"生涯规划是一个人尽其所能地规划未来生涯发展的历程，在考虑个人的智能、性向、价值，以及阻力和助力的前提下，做好妥善的安排，并借此调整和摆正自己在人生中的位置，以期自己能适得其所"①。生涯规划概念的演变经历了从关注人与事的简单谋划到关注人内在的心理特质和心理过程，被逐步纳入心理健康视野的历

---

① 黄天中：《生涯规划——理论与实践》，7 页，北京，高等教育出版社，2007。

程，也是其与心理健康概念形成相互依存关系的历程。心理健康视野中的生涯规划是在纵横交织的生涯发展中展开的，其根本任务是建构完整的人格，使人们有效地适应社会生活，终极目标是自我实现，途径是活动探索和体验学习。这与心理健康的途径、目标和任务殊途同归。一言以蔽之，生涯规划作为一种体现人的主动性、创造性的动态过程，是一个自我认识、自我选择、个体需要与社会需求匹配的过程，已成为完成心理健康计划、蓝图的行动方针。心理健康作为一种具有相对稳定性的心理状态，是个体进行适宜生涯规划的基础和保证。个体在生涯规划过程中实现着心理健康，心理健康继而影响着生涯规划的整个过程。两者都是学校德育、思想政治教育工作的重要组成部分，生涯规划是联结心理健康与德育、思想政治教育工作的中介，两者在个体身上构成一种循环和整合，相互依存，相互促进，最终实现人的全面发展。

(二) 对学校心理辅导制度和心理健康服务及其体系建设进行了系统阐释

学校心理辅导制度是心理健康教育系统的核心，有的研究者甚至把两者视为等同①。学校心理辅导制度是教育行政部门为了贯彻执行国家各项心理健康教育政策，保障学校心理辅导工作顺利开展，依照法规、政策而制定的心理健康教育规则、规程或行动准则，包括学校心理辅导的根本制度、基本制度和具体制度三个层面。具体来说，根本制度就是党和国家的教育方针，把立德树人、提高学生心理素质、促进全面发展作为根本任务；基本制度是指国家颁布的相关心理健康教育政策、文件和条例，即法规性制度；具体制度包括心理辅导管理制度、心理危机预防及干预制度、朋辈心理辅导制度、心理健康课程管理制度、精神疾病筛查及转介制度、心理成长信息资料管理制度、心理辅导伦理制度、心理辅导人员资格准入制度、心理辅导队伍培养及督导制度等，即岗位性制度。目前，学校心理辅导工作越来越受到社会的广泛重视，心理辅导制度建设也得到了迅速发展，但与西方发达国家相比，尚有一定距离。因此，大力加

---

① 叶一舵：《台湾学校辅导发展研究》，35 页，福州，福建教育出版社，2011。

强我国学校心理辅导制度建设势在必行，这需要从学校心理辅导室或心理咨询中心、心理健康教育特色校建设标准与规范等实体化制度建设抓起。

与此对应的是学校心理健康服务及其体系建设。学校正从心理健康教育模教育式向服务模式转型，这种转型是历史的必然，也是学校心理健康教育发展的必然。近年来，随着积极心理学的悄然兴起，学校心理健康服务的对象逐渐扩展到全体学生，强调面向健康的大多数学生进行心理健康教育，提高全体学生的心理健康素质，以预防和促进发展为导向。服务模式相对于教育模式，主要强调的视角不同。教育模式有一个内隐假设，即教育者根据预设内容和目标，有计划、有步骤地对教育对象实施影响，有"居高临下"之嫌；服务模式重视以学生的需要为出发点和立足点，发挥学生的主动性和积极性，强调根据学生的心理发展规律和成长需要，提供相应的心理健康服务，即强调提供适合学生发展需要的心理健康教育。我们以为，学校心理健康服务是教师以一般专业理论指导或原则为依据，在对一组已知事实和经验结果进行理解和解释的基础上，结合相应的心理学方法，进行心理健康教学、心理健康评估、心理辅导以及危机干预等活动，提高学校全体成员心理健康水平的专业活动。学校心理健康服务体系则是学校心理健康服务的载体。以学校心理健康教育教师为核心的工作队伍，遵循心理健康的特点和规律，向学生和教职工提供不同层级的心理健康与心理保健服务，以及围绕该项工作的各种人财物的投入、教育培训、管理以及相应的制度建设等。根据目标和任务不同，学校心理健康服务及其体系可以划分为心理健康自评和他评系统、心理健康课程与教学系统、心理辅导与咨询服务系统以及心理疾病预防与危机干预系统。这四个系统作为一个整体，构成了各具特色的学校心理健康服务及其体系。

(三)提出了学校心理健康服务的发展路径和社会转型期复杂生态系统对学生心理健康的影响机制

以教育部《中小学心理健康教育指导纲要(2012 年修订)》为蓝本，我们从比较的视角，系统分析了近年来国内外中小学心理健康教育研究与实践在教育目标、教育内容、途径和方法、组织实施等维度上的新特点、新发展。基于此我们认为，国际学校心理健康教育的发展呈现了从教育向服务转变，从问题矫正向预防干预转变，重视学生学习、生活的生态环境等新趋势。我国学校心理健康教育的发展路径应该从心理健康教育向心理健康教育与服务并重，着力提供优质心理健康服务转变；由侧重于学生心理行为问题的矫正，转变为重视全体学生心理健康的促进与心理行为问题的预防，着力构建学生健康成长的环境生态系统。

同时，要大力加强心理健康专业教师队伍建设，强调以实证为基础的干预行为，重视教育效果的评估与反馈，特别是要探索社会转型、教育改革影响学生心理健康的中介变量与实现机制，这是提升学生心理健康水平的前提条件。研究表明，快速变化的社会环境是影响个体心理健康水平的重大风险性因素[1]；凯斯（Kaess）等人对来自 11 个欧洲国家的 3070 名学生进行了风险行为与心理行为问题的筛查，发现高达 61% 的调查对象属于心理行为问题风险人群，12.5% 的调查对象需要接受进一步专业帮助[2]。生态系统理论能够为这种探索提供有效的理论分析框架。该理论认为，社会影响可以划分为围绕个体扩展开来的一系列系统[3]，而社会转型对学生心理健康的影响依赖于生态系统中各子系统间的互动与传导。据此，我们提出了社会转型影响学生心理健康的社会生态模型（图 23-1）。社会转型影响学生心理健康的方式有两类，一类以社区环境、学校环境等变量为中介，称为系统性影响；另一类以亲子关系、同伴关系等变量为中介，称为关系性影响。以实证研究为基础的学生心理健康教育，要求我们不仅要考察社会转型与学生心理健康的关系，更要进一步分析其影响机制。我们

---

① World Health Organization, "Promoting mental health: Concepts, emerging evidence, practice," http: // apps. who. int/iris/bitstream/10665/43286/1/9241562943_ eng. pdf, 2018-9-30.

② Kaess, M., Brunner, R., Parzer, P., et al., "Risk-behavior screening for identifying adolescents with mental health problems in Europe," *European Child & Adolescent Psychiatry*, 2014, 23(7), pp. 611-620.

③ Lerner, R. M. & Damon, W., *Handbook of child psychology: Theoretical models of human development*, Hoboken, New Jersey, John Wiley & Sons Inc., 2006, pp. 793-828.

认为，社会转型是当下我国学生心理健康最重要的社会影响因素，其作用效果依赖生态系统模型中各子系统的互动。时间系统、宏系统中的相关因素，如社会经济地位、城乡差异等的变化会传导至外系统、微系统，并通过微系统影响学生的心理健康。

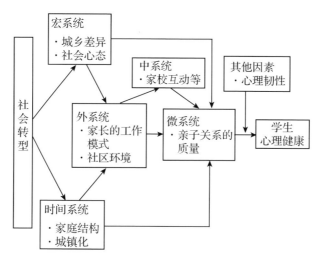

图 23-1 社会转型影响学生心理健康的社会生态模型

(四)提出了社会心理服务框架下的心理健康服务，进而探讨了两者的关系和机制

党的十九大报告明确提出："加强社会心理服务体系建设，培育自尊自信、理性平和、积极向上的社会心态。"毫无疑问，社会转型的特殊历史时期需要中国特色的社会心理服务与社会心理建设。[1] 它可以被简单理解为对民意民心的描述，对偏见歧视的理解，对社会心态和社会舆论的监测，对志愿者行为的引导。从服务对象与范围来看，社会心理服务包括个体层面上正确的社会态度和健康的社会情绪服务。在人际层面上，社会心理服务包括客观的社会认知和健全的社会影响服务。在群体层面上，社会心理服务包括积极的社会行为和公平的公共服务。微环境、中环境和宏观环境系统是不同层面上社会心理服务的主

---

[1] 俞国良：《社会转型：社会心理学的立场》，73~74 页，北京，中国社会科学出版社，2016。

要路径。社会心理服务的核心就是符合中国国情的心理健康服务，这是我国经济社会协调发展的"间接生产力"。我们认为，从心理健康服务的目标、内容、人群、途径和方法来看，心理健康服务已成为社会心理服务的"风向标"和"压舱石"；同样，社会心理服务决定心理健康服务的效果，无论是从自我成长，还是从社会转型中的环境生态系统来看，社会心理服务就是罩在心理健康服务上的"一道魔咒"；两者互为因果、相互促进。其中，完善心理健康服务是基础，健全社会心理服务是重点，两者统一于自我和谐与社会和谐中，其重点是心理和谐。这是提升人们心理健康、幸福感水平、促进人际和谐和社会稳定的重要举措，更是实现国家长治久安和中华民族伟大复兴中国梦的一项源头性的基础工作。其过程必须在社会心理服务框架下，通过心理健康服务的中介，逐步走向社会心态培育，这是由我国社会发展的不平衡和不充分决定的，也受到时代背景、心理学学科发展以及社会心理服务在领域、区域、群体发展不平衡、不充分的影响。

二、学校心理健康教育测评工具的编制研究

我们采用元分析与横断历史分析的方法，考察了 1987—2013 年初中生心理健康随时代变迁的趋势与特点。结果发现，初中生的症状自评量表(SCL-90)各因子得分随年代变化的趋势不明显；与男生相比，女生心理健康变化的幅度较大，心理健康水平更低；初中生的心理健康水平随年级下降，七年级学生随年代变化的幅度最大；东部地区初中生的心理健康水平不断提升，中西部地区初中生的心理健康水平却不断下降，且西部地区初中生的心理健康水平经历了中等程度的恶化。青春期、社会转型等是初中生心理健康变迁的主要影响因素。接着，我们运用元分析法对 1990—2012 年高中生(含中职生)的心理健康文献进行研究，这些文献以症状自评量表(SCL-90)为研究工具，共包括 118117 名高中生。结果发现，高中生在 1990—2004 年，心理健康水平缓慢下降；自 2005 年

至 2012 年，高中生心理健康水平趋于平稳。女生比男生心理健康水平更低，20多年来心理健康水平下降得更快。高三年级学生比高一、高二年级学生心理健康水平更低；东部地区高中生心理健康水平显著优于中西部地区高中生，中职生心理健康水平略低于普通高中生。

上述两项元分析研究究竟说明了什么问题？可谓仁者见仁，智者见智。

必须承认，以前我国在学校心理健康测评和评价过程中多是直接使用或通过修订使用其他国家的测评和评价工具。例如，大学生新生进行心理测评最常使用的工具是症状自评量表（SCL-90）和日本的大学生人格问卷（UPI），普通人常用的有焦虑自评量表（SAS）和抑郁自评量表（SDS）等。直接使用国外的测评工具评价我国学生的心理特点，评价效度可能较低。因此，中国特色的本土化心理健康评价工具的编制是推进我国学校心理健康服务体系建设的基础任务。特别是针对转型期社会，学校心理健康教育工作的重点应是进行大规模心理行为问题的筛查和心理行为问题风险行为的控制。鉴于此，我们历经数年，分别编制了中小学生心理健康量表、中职生心理健康量表、青少年心理健康量表和教师心理健康评价量表等测评工具。在心理健康量表的编制研究中，我们把心理健康的标准理解为，凡对一切有益于心理健康的事件或活动做出主动、积极反应的人，其心理便被界定为健康。结合调查研究和心理辅导与咨询实践，我们认为，学生心理健康主要涉及，学习、人际关系、自我发展、情绪与社会适应等几个方面。

（一）中小学生心理健康量表的编制研究

1999 年，我们开始编制中小学生心理健康量表，从北京市某学校随机抽取1000 人进行预测。原始量表设计了 164 道题目，从学习、人际关系、自我三个维度测量学生心理健康水平。学习维度由五个次级维度构成，自我满足感、体脑协调性、环境适应性、学习习惯、情感感受性；人际关系维度由五个次级维度构成，信任感、稳定性、合群性、独立性、建设性；自我维度由七个次级维度构成，社会自我、家庭自我、情绪自我、学术自我、自我认同、认知自我、生理自我。根据因素分析的结果，我们删除了影响问卷结构效度、表述不清和所测角度重复的题目，修改后的总量表由114道题目构成。调整后，学习分量表保持原维度不变；人际关系分量表去掉稳定性维度，增加亲密性维度；自我分量表调整为社会自我、家庭自我、情绪自我、学术自我、自我认同五个维度。2001年，我们再抽取1200人进行团体施测，回收后得到有效问卷1156份，用SPSS软件对数据进行统计处理，分析其信度和效度。结果表明，该量表具有较好的信度及构想效度。2003年，我们进行了验证性因素分析。被试来自浙江省、四川省的几所普通中小学校，共3054名学生。经调整后的正式量表由学习、人际关系、自我、适应四个分量表构成。其中学习分量表由自我满足、体脑协调、环境适应、学习习惯四个次级维度构成；人际关系分量表由认同感、信任感、合群性、独立性四个次级维度构成；自我分量表由社会自我、家庭自我、情绪自我、人际自我四个次级维度构成；适应分量表由生活自理和亲社会行为两个次级维度构成。正式量表仍有114道题目，涵盖了中小学学生成长和发展的现实环境中与心理健康密切相关的主要问题。为了更加明确不同年龄阶段学生心理健康的特点，在上述"中小学生心理健康量表"基础上，我们又分别修订、编制了"初中生心理健康量表"和"高中生心理健康量表"。

2017年，我们从学习、自我、人际关系、适应、情绪五个维度定义了初中生心理健康的量表结构，并考察了初中生心理健康的特点。与男生相比，女生的人际状况更好，表现出了更多亲社会行为；九年级学生逐渐向青少年后期过渡，情绪调节能力最强，但学业压力降低了他们的学习满足感与自我评价；青春期叛逆影响了八年级学生的社会评价及生活适应；城市初中生的人际关系状况与亲社会行为显著好于农村学生。

2016年，我们定义的高中生心理健康量表结构包括学习、自我、人际关系、适应、情绪调节和职业规划六个维度18个分维度。高中生心理健康特点表现为，男生和女生在心理健康的不同方面表现出不同优势，心理健康的年级差异不大，普通高中生在学习、自我、人际关系、情绪调节、适应等多个方面优于中职生，而中职生在职业选择方面的实践探索更多，城市学生在心理健康的多个方面均优于农村学生。

（二）中职生心理健康量表的编制研究

2005 年之前，没有一个针对我国职业教育实际、适合中等职业学校学生的心理健康量表。根据国内外学者对中职生心理健康教育的研究，结合中职教育实践以及在实验学校进行的心理辅导实践①，我们提出了关于中职生心理健康的学习、成长、生活、职业四个维度，并于 2005 年开始编制项目进行预测、初测并进行了修订，还对量表进行了信度、效度检验和探索性因素分析。

我们于 2005 年进行了第一次施测。被试为某职业学校一至三年级全体学生，共 1991 人参加，收回有效问卷 1941 份。结果表明，中职生心理健康量表中总量表和各分量表的 α 系数在 0.849～0.945，分半信度在 0.782～0.895。总量表和各分量表都具有较高的内部一致性信度和分半信度。四个分量表与总量表的相关系数为 0.786～0.864，说明分量表所测内容与总量表所测内容存在着较高一致性。整个量表具有较好的结构效度。我们对四个分量表分别进行了探索性因素分析，结果发现，各分量表所提取因素的累积方差贡献率在 39.394%～44.529%，题目的因素负荷值分布范围为 0.415～0.766。可以看出，四个分量表具有较好的因素结构，即构想效度。

我们于 2007 年进行了第二次施测。被试是来自三所中等职业学校的一至三年级学生，共 1176 人，回收有效问卷 1092 份。我们依据各分量表项目的方差-协方差矩阵，采用极大似然估计，对每个分量表的五因素模型进行一阶验证性因素分析。我们根据模型修正指数去掉模型中交叉载荷较高（IM 值大于 5 时）的项目（学习分量表去掉两个项目，成长分量表去掉四个项目，生活分量表去掉五个项目，职业分量表去掉两个项目），对每个分量表剩余项目进行一阶验证性因

---

① 俞国良：《为中职服务的心理学探微》，282～290 页，北京，高等教育出版社，2010。

素分析，每个模型各拟合指数均有提高。总量表与四个分量表的信度指标良好，均达到了心理测量学要求，表明量表具有较好的信度。最终，总量表共有四个分量表、20 个维度、116 个项目。验证性因素分析结果表明，实际测量数据与理论模型之间拟合程度良好，表明中职生心理健康量表具有较好的结构效度，各项指标均达到心理测量学标准，符合心理健康量表的编制要求。

(三) 青少年心理健康量表的编制研究

在编制心理健康量表的基础上，我们从学习、自我、人际关系、情绪调节、社会适应、职业规划六个方面全面了解 12~18 岁青少年的心理健康状况。我们于 2015 年进行了两次施测。第一次是对某普通高中学校一至三年级的 15~18 岁学生进行测试，共 360 人参加，回收有效问卷 347 份。初始量表有 120 个项目，我们通过探索性因素分析探索问卷结构，并根据统计学标准删除项目因素负荷值低于 0.4、共同度低于 0.5、在多个因子上载荷较大的项目，以及项目与因素关系不清晰的项目。根据因素的特征值大于 1，而且每个因素至少包含 3 个项目的标准，我们将量表修订为 92 个项目。第二次的被试来自 1 所普通中学和 2 所中等职业学校，年龄为 12~18 岁，共 1220 人参加，回收有效问卷 1100 份。我们根据验证性因素分析的修正指数，删除含义重复的项目，最终将青少年心理健康量表修订为 87 个项目。学习分量表包括满足感、学习兴趣和专注力；自我分量表包括家庭自我和自我评价，人际关系分量表包括人际认同感、信任感、异性交往焦虑和异性沟通；社会适应分量表包括社会规范、亲社会行为、自理能力和生活习惯；情绪调节分量表包括情绪反思和情绪控制；职业规划分量表包括职业信息搜索、职业兴趣探索和职业实践探索。

(四) 教师心理健康评价量表的编制研究

作为"心灵成长和心理健康"的护法使者，教师不但对学生的身心健康负有重要责任，而且自身应成为学生身心健康的样本和表率。教师的心理状态、言谈举止、人格特征会以潜移默化的方式，对学生学习效果、个性发展和心理健康产生深刻影响，其影响的深度和广度是其他职业所无法企及的。鉴于此，国内外学者对教师心理健康问题进行了一系列的探讨与分析，包括教师心理健康的概念、标准、测量及相关因素[1]。我们认为，教师心理健康评价量表应由自我、生活、工作和社会四个方面构成。通过理论分析、文献梳理和专家访谈，我们形成了包含 92 个项目的初始测量工具。该评价量表由四个分量表构成，即生活分量表、工作分量表、自我分量表和社会分量表。其中，生活分量表包括正视现实、有幸福感、有效应对日常压力三个子维度；工作分量表包括工作（职业）角色认同、有成就感、有效完成本职工作三个子维度；自我分量表包括正确的自我认识、自尊感、有效自我控制三个子维度；社会分量表包括良好的人际关系、具有社会责任感、较多的亲社会行为三个子维度。2008 年，我们把北京、河北、江苏、山东、山西、青海、浙江 7 个省市所有学段（幼儿园、中小学、大学）的教师作为研究对象，共发放调查问卷 2000 份，收回 1920 份，其中有效问卷 1819 份。结果表明，根据理论分析和建构所得到的由自我、生活、工作、社会四个分量表构成的教师心理健康评价量表具有较高的信度和效度，可用于今后同类及相关研究对教师心理健康状况的测量。

三、学校心理健康教育现状的调查研究

根据世界卫生组织的调查与评估，我国现有重症精神疾患病人高达 1600 万，70% 左右的人处于精神"亚健康"状态，有 1.9 亿人在一生中需要接受专业心理咨询或心理治疗，在年满 20 岁的成年人中，有心理障碍的患者以每年 11.3% 的速度增加，17 岁以下未成年人有各类学习、情绪、行为障碍者约有 3000 万人。根据我们的调查与评估，大学生中 16%～25.4% 的人有心理障碍，

---

① 俞国良、宋振韶：《现代教师心理健康教育》，13～17 页，北京，教育科学出版社，2008。

小学生有心理行为问题的占 10% 左右，初中生占 15% 左右，高中生约为 18%。[①]可见，学生的心理健康问题不容忽视。为此，我们从学生心理健康现状和心理健康教育工作现状两个层面，分别对中小学校、中等职业学校和高等学校进行了广泛调查研究，初步积累了我国学校心理健康教育状况的第一手数据资料。

（一）中小学校心理健康教育现状的调查研究

从 2014 年开始，我们对中小学校心理健康教育的现状进行了较为系统的调查研究。我们选取我国中部地区两个地级市的城市和农村中小学生为研究对象，采用自编调查问卷，对心理健康教育状况进行研究。我们以城市和农村地区 11338 名中小学生为被试发放调查问卷，回收有效问卷 11027 份，回收率为 97.3%。其中，农村中小学生 4453 人，占 40.4%，城市中小学生 6574 人，占 59.6%，符合当地农村和城市学生比例。结果发现，中部地区心理健康教育普及率和教育效果有较大改善。城市中小学在设置心理辅导室和心理健康教育课程开设方面较好，学生评价也更高。整体来看，农村中小学心理健康教育相对落后，心理健康教师专业化程度有待提高；中学生心理健康教育滞后于小学生心理健康教育，初中阶段尤甚。对这两个地级市的 584 名中小学心理健康教育专兼职教师和 209 名学校管理者的分层随机抽样调查表明，第一，心理健康教育受到大多数中小学校的重视。在参加调研的学校中，90% 以上开展了心理健康教育工作。大多数心理健康教育专兼职教师能感受到学校领导对他们工作的支持。第二，心理健康教育师资队伍的构成复杂，专业化水平有待提高。大部分专职教师有担任其他课程的经历，在兼职教师中，德育课教师和班主任居多；学校心理健康教育的形式以授课为主，授课方式主要是讲授和活动相结合；部分教师还承担学生心理辅导的任务。教师在对自己的工作效果普遍感到满意的同时，表现出强烈的求知欲，对心理健康教育教师专业培训的需求很大。第三，

---

① 俞国良：《社会转型：心理健康教育报告》，3 页，北京，北京师范大学出版社，2017。

学校管理者在选择心理健康教师时非常重视专业背景、学历学位、相关资格认证、授课技能、从业时间与经验及人格等因素。他们认为，心理健康教育专职教师的工作任务应包括教育教学、心理辅导及心理健康宣传。参加调研的学校对心理健康专兼职教师的管理普遍较为规范，有具体的工作责任/岗位描述、系统的绩效考核方案，并明文规定了薪酬与绩效考核的关系。大多数学校管理者对本校心理健康专兼职教师和学校的心理健康教育工作感到满意。

(二) 中职学校心理健康教育现状的调查研究

从 2010 年开始，我们对中职学校心理健康教育的现状进行了调查研究。被试来自北京 1 所中等职业学校，发放问卷 1991 份，收回有效问卷 1961 份。其中女生 830 人，男生 1131 人；一年级 642 人，二年级 705 人，三年级 614 人。结果表明，第一，中职生总体心理健康的变化趋势呈 V 字形，即二年级最低，一、三年级基本持平；随着年级的升高，中职生的年级差异从学习逐渐转向成长和生活方面；女生在四个方面的得分均显著高于男生。第二，学习方面的学习动机从一年级到三年级呈下降趋势；成长和生活方面总体呈上升趋势，职业胜任感的各年级差异较小；在四个方面中，学习方面得分最低，生活方面得分最高，并且差异显著，反映了中职生心理健康不同方面发展的不平衡性。

接着，我们采用自编问卷和焦点访谈，调查分析了中等职业学校心理健康教育师资队伍建设的基本情况。其中学生问卷有 7 道题目，教师和校长(管理者)问卷分别有 22 道和 23 道题目，问卷具有较好的信度和效度。我们采用分层随机取样的方法，面向全国 31 个省、市、自治区的 215 所中等职业学校发放问卷，共收回学生有效问卷 38813 份(占参研学校在校生的 6.86%)，教师有效问卷 1863 份(占全部专兼职教师的 85.89%)，学校有效问卷 213 份(占参研学校的 99.07%)。焦点访谈研究采用座谈会、电话访谈、网络采访 3 种方式进行。我们分别在广州、苏州、武汉、石家庄、重庆召开了 5 次德育课教师(含专职、兼职心理健康教育教师)和学校管理者参加的座谈会，通过电话和网络听取了偏远地区教师和学校管理者对心理健康教育师资队伍建设的认知与评价。结果发现：第一，心理健康教育受到大多数中等职业学校的重视，90%参加调研的学校开展了多种形式的心理健康教育。第二，近半数中职生了解心理健康及心理健康教育的活动形式；中职生对心理健康教育课的评价呈良好态势，对心理健康教育教师的评价较高；接受过心理咨询的中职生对心理咨询者的水平与效果评价较高。第三，心理健康教育教师构成复杂，除专职心理健康教育教师外，其余专兼职教师大多为德育课和文化课教师；这些专兼职心理健康教育教师的教育背景多元，仅有少数接受过心理学专业训练。第四，学校管理者十分重视心理健康教育教师的专业背景、相关资格认证、授课技能、从业时间与经验、人格健全与心理健康程度；心理健康教育教师工作任务比较综合，责任范围广泛，多数学校对其管理有待规范，特别是制度、条例和职责分工需要进一步明确。

（三）普通高等学校心理健康教育现状的调查研究

普通高等学校是心理健康问题的"重灾区"。为了了解目前普通高校学生、专兼职教师和教育管理者对心理健康教育的认知与评价，从2016年开始，我们对全国7个省市(北京、河南、陕西、湖北、浙江、贵州、广东)的11所高校进行了大样本纸质问卷调查。对全国10405名大学生的调查结果表明，大学生对心理健康教育内容有多样需求，但满意度较低；对心理健康教育教师和心理咨询师专业性的认可度较低，网络心理健康教育体验较差，对大学、中小学心理健康教育衔接情况满意度较低。学校党团组织和社团开展的活动丰富了心理健康教育模式，而任课教师、辅导员等对心理健康教育的重视程度仍显不足。当前普通高校心理健康教育应着力提升师资软实力，重视网络心理健康教育体系建设，提高教师全员参与的积极性，完善大学、中小学心理健康教育的衔接。

对上述普通高校491名心理健康教育专兼职教师的调查结果表明，普通高校对心理健康教育的重视程度较高，但制度保障仍然不足；普通高校普遍开设了心理健康教育课程，但课程质量仍需提高；心理咨询室运转状态良好，但应进一步扩大职责范围；心理健康教育专兼职教师的专业化水平较低，应注重培训与科研的作用；网络心理健康教育已经起步，但利用程度仍然较低。

对上述高校 253 名教育管理者的调查结果表明，教育管理者应提高对心理健康教育的要求，推动心理健康教育工作的继续发展；进一步推进心理健康教育制度建设，并保证制度的顺利落实；在对心理健康教育兼职教师的要求上，既要注重教师的工作能力，也要注重教师的专业水平；在对心理健康教育专职教师的管理上，既要抓好工作效果，也要抓好队伍建设。

此外，我们还对不同地区高等学校心理健康教育现状进行了对比研究。结果表明，与东部地区高校相比，西部高校心理健康教育在制度落实、课程设置、心理咨询室建设、师资力量和经费支持等方面较为薄弱；中西部高校在网络心理健康教育方面取得了较为明显的进展。基于高校心理健康教育的地区差异，未来应加强东部地区高校与中西部地区高校之间的交流与借鉴，通过整合各地区的优势资源，切实完善心理健康教育体系。对不同类型高等学校心理健康教育的对比研究结果表明，第一，普通本科院校心理健康教育课程普及度更高，但心理健康教育可能存在形式化倾向；第二，重点院校心理健康教育的效果最好，这是因为重点院校心理健康教育的经费充足，心理健康教育形式多样、途径广泛，师资水平较高；第三，地方高校心理健康教育较为落后，且学生对心理健康的认识浮于表面。

高等学校研究生心理健康教育的情况是怎样的呢？我们对北京市 21 所高校按照整群抽样的方法，以班为单位选取硕士一年级至博士三年级及延期毕业的共 1155 名研究生，采用问卷法进行了调查研究，问卷包括对生活满意度、总体主观幸福感、抑郁和焦虑程度的评定。结果发现，总体而言，北京市高校研究生的总体主观幸福感差强人意；生活满意度稍偏满意，但普遍有轻度抑郁、焦虑倾向，且抑郁和焦虑量表与总体主观幸福感各分量表之间相关均达到显著水平。男女生在总体主观幸福感、生活满意度、消极情感、焦虑等变量上的得分均差异显著，男女生在积极情感和抑郁上的得分差异不显著。不同学历研究生的总体主观幸福感和焦虑、抑郁无显著差异。总体而言，人文社科和艺术专业的研究生心理健康水平相对高些，理工研究生次之，农学研究生最低。有14.3%的研究生认为目前的生活不快乐，25.4%的研究生对自己的生活不满意，23.2%的研究生认为当前生活不幸福，另有11.8%的研究生存在高焦虑倾向。毫无疑问，研究生心理健康状况不容乐观。

(四) 高职院校心理健康教育现状的调查研究

高职院校作为高等学校的重要组成部分，占有"半壁江山"。一些研究者使用症状自评量表(SCL-90)对高职生的心理健康状况进行了调查，结果并不乐观。[1][2] 我们的调查研究发现，高职院校心理健康教育的问题主要表现在以下四方面。第一，国家从政策上对高职院校心理健康教育的指导相对落后，高职院校的心理健康教育既落后于同为高等教育的一般本科院校，又落后于同为职业教育的中职学校。第二，高职院校心理健康教育存在落实不到位的情况，一些高职院校甚至只是将开展心理健康教育视为应付上级的"规定动作"，这种形式主义的心态导致心理健康教育收效甚微。第三，高职院校心理健康教育课程设置达不到规定标准，高职院校的心理健康教育课程多只在大一开设，对大二、大三学生的心理健康教育存在缺失。第四，高职院校心理健康教育师资不足，首先体现在教师队伍的专业化程度不够，许多从事心理健康教育的教师没有心理学专业背景。另外，心理健康教育师资不足还体现在教师数量上。

为了进一步把握高职院校心理健康教育的现状和特点，我们采用自编问卷，就高职院校学生、专兼职教师和教育管理者对心理健康教育的认知与评价，进行了大规模的网络调查。首先，我们对14所高职院校的14912名学生进行了调查，旨在了解目前高职院校学生对心理健康教育的认知与评价。结果表明，学

---

① 邱开金：《高职学生心理健康问题研究》，载《心理科学》，2007，30(2)。
② 边文颖：《关于高职生心理健康状况的调查研究》，载《教育理论与实践》，2011，31(1)。

生对心理咨询与心理健康教育课程、心理健康教育形式的多样性、全员参与程度、获取心理健康服务的自主性等方面的满意度较低。基于现状和存在的问题，我们认为，高职院校应以普及心理健康教育为核心，切实加强制度建设与课程设置，实行全员参与、自主自助的心理健康服务新模式。我们发现一部分高职生存在自卑心理特点，自卑人数随年级升高呈逐渐增加的趋势；教师对心理健康教育职教特色的评价较高，与学生的较低评价存在较大反差。增强高职院校心理健康教育特色，对症下药，有助于消除高职生自卑心理，提高心理健康素质。其次，我们对14所高职院校的468名高职院校心理健康专兼职教师进行了调查研究，考察了他们对心理健康教育工作现状的认知与评价。结果发现，目前高职院校心理健康教育制度还不够完善，课程设置未达到相关标准，师资队伍专业化水平较低；在对学生心理行为问题和心理疾病的筛查和干预上，高职院校都予以了较高程度重视。最后，我们对上述高职院校的326名高职院校教育管理者进行了调查研究，考察了他们对心理健康教育工作与心理健康教育师资队伍建设的认知与评价。结果发现，高职院校教育管理者对当前心理健康教育工作比较满意，但各院校在制度的具体落实上还存在不足，兼职心理健康教育教师的专业化水平较低，对专职教师的管理上存在不规范之处。在未来的工作中，高职院校教育管理者应切实履行对心理健康教育的领导责任、建设责任、管理责任和参与责任。

在调查研究基础上，我们对高职院校大学生心理健康现状与存在问题进行了分析，并从正确认识高职教育地位、加强心理辅导制度建设、建设具有高职特色的心理健康教育体系、丰富心理健康教育形式、加强教师队伍建设、努力实现由心理健康教育向心理健康服务转型六个方面提出了具体对策与建议。

四、学校心理健康教育政策的编制研究

这是我们作为教育部相关心理健康教育政策的亲历者、当事者和编制研究

者，对国家心理健康教育政策的认识与理解。[①] 国家对心理健康、心理健康教育的深谋远虑和高瞻远瞩，充分体现了顶层设计的高度、精度和力度，且环环紧扣、层层递进，为我国现代学校心理服务体系建设与心理健康教育事业发展奠定了坚实基础。[②]

(一)《中小学心理健康教育指导纲要》的编制与修订研究

2002 年，受教育部基础教育司委托，我们开始了《中小学心理健康教育指导纲要》的编制研究。纲要明确了中小学心理健康教育的指导思想和基本原则、目标与任务、主要内容、途径和方法以及组织实施。这使中小学校科学开展心理健康教育有了基本遵循依据，是我国中小学心理健康教育发展中的里程碑。10 年后，我们受教育部基础教育一司委托，主持《中小学心理健康教育指导纲要》的修订工作。通过对各地中小学心理健康教育相关政策文件的分析，对北京、上海、河北、河南、福建、浙江等省市的 8 次调研，以及与全国心理学知名专家的咨询和研讨，我们首先确定了中小学心理健康调研和访谈提纲，在此基础上，充分考虑心理健康教育的专业性、科学性特点和各地发展不平衡的现状，逐步展开了这项工作。在修订过程中，我们始终坚持以学生为本，提供适合学生发展的心理健康教育，坚持从宏观到微观、从理论到实践的方法论原则，确定了三条思路。一是提供适合中小学生发展需要的心理健康教育；二是关注与教育部相关心理健康教育政策文件的衔接、延续和创新；三是以问题为导向确保心理健康教育的实效性。具体来说，包括文献阅读、专家咨询、问卷调查和教育咨询、焦点访谈、分篇修订、整合和审定等步骤。纲要重点修订和有所创新的主要内容包括：第一，明确以"立德树人，育人为本，心理和谐"为中小学心理健康教育的具体指导思想；第二，明确提出要以学生发展为本，提供适合学生发展需要的心理健康教育；第三，明确提出加强中小学心理健康教育督

---

① 俞国良：《为大众服务的心理学探微》，北京，中国人民大学出版社，2012。
② 林崇德、俞国良：《〈中小学心理健康教育指导纲要(2012 年修订)〉解读》，5 页，北京，北京师范大学出版社，2013。

导，列入"专项督导"内容；第四，明确规定学校要开设心理健康教育课程和规范心理辅导室建设，保证心理健康教育时间；第五，重点对中小学各学段心理健康教育内容进行了全面调整，重新安排和设置了更科学、更规范、更具有针对性的分阶段教育内容；第六，确立了全程、全员、全方位的教育理念，心理健康教育要渗透到学校教育教学全过程，以及要求各地设置心理健康教育教研员制度。

为了把纲要落到实处，2014 年~2015 年，我们在基础教育一司和中小学心理健康教育专家指导委员会的指导下，进行了《中小学心理健康教育特色学校建设标准》和《中小学心理辅导室建设指南》的编制工作。为了编制《中小学心理健康教育特色学校建设标准》，我们用近 1 年时间对北京、上海、河北、河南、浙江、宁夏和内蒙古等省、市、自治区进行了专题调研，先后召开 9 次座谈会，就教育行政部门领导特别是中小学校长对心理健康教育的认识、学校心理健康教育组织机构、制度规范条例、师资队伍、课程、心理辅导室和育人环境建设、学校心理健康教育的条件、经费保障、科研成果和工作成效等问题，广泛倾听了主管领导、教研员和一线教师的意见。我们最后确定了组织领导、条件保障、教育教学、科学发展四个一级指标，每个一级指标下又有若干二级指标，构成了一个详尽的评估体系，以确保特色学校争创工作的规范有序开展，树立一批心理健康教育工作先进典型，推动广大中小学全面深化心理健康教育，切实提高中小学生心理素质和心理健康水平。为了编制《中小学心理辅导室建设指南》，鉴于中小学心理辅导室建设中存在的一些问题，我们对省、市、区、县和学校已颁布的 42 个心理辅导室建设指南的文献资料进行了梳理，对 35 所高校、科研院所的 55 名心理学专家教授进行了问卷调查，以及对北京、广东、浙江、湖北、陕西、贵州、甘肃 7 个省市的中小学心理健康教育主管领导、教研员、校长和一线教师进行了 8 次访谈调研。结果发现，当前中小学心理辅导室在原则与目标、功能定位、基本建设要求、分类配置标准、伦理与规范以及领导重视程度、师资配备与解决待遇、专业培训与提高、测评工具的选择与使用、图书资料与设备设施的规范管理和经费保障等方面，都有待改进与完善。在编制过程中，我们坚持以促进学生发展为根本，心理辅导室软、硬件标准设施配置要遵循中小学生身心发展特点和心理健康教育规律，重在提供心理辅导和心理健康服务。中小学心理辅导室软件建设涉及心理测评和个体成长管理软件、心理辅导教师资质要求及心理辅导室的岗位规章制度等；中小学心理辅导室硬件建设涉及场地建设、环境要求、基础设施等。此外，提高心理辅导室从业者的专业水平和伦理规范也至关重要。我们从心理辅导室的功能定位、基本建设要求、配置标准、伦理与规范以及教育成效5个一级指标、18个二级指标进行了评估。

(二)《中等职业学校学生心理健康教育指导纲要》的编制研究

2003年，通过对中等职业学校学生心理健康教育现状、存在的问题和发展特点的调研，我们发现中职生在自我、人际交往、求职择业以及成长、学习和生活等方面会产生各种各样的心理困惑或问题。我们对辽宁、山东、江苏、浙江、四川、陕西、甘肃、广东等近20个地区50多所学校近万名职校生的调查发现，厌学、学习焦虑、交友困难、挫折感强、就业困惑、社会适应能力差等成为中职生普遍存在的心理行为问题。解决这些问题的途径之一是加强心理健康教育。受教育部职业教育与成人教育司委托，2004年我们开始进行《中等职业学校学生心理健康教育指导纲要》的编制研究。纲要明确了中等职业学校学生心理健康教育的指导思想和基本原则、目标和主要内容、途径与方法、组织与实施，以帮助他们正确认识并处理成长、学习、生活和求职就业中遇到的心理行为问题，促进身心全面和谐发展。为了进一步落实纲要，我们接受了中职学校《心理健康教学大纲》的编制研究工作。大纲明确规定中职心理健康课程主要包括五个方面的内容，心理健康基本知识，悦纳自我、健康成长，和谐关系、快乐生活，学会有效学习，提升职业心理素质。教学内容要围绕学习环节、活动和体验环节以及实践环节安排。同时，中职学校要结合教学内容，利用校内外资源，在课堂教学和综合实践活动中有计划地组织学生开展团体辅导、个别咨询、心理行为训练等活动。特别是在实习实训中，中职学校要渗透心理健康教育，通过开展校园文化活动等普及心理健康知识。一年级以心理健康知识、学校环境适应、学习兴趣培养和学习潜能开发为主要内容；二年级以成长和生活中的自我意识、职业心理准备、建立良好的人际关系为主要内容；三年级以认识职业和培养职业兴趣、做出职业选择和社会适应训练为重点，树立正确的职业观、合作与竞争意识，增强迎接职业挑战的信心。

(三)《高等学校学生心理健康教育指导纲要》的编制研究

为了了解在社会转型特殊历史时期，我国高等学校大学生心理健康教育的现状、特点与发展趋势，为今后的工作提供指导，2016年年底受教育部思想政治工作司委托，我们着手《高等学校学生心理健康教育指导纲要》的编制研究工作。编制过程包括文献资料梳理、问卷调研、访谈调研和文本起草等步骤。我们采用自编问卷（含教育管理者问卷、教师问卷、学生问卷），对全国30所高等学校进行了调查，对清华大学、河南大学、咸阳职业技术学院等15所高校进行了访谈调研，参加人员为学生管理工作者、辅导员、心理健康专职教师和学生代表，听取了15所高校相关人员在心理健康教育工作中存在的问题与建议。通过调研我们发现，高校对心理健康教育工作的重视程度不断增强，各方面工作较前几年都有了很大起色，如许多高校已经落实生均10元的经费标准，努力扩大心理健康教育课程覆盖面，配置专职心理健康教育教师等。与此同时，他们在心理健康教育工作中也遇到了一些问题，如师资配备薄弱、转介机制运转不良、专职教师个人发展空间不足等。特别是在心理健康教育观念上，他们对心理健康教育的认识仍存在偏差，对于心理健康教育的目标、任务、内容和途径等存在模糊观点，影响了心理健康教育的实际效果。为了全面推进和深化高等学校学生心理健康教育工作，有必要对高等学校学生心理健康教育的指导思想和基本原则、目标任务与工作方式、主要内容、途径与方法、组织管理与实施进行界定。这有利于坚持高校心理健康教育是思想政治工作的重要组成部分，明确大学生心理健康教育的主要任务是提高其心理健康意识，引导高等学校心理健康教育由问题导向向积极心理品质培育转轨，全面强化心理健康教育向心理健康服务转型，强化分类指导的心理健康教育推进方式，大胆探索高等学校大学生心理健康教育的新路径、新方法和新视野，提供更具有操作性和实效性的高等学校大学生心理健康教育师资培训模式，因地制宜、因势利导，坚持解决大学生心理行为问题与解决生活实际问题相结合。

此外，基于对我国改革开放以来58项相关心理健康教育政策文本的定性分析与定量研究，我们回顾和展望了心理健康教育政策的历史进程与发展趋势。心理健康教育伴随改革开放进入了大众视野，并由研究与实践的推动逐步融入国家教育政策。心理健康教育政策在进程上历经孕育与准备、初创与整合、成长与发展三个阶段，在结构上由松散变为紧密，在实践上由各部门独立到多部门联动，在理念上由单一教育走向多元服务。根据关键词频次统计分析，心理健康教育政策对"心理"类关键词的关注随时间呈阶段性递增，心理健康教育专项政策的出台能够显著预测对心理健康教育的关注度。我们认为，心理健康教育政策从无到有，逐步建立体系，是社会变迁、政府重视、顶层设计与问题导向合力的结果。这从另一个侧面循证了《中小学心理健康教育指导纲要》《中等职业学校学生心理健康教育指导纲要》和《高等学校学生心理健康教育指导纲要》编制研究的重要价值。

五、学校心理健康教育的实证研究与展望

学校心理健康教育的实证研究至关重要。我们分别对小学生生活压力、学业成就与其适应行为的关系，小学生孤独感、同伴接受性与家庭功能的关系，离异家庭子女的心理行为问题，家庭、社会经济地位对留守儿童同伴关系的影响，情绪对学习困难儿童选择性和持续性注意的影响，学习困难儿童的认知发展、学习动机和信息加工特点，学习困难儿童的家庭资源、父母教养方式与社

会性发展，青少年创造力、心理健康发展特点及其相互关系，青少年主观幸福感中情绪调节效能感的作用，以及教师心理健康问题等进行了实证研究。[1][2]

近年来，我们以大学生为研究对象进行了实证研究。我们以近 15 年来发表的、把职业决策自我效能感量表作为工具的 58 篇文献、26501 个独立样本作为研究资料，对文献中性别、年级、生源地等因素的不同水平在职业决策自我效能感上的标准均差，以及与该指标相关的部分心理健康与生涯变量进行了元分析。结果表明，男女生之间、大一与大二学生之间、大三与大四学生之间、农村与城镇生源之间，在该指标上存在显著差异；降低焦虑感、提高自尊水平、建立良好的社会支持环境，有助于提高大学生的职业决策自我效能感水平。目前大学生自杀已成为一个备受关注的社会现象。我们以近 5 年某市高校大学生自杀数据为例，描述大学生自杀的现状，探索大学生自杀的原因及风险因素。并通过理论探讨，对预防及干预大学生自杀危机的策略进行了反思。我们采用整群取样方法对选自北京市两所高校的 673 名大学生进行问卷调查，考察学业求助行为与成就目标在无聊状态与学业拖延行为关系中的作用。结果表明，大学生的无聊状态对学业拖延行为有显著正向预测性。掌握避免动机、成绩避免动机、执行性求助和避免性求助部分地中介了无聊状态对学业拖延行为的正向预测效应；无聊水平越高，以上四者的水平也越高，继而导致了学业拖延行为的增加。我们以 409 名大学生为被试，采用问卷法考察无聊倾向对总体主观幸福感的影响，以及情绪调节效能感的中介作用。结果表明，无聊倾向负向预测积极情绪调节效能感、抑郁情绪调节效能感及愤怒情绪调节效能感；无聊倾向负向预测总体主观幸福感水平。积极情绪调节效能感和抑郁情绪调节效能感在无聊倾向和总体主观幸福感的关系中起到了中介作用。

创造力和心理健康是目前教育界和心理学界共同关注的两个热点话题。我们的研究发现，艺术类大学生的创造力较为突出，社科类大学生的创造力较差；

---

① 俞国良：《为教育服务的心理学探微》，北京，中国人民大学出版社，2012。

② 俞国良：《为社会服务的心理学探微》，北京，北京师范大学出版社，2012。

创造性思维的年级差异明显，二年级和三年级大学生优于一年级大学生；大学生心理健康水平不容乐观，主要表现是对人际敏感、有强迫症状和偏执，同时，焦虑和抑郁也显著高于全国常模；不同专业的大学生在心理健康水平上有显著差异，理工类、管理类大学生的心理健康水平较高，艺术类、经济类大学生居中，社科类大学生的心理健康水平较低。我们将创造力作为内源潜变量，将心理健康和创造性人格作为外源潜变量，三者构成的结构模型是可以被接受的。该模型表明，大学生的创造力受创造性个性和心理健康的积极影响，而富有创造性个性的个体更容易心理健康。即心理健康水平高的大学生，其创造力水平也较高；我们对有中等程度焦虑和抑郁情绪的大学生进行心理咨询和治疗，使他们的焦虑和抑郁情绪恢复到正常状态，这样可以提高创造力的发挥水平。这说明心理健康或心理正常是个体创造力的基础，也是大学生创造力正常发挥、发展的必要条件。

相较于学校心理健康教育实证研究，更为重要的是学校心理健康教育制度建设。这里，教育行政部门制定的心理健康教育政策至关重要。作为自 1999 年以来教育部一系列中小学心理健康教育政策的亲历者、当事者，我曾打过一个形象的比喻，2002 年颁布的《中小学心理健康教育指导纲要》和 10 年后的《中小学心理健康教育指导纲要（2012 年修订）》就像一支庞大的"军队"，对开展中小学心理健康教育工作有决定性影响；2013 年首批 20 个全国中小学心理健康教育示范区犹如"军队"中的一个"军种"，全面推进了区域性中小学心理健康教育工作；2014 年颁布的《中小学心理健康教育特色学校争创计划》则是"军种"中的一艘"航母"，给各地中小学心理健康教育工作树立了标杆和样板；2015 年颁布的《中小学心理辅导室建设指南》则是"航母"上的"舰载机"，将会进一步推进和深化中小学心理健康教育工作。实际上，这体现了教育部在中小学心理健康教育制度建设上的高瞻远瞩，充分显示了顶层设计者的良苦用心和深谋远虑，为中小学心理健康教育制度建设奠定了坚实基础。

特别需要指出的是，从心理健康教育走向心理健康服务，是必然趋势，这种趋势顺应了国际心理科学发展的新趋势、新潮流。纵观国内外心理学为学校心理辅导服务的历程，根据关注人群和理念的不同，心理学为学校心理辅导服务经历了医学模式、教育模式和服务模式。早期以医学模式为主，关注的人群主要是智力落后或有心理障碍、需要接受特殊心理服务的少数人，并以问题解决为导向。近年来，随着积极心理学的悄然兴起，心理服务的对象逐渐扩展到全体，强调面向健康的大多数人进行心理健康教育，提高全体国民的心理健康素质，以预防和促进发展为导向。因为心理健康教育的主体是人，只有人的主动参与才能使心理健康服务的效果最优化。究竟什么是心理健康服务？我们认为，心理健康服务是以心理健康理论、原理为依据，在对一组已知事实和经验结果进行理解和解释的基础上，结合心理健康的方法与技能，预防或减少各种心理行为问题，提高心理健康水平的专业活动。但是，在我国学校心理健康教育的研究与实践中，以人为主体的意识较为薄弱，自上而下的教育实践与项目设计带有医学化、形式化、表面化、孤立化的倾向。实施的方式也不够丰富，并未做到以学生的真实需求与感受、体验为前提，有些干预甚至带有强迫的意味。因此，我们应把目光聚焦在如何提升学生的主动求助行为，如何通过社会环境的改善提升学生对社会的认同，使他们更加积极地参与社会的各项活动。相关措施、干预的设计也要充分考虑他们的意愿，突出以学生为主体、为学生服务的理念，注重体验性与生活性，使他们在体验中做好未来社会生活的准备。同时，要推动心理健康教育、心理辅导和治疗机构之间的深度合作，加强彼此间的联系，提高学校心理健康教育的整体服务质量。从心理健康教育逐步走向心理健康服务，意味着切实从学生自身需求出发，满足他们的需要，以他们的健康成长与毕生发展为目标实施教育与干预。

为此，全面推进和深化心理健康教育工作，首先必须树立"大心理健康观"。在个体层面，强调健康与幸福；在人际层面，强调心理健康服务；在群体层面，强调社会心理服务；在社会层面，强调社会心态培育。对各级各类学校教育来说，我国中小学心理健康教育的未来发展应重点关注以下问题。第一，从心理健康教育向心理健康教育与服务并重，着力提供优质心理健康服务转型；第二，由侧重于中小学生心理行为问题的矫正，转变为重视全体中小学生心理健康的促进与心理行为问题的预防；第三，着力构建中小学生健康成长的生态系统；第四，加强中小学心理健康教育教师队伍建设，强调以实证为基础的干预，重视教育效果的评估与反馈。对于高等学校来说，普及、深化和全面推进新时期大学生心理健康教育工作，树立正确的心理健康教育观念至关重要。在宏观层面上，应坚持正确的心理健康教育方向，形成牢固的心理健康教育意识，由问题导向向积极心理品质培育转轨；在微观层面上，应努力实现由心理健康教育向心理健康服务转型，夯实大中小学心理健康教育的衔接，实施"分类指导、均衡发展"战略，大胆探索网络心理健康教育的新路径。

总之，我国正处于社会转型的"机遇期"与改革开放的"关键期"，这为学校心理健康研究者和心理健康教育工作者提供了前所未有的研究素材、实践环境和发展机遇。我们坚信，乘势而上，加强学校心理健康教育师资队伍建设，充分发挥课堂教学在心理健康教育工作中的主渠道作用，优化符合心理健康教育工作要求的物质环境、文化环境、人际环境、心理环境，一定能迎来学校心理健康教育的新一轮发展高峰。要真正实现世界卫生组织在 2001 年就指出的，"心理健康是一种健康或幸福状态，在这种状态下，个体可以实现自我、能够应对正常的生活压力、工作富有成效和成果，以及有能力对所在社会做出贡献"的目标，在今后相当长一段时期内，加强现代学校心理辅导制度建设是核心，编制具有中国本土特色的学生心理健康测评工具是基础，从实施心理健康教育走向心理健康服务并建立服务体系是途径，提供适合学生发展需要的心理辅导与心理健康服务是关键。这也是未来我国学校心理健康教育的走向与发展路径。

附录 1

————

15 所高等学校大学生心理健康教育焦点访谈

清华大学焦点访谈会议纪要

一、时　间

2016 年 11 月 10 日 14：00~16：30。

二、地　点

清华大学明理楼四楼会议厅。

三、与会人员

教育部《高等学校学生心理健康教育指导纲要》编制研究"大学生心理健康教育访谈研究"课题组（以下简称"调研课题组"）、清华大学学生心理发展指导中心、法学院各年级班主任与学生等共 19 人。

四、主持人

学生心理发展指导中心负责人。

五、会议主要议程

第一，学生心理发展指导中心负责人介绍与会教师和学生。

第二，与会教师和学生就座谈会主题发言。

第三，调研课题组成员逐一回应，与会人员热烈讨论。

六、会议主要内容

清华大学是全国首批大学生心理健康教育示范学校之一，全校大学生心理健康教育工作和心理辅导、心理咨询工作各有特色，但在工作中，心理健康教育专职教师、辅导员和班主任也遇到一些困惑与问题。与会人员围绕调研主题，对这些困惑与问题进行了深入思考，提出了许多建设性意见和建议。

（一）大家提到的主要问题

第一，心理健康教育工作包括预防和干预，但是这些工作往往集中在学生身上，工作人员对于学生身边的资源没有充分开发。

第二，患有抑郁症等心理疾病的学生往往存在戒备心理，往往不主动求助，即使面对心理咨询师也难以敞开心扉，甚至自负地已经预先想好了与咨询师的对话内容。对这部分人如何进行干预是一大难题。

第三，辅导员在开展心理健康教育工作时，担心说错话对学生造成不好的影响，因而不知道如何开展工作。

第四，辅导员对于可用的心理健康教育资源不太了解，希望能有更多的心理健康教育课程。

第五，学生有很明显的反常行为，但不愿意获取外部支持，而辅导员也不知道如何帮助学生。

第六，确定学生有心理行为问题有难度。比如，世界观、价值观的问题算是心理问题吗？在什么情况下，辅导员需要对他们予以特别的关注？（心理健康教育专职老师：学生的问题往往不是诊断问题，而是发展性问题。）

第七，当前很多学生的心理行为问题似乎都跟他们的自我中心主义倾向有关。

第八，辅导员多职，当过于强调辅导员角色时，学生不容易对其敞开心扉。

第九，学生知道有心理健康教育资源，但往往不知道如何获取。

第十，同辈不擅长安慰人，在对方倾诉心理问题时感到很尴尬。

第十一，新生刚刚住校，专业兴趣不足，学习方法培训不足，学习路线不明确，人际关系紧张（如作息时间差异大，沟通不畅等），且抗压能力差，很小的事情就会引起不开心。

（二）大家提出的主要意见和建议

针对心理健康教育工作中的困惑与问题，大家也提出了意见与建议。

第一，完善普及心理健康知识、危机干预和自助知识。

第二，完善预防和筛查制度，对高风险人群加以重点关注，降低风险。

第三，完善发现大学生心理健康问题的核心网络，包括同学网络、家长网络和教师网络等。

第四，预后工作的进一步开展，不仅要解决当前问题，还要继续跟进，确保危机学生回到正轨。

第五，干预网络的覆盖面要大一些，为家长和学生提供一些心理健康知识。

第六，更加多元地评价学生，帮助学生树立正确的学习观念，尤其是帮助大一学生改变分数观念，不要过度关注分数；同时开发不同类型学生的心理潜能；帮助大学生提出合理的、适合自己的奋斗目标。

第七，对于患心理疾病的个体，把他们接洽到心理发展指导中心；对于压力较大的群体，心理发展指导中心和班团要开展对接活动。

第八，加强辅导员相应心理健康和危机处理的知识和技能培训，如把"危机干预辅导"作为辅导员上岗前先修课。

第九，跟家长保持沟通，会达到事半功倍的效果。

第十，毕业班学生保研压力大，可以给辅导员开设系列讲座或举办研讨会，使辅导员了解学生的职业选择、在人生重大抉择面前的心理困惑等。

第十一，在学生心理发展指导中心资源不足的情况下，学生心理协会等社团组织可以发挥更大作用。

第十二，在现有课程如思政课中加入一些心理训练的教学内容，学生负担不重，也能达到一定效果。多开展团队活动和人际沟通，减少学生自我中心主义倾向。提高同学安慰他人的技巧。

第十三，同学之间互相鼓励和帮助对方的氛围很重要，可大部分时候学生会一起抱怨一些东西。首先，可以加强对学生的辅导，实现学生对学生的朋辈辅导。其次，要发挥班委作用。

第十四，淡化辅导员角色，辅导员要多和学生谈心，了解不同学生的需求和想法。理工科和文科院系的学生心理烦恼差异很大，要搜集信息，提出不同的对策。

第十五，不一定要干预心理问题，应该把关注点转移到提升学生生活满意度方面。

第十六，面上应该有常态化的覆盖全部学生的讲座，线上应该有针对特定群体(新学生、毕业生)特定时段的帮助，点上也要有针对特殊人群的干预。

第十七，改善应急机制，不要停留在通知家长的那一步上，万一家长不配合，能否提出下一步措施，如强制就医等？

第十八，心理指导教师到院系和学生对话，可以减轻学生对心理咨询的发怵感。

第十九，转系学生的入校排查资料要实现院系共享。

中国人民大学焦点访谈会议纪要

一、时 间

2016 年 11 月 15 日 14：00~16：30。

二、地 点

中国人民大学学生处 630 会议室。

三、与会人员

大学生心理健康教育调研课题组、中国人民大学学工部、财政金融学院党委、艺术学院党委、心理健康教育与咨询中心专职教师、各学院辅导员、学生代表共 18 人。

四、主持人

中国人民大学心理健康教育与咨询中心专职教师。

五、会议主要议程

第一，中国人民大学心理健康教育与咨询中心专职教师，介绍与会人员。

第二，调研课题组负责人介绍座谈会背景和本次会议的主要目的。

第三，与会人员围绕访谈提纲踊跃发言，热烈讨论。

六、会议主要内容

（一）中国人民大学心理健康教育的现状

中国人民大学已开设覆盖全体本科生的心理健康通识课，记 1 学分，在北京市高校中处于领先地位。自开设该课程后，本科生群体只发生过 1 例极端恶性事件，证明心理健康通识课在心理健康教育中有重要作用。在通识课的考试中，教师专门设置了心理健康教授与咨询中心在哪儿，电话是多少等问题，使学生掌握基本求助途径。学校要不断宣传寻求心理健康服务的正当性、必要性，消除学生接受心理咨询的羞耻感。目前，学校对于研究生进行的心理健康教育的能力有限，正在试图通过外聘兼职教师解决这个问题。除了课程以外，学校还开展了心理咨询、朋辈心理互助等工作，在校医院设精神科，在学生群体中设置心理委员和心理健康社团。学校每年心理健康教育经费为 50 万元，超过生均 20 元的标准，并能够通过各种渠道获得心理健康教育的经费支持。

（二）中国人民大学心理健康教育中存在的问题

第一，研究生和本科生的心理健康问题特点不同。本科生有心理问题的多，但程度较轻；研究生有心理问题的少，但程度较重。对于研究生来说，很多情况跟本科生不同，有问题主要靠自己调节。尤其是博士生，情感宣泄的出口较少，往往容易出现心理问题。导师更多的只是关心学术问题，对于学生的心理问题关注得较少。学生也不愿意与导师交流心理层面的问题。

第二，心理健康教育师资力量不够。某学院近 3 年来有 35 名本科生未能按时毕业，其中大约 1/3 存在心理行为问题。学院发现有心理行为问题的学生数量要多于心理健康教育与咨询中心掌握的数量，因此需要更多教师关心心理健康教育。学校班主任由教师兼任，评职称主要看科研，班主任工作不是主项，导致有些班主任的带班风格是散养式的。

第三，家庭对于学生的心理健康影响很大，学生的心理问题跟他的成长背景关系很大。有些家长早就知道学生有心理问题，但从来不告诉学校和别人，导致隐性危害更大。一些中小学教师对于学生的期望过高，往往容易导致学生出现心理问题。单亲、贫困家庭的学生也容易出现心理问题。例如，与会者曾成功劝阻过一起学生坠楼事件，学生的家庭就是单亲家庭，父亲是当地小学校长，教育的方式就是殴打，导致学生心理问题的产生。

第四，一些学生对心理健康的认知不正确，不知道心理健康、心理健康教育是什么。

第五，不同年级的学生面临着不同的心理行为问题。新生刚入学时，面临着自我重新认知、生活适应、交新朋友等问题。过后，人际关系问题凸显。再往后，由于面临毕业，社会适应问题凸显。其中大一和大三是学生心理问题较多的年级，大三学生由于面临未来的选择，可能有较为强烈的心理冲突。研究生主要面对的是求职过程中的各种问题，如职业选择、找工作中的落差等。

第六，现在很多学生表示感觉空虚，生活没有意义、没有目标。

第七，学校开展了许多心理健康教育活动，但很多学生并不是自愿参加的。

(三)关于心理健康教育的意见和建议

第一，心理健康教育要做好防控体系建设、课程建设、队伍建设三方面工作，最终要落实到队伍建设上。既要保障心理健康教育工作师资队伍数量，又要保障质量。希望明确师资队伍建设的相关问题，对人才培养、职称评定、职务晋升、待遇等做出明确规定。

第二，要加强心理健康教育工作基础研究，如了解学生家庭状况对于学生心理健康究竟有怎样的影响，以更好地指导基层学生工作者的心理健康教育工作。

第三，要树立心理健康教育全员参与意识，所有教师都承担着对学生进行心理健康教育的任务。心理健康教育并不只是心理健康教育与咨询中心的事，也不只是学工口的事，要增强各项工作之间的整合。心理健康教育工作不能跟思想政治工作对立起来。由于学校心理健康教育与咨询咨询中心力量有限，所以必须加强班主任培训。

第四，学校对于心理健康教育经费支持足够，但还是希望《高等学校学生心理健康教育指导纲要》对人、财、物提出明确要求。

第五，心理健康普查中的一个突出问题是施测率问题，建议《高等学校学生心理健康教育指导纲要》提出相关要求。

第六，心理健康教育课程的开设非常重要，培养全面、和谐的人需要心理健康教育课程。由于学生出现问题往往在大一适应之后，但课已经上完了，因此建议在增加课时、学分的基础上，灵活安排课程，不要集中在某一年。关于课程内容，与会者认为有两点非常重要。一是应加入关于职业生涯规划的内容，二是帮助大学生实现对时代的适应。也有与会者指出，艺术对于提高个人修养非常重要，可以考虑将艺术作为课程内容。

第七，某学院共有本科生 3000 人左右，有心理行为问题的 27 人，需要学业关注的 25 人，辅导员直言如果全部关注，会顾不过来。对于学生而言，他们更愿意将心理困惑与同学进行交流，因此应重视心理委员的作用，加强朋辈咨询的力度。在选班委的时候，应将心理委员一起选出，及早对心理委员进行培训。另外，心理委员也要注意改进工作方式，保护好同学的隐私，提高发现问题的能力。

第八，督导不能局限于专职教师，一线学生工作者也需要"倒垃圾"，应对他们进行心理督导，减轻他们的工作压力。

第九，学校应倡导形成正确的心理健康文化氛围，消除心理咨询的污名，消除负面情绪的污名，消除与人倾诉的污名。形成多元、包容的文化有助于学生的情绪疏导。

第十，可以考虑在心理健康教育中发挥校友的作用，将从事心理健康相关工作的校友作为高校心理健康教育的重要力量。

北京师范大学焦点访谈会议纪要

一、时　间

2016 年 11 月 14 日 9：00~12：00。

二、地　点

北京师范大学学生心理咨询与服务中心团体活动室。

三、与会人员

大学生心理健康教育调研课题组以及北京师范大学学生心理咨询与服务中心、物理系党总支、水科院党总支、研究生工作处、本科生工作处、学生心理咨询与服务中心专职心理健康教育教师等共 12 人。

四、主持人

北京师范大学学生心理咨询与服务中心负责人。

五、会议主要议程

第一，调研课题组成员介绍座谈会的背景和本次会议的主要目的。

第二，与会人员围绕访谈提纲踊跃发言，热烈讨论。

六、会议主要内容

北京师范大学是北京市 8 所大学生心理健康教育示范基地之一，其心理健康教育工作在全国高校中起着引领作用。在工作过程中，大家也遇到了一些困惑与问题，同时对这些困惑与问题进行了深入思考，提出了许多建设性意见和建议。

（一）大家提到的主要问题

第一，本科生工作处、研究生工作处、主管学生工作的副书记等直接与学生打交道，对大学生心理健康教育工作都很重视，并给予了大力支持和配合；但普通任课教师、部分研究生导师等对大学生心理健康缺乏了解，有的还存在误解。比如，有教授认为"所谓抑郁就是三观不正"，因此，不能给予学生积极支持，提供宽松环境，导致有的学生出现严重心理问题后不敢及时寻求帮助。

第二，心理健康教育专职教师不能满足学生快速增加的心理服务需求，心理咨询场所严重不足，排队等候学生过多，工作人员普遍感觉压力巨大。

第三，学生出现严重心理行为问题时，需要进行心理治疗的人数急剧增加，到精神科医院就诊和住院治疗困难，学生反映存在挂号难、住院难等问题。许多有自杀风险的学生需要耗费心理咨询与服务中心教师更多时间和精力。心理健康教育教师不得不在医生许可的情况下做大量的心理治疗工作。

第四，能够开设大学生心理健康教育课的师资力量不够，无法用小班授课的形式覆盖到每一个学生。

第五，对研究生开展心理健康教育相对较难，如果开设选修课，选课的学生可能不多，如果开设必修课，没有政策支持更无可能，有增加学生课业负担之嫌。

第六，班主任、辅导员更换频繁，心理咨询与服务中心和院系沟通、协调学生严重心理问题时，需要先对班主任、辅导员进行手把手指导，让他们知道如何与学生沟通，如何与家长协调等。

第七，从事心理健康教育教师的专业督导资源不够，很多学校只能定期接受团体督导，很难做到接受一对一的专项督导。

第八，缺乏统一的大学生心理健康教育课程大纲和教材，大学生心理健康教育课程的开设内容全凭教师经验和喜好。

第九，尽管学校对大学生心理健康教育比较重视，但心理健康教育教师在职称评定和职务晋升方面在学校还是处于弱势地位。

第十，党总支副书记、班主任、辅导员的压力大。一方面，学生因心理疾病出现心理危机的状况较多；另一方面，辅导员、班主任没有受过专业训练，面对学生心理危机时不知怎样处理，有时甚至会对自己造成伤害。

(二)大家提出的主要建议

针对工作中的困惑与问题，大家提出了意见与建议。

第一，学校要高度重视大学生心理健康教育，营造良好的校园心理氛围，通过各种途径，提升全体大学生心理素质。心理健康教育的主要任务是提升全体学生的心理素质，预防心理疾病和心理危机事件的发生。

第二，要更有效地推进大学生心理健康教育工作，需要全员参与，任课教师、行政人员都应把积极心理品质培养的思想融入日常教学和工作中。学校心理健康服务体系应通过多种渠道向全校师生普及心理健康知识。

第三，学校应从政策上真正重视学生的心理健康需求，在心理健康教育人员、资金、场地等方面满足学生的实际需求。心理健康教育教师和学生的人数比至少应达到 1∶3000；每年投入心理健康教育的经费至少应达到 30 元/人；用于心理咨询和辅导的场地至少应满足每 6000 名学生占有 100 平方米。

第四，学校应为从事心理健康教育工作的教师、班主任、辅导员提供更多学习进修经费和时间（每学期至少 1 周，3000 元），以提升专业水平。

第五，大学生心理健康教育的主要内容应包括心理健康知识普及、心理疾病预防和筛查、活动体验性课堂教育和心理咨询、危机干预等几个部分。

第六，从组织管理看，高校心理健康教育工作应由学校党委主管学生工作的副书记直接领导，心理咨询与服务中心、本科生工作处和研究生工作处协同工作，提高大学生心理健康教育的针对性和实效性。

第七，学校应成立心理危机干预小组，由保卫处、本科生工作、研究生工作处和心理咨询与服务中心等部门领导组成，由党委副书记领导，避免遇到危机事件时，班主任、辅导员的压力过大。

第八，建议教育部明确规定大学生心理健康教育必修课程和选修课程的课时要求以及必修课内容。

首都师范大学焦点访谈会议纪要

一、时　间

2016 年 11 月 11 日 9∶00~11∶30。

二、地　点

首都师范大学学生活动中心 408 室。

三、与会人员

大学生心理健康教育调研课题组、首都师范大学各学院副书记、心理咨询中心主任共 15 人。

四、主持人

首都师范大学心理咨询中心负责人。

五、会议主要议程

第一，调研课题组成员介绍访谈目的与意义。

第二，各学院副书记针对访谈主题进行热烈讨论。

六、会议主要内容

(一)高校教师特别是领导应对大学生心理健康教育的重要性有怎样的认识? 您认为大学生心理健康教育最重要的基本原则是什么?

第一，现在出现心理问题的学生越来越多，包括很多学生干部，在人前积极阳光，在人后却抑郁、焦虑，有自杀、自伤的风险。这给院系的学生工作带来了很多困难。目前学校领导对心理健康教育很重视，各院系副书记也非常重视学生的心理健康工作。

第二，出现心理问题不是一个人的问题，会影响到学生、教师和家庭。现在网络传播速度很快，当事人在网上发帖子，会影响到很多人。

第三，心理健康教育非常重要。一个学生自杀，不管是什么原因，学校都要承担很大责任，即使相关工作已经做到位了，这个责任依旧由学校承担，学院领导及学校领导的压力都很大。

第四，心理健康教育的基本原则如下。

一是以学生为本，重视学生的行为及思维新变化。现在每一届学生都有很大不同，学生工作者不能带着很多预设去工作，而应以学生为本，多了解学生的思想动态，重视学生行为背后的动力。

二是和家庭教育联动。很多学生有了心理问题，是因为学生和父母的关系出了问题；或者等教师联系家长的时候，发现有些家长的问题更大。因此，心理健康教育要和家庭教育联动，为了学生健康成长这一共同目标，让家长更多地支持学校的工作。

三是心理健康教育要以实用性为原则，能真正帮助学生解决自身困扰。

四是关注全体。一般来说，考试挂科、行为异常、有明显心理疾患的学生容易被院系关注，但是近几年一些学习成绩好或者优秀的学生干部反倒更容易出问题，这让老师感到惊讶。他们就像网络上说的"空心人"，觉得活着没有意义，不知道人生价值何在。心理健康教育要关注全体学生。

(二)大学生心理健康教育的主要任务是什么？如何才能更有效地推进这项工作？

第一，要和国家教育方针一致，培养全面发展的人才。

第二，让学生重视自己的心理成长，学做一个健康、幸福、快乐的人。

第三，要使自己形成健康、独立的人格。

第四，通过开设大学生心理健康教育课程，推进这项工作。课程包括必修课和选修课。

第五，通过每年举办心理文化月活动、新生心理文化节等心理文化活动，提升大学生的心理健康意识。

第六，通过进行新生入学心理健康教育、新生家长心理健康教育、开设心理大讲堂、举行心理健康沙龙、开办心灵成长读书会、进行团体心理辅导等，提升大学生心理健康水平。

第七，通过实行学校五级心理危机预防干预机制，维护学生的心理健康和安全。

第八，加强心理辅导员、心理咨询师队伍建设。

第九，加大心理健康教育经费支持，加大对心理健康教育工作者的培训经费支持。

（三）您认为大学生心理健康教育的主要内容包括哪些方面？

第一，情感教育。

第二，生命教育。

第三，挫折教育。

第四，心理调适方法训练。

第五，人际交往能力提升。

第六，自己教育自己。

第七，建设良好的校园心理生态环境。

（四）您认为大学生心理健康教育的途径与方法包括哪些方面？

第一，开设心理健康教育课程。

第二，充分利用网络资源，如开设网络慕课。

第三，进行个人咨询、团体辅导、朋辈心理辅导。

第四，开展丰富多彩的心理健康教育活动。

（五）从组织管理看，如何才能真正提高大学生心理健康教育的针对性和实效性？请描述高质量的大学生心理健康教育工作。

第一，学校要有良好的运行体制，包括领导机制、工作机制。

第二，加大宣传力度，培养学生的求助意识与自我保健意识，让学生认识到并能主动寻求帮助。

第三，全员教育，运用各种媒介，加强对全校教职工心理健康教育宣传与培训，除了学生工作教师、心理健康教育工作者，还要对研究生导师、专业教师、班主任以及后勤、保卫等人员加强宣传与培训。同时，要加强家长的心理健康保健意识，让全员关注学生心理健康。

第四，覆盖面要包括每 1 名学生。

第五，危机预防干预工作，培训心理委员、宿舍长等心理工作骨干，让工作由点到面铺开。落实五级危机预防干预机制。

(六)一些具体工作问题

1. 关于学校心理健康教育组织、机构建设

首都师范大学心理咨询中心设在学生处下面，行政级别相当于科级，由学生处处长直接领导。心理咨询中心教师属于思政教师，职称属于思政课教师序列。

2. 关于学校心理健康教育制度、规范、条例等情况

学校制定了《首都师范大学心理咨询中心工作手册》，对心理咨询中心的工作任务、工作职能、工作人员条件、岗位职责、伦理规范、工作程序等进行了阐释和规范。

学校制定了《首都师范大学学生心理危机干预指南》，对危机干预的快速反应程序及应开展工作做了清晰的解释和说明，保证了危机干预机制快速有效运行。

学校制定了《首都师范大学五级心理素质教育与心理危机干预工作机制建设规划》。

学校采用咨询分诊制度，对所有预约学生进行初始访谈，根据学生心理危机程度分为日常咨询、加急咨询和紧急危机干预，保障了心理危机情况得到及时处理。

学校采用危机跟踪制度，根据在咨询分诊、紧急预约、常规咨询或学院上报等不同途径发现的心理危机情况，确定危机管理及后续跟踪程序，危机管理责任具体落实到每个人。

学校制定了《首都师范大学心理咨询中心日常工作有关制度》，包括专职教师考勤及培训管理制度、实习生培养及管理制度、兼职咨询师管理制度等。

学校制定了档案管理专业化制度。每学期末，学校会对各项工作进行总结、整理、归档，完成心理危机档案册、心理咨询档案册、心理素质教育培训档案

册和心理文化教育活动档案册，不断提升档案管理专业化水平。

学校采用了兼职咨询师管理制度。制度包括兼职咨询师工作规范、危机上报制度、伦理规范和督导制度等。

学校采用了实习生培养制度。作为中国心理学会注册系统实习基地，首都师范大学心理咨询中心负责培养实习生，制定了系列实习生培养制度，包括课程建设、培训、督导、权利与义务系列制度等。

3. 关于学校心理健康教育师资队伍建设

专职心理健康教育教师有 6 人，均为中国心理学会临床与咨询心理学专业注册系统的注册心理师。

心理健康教育课程团队师资队伍共 23 名专兼职教师，由心理咨询中心专职教师和院系心理辅导员组成。

心理咨询专兼职师资队伍共 35 名，包括专职咨询师 6 名、实习咨询师 11 名、兼职咨询师 18 名。其中注册心理师 10 名、注册督导师 1 名、教授 3 名、副教授 2 名、副主任医师 2 名、精神科主治医师 2 名。

4. 关于学校对心理健康教育课程建设的教学要求、课时标准与评价

心理咨询中心共开设 5 门课程，1 门必修课，由心理咨询中心专职教师和院系心理辅导员任教；3 门选修课，由心理咨询中心专职教师任教；1 门选修课，由香港课程团队任教。

学校对心理健康教育课程建设有教学要求。例如，大一新生要上"大学生心理适应与发展"必修课，达到新生全覆盖；选修课"大学生心理健康"从 1995 年开始开设，该课程在 2005 年和 2006 年分别被评为北京市精品课程和国家精品课程，是该领域首门国家精品课程，2013 年升级为教育部精品资源共享课程，学校每年定期对课程资源进行更新。

专职教师每人每年必须承担 1 门心理健康教育课程，包括必修课与选修课，必修课课时不少于 16 课时，记 1 学分；选修课为 32 课时。课程评价由教务处进行，全体参与课程的学生在教务系统对教师进行评价。

5. 关于学校心理辅导室建设与伦理规范情况

首都师范大学心理咨询中心(两个校区)拥有个体咨询室、团体辅导室、音乐治疗室、舞动治疗室、家庭治疗室、教师办公室、接待室、监控室等23间办公及咨询用房，总面积约 750m²，配备了生物反馈仪、心理咨询督导监控设备等现代化仪器装备和办公设施，以保障心理素质教育及咨询工作的专业化。

学校根据我国心理学会临床与咨询心理学分会咨询师专业伦理规范，制定了本校心理咨询工作伦理规范，兼职咨询师、实习咨询师每年要进行伦理规范培训并签订伦理协议。

6. 关于学校心理健康教育环境氛围建设

心理咨询中心以"艺术"为载体，以"生命教育"为核心，构建心理咨询中心的环境。墙上的彩绘、灯、轻柔的音乐、植物、各种装修都突出"生命"主题，绘画、音乐、舞动等部分突出艺术元素，让来访者"为自己，到这里"，并能够"来这里，看自己"，提升学生的自我保健意识与自我觉察意识。

心理咨询中心提供各种温馨照片、茶水间小吃与各种报刊、理念墙上供学生们自行设计与随心涂写的图片与贴纸，突出家的温馨氛围，对学生起到潜移默化的心理影响。

心理咨询中心应加强对各院系心理辅导员的培训，提供心灵成长沙龙、减压工作坊、危机预防培训、舞动禅培训、深度辅导技能提升等内容，提升心理辅导员的内心和谐和工作能力，从而给学生创设良好的成长氛围。

7. 关于学校心理健康教育相关条件、专项经费等保障

心理咨询中心经费由学生处统一管理，在学生处的支持下，每年工作经费有三四十万元。

8. 关于学校对心理健康教育科研项目与科研成果的基本要求

学校对心理健康教育科研项目和科研成果没有明确要求。

9. 关于学校心理健康教育的工作成效与考核评价标准

学校没有明确的工作成效与考核评价标准。

(七)您认为和普通本科生相比，高职生有哪些独特的心理特点？高职院校心理健康教育又有哪些独特性？在主要任务、教育内容、途径、方法上存在哪些区别？

1. 心理健康教育的独特性

第一，高职生更不容易出现心理问题。

第二，自杀现象明显少于本科生，对学业要求低，年限短，没有考英语四六级的压力，产生压力的机会小。

第三，对工作的预期低。

第四，就业率高，压力小。

第五，出现心理问题的学生基本和学业有关，高职院校本身能够保证学生一毕业便就业，学生压力比较小。

2. 主要任务、教育内容、途径、方法的区别

层次不同，出现心理问题的程度和深层次原因不同。高职生的心理问题可能偏人际情感，学业压力比较小，人生迷茫困惑少。高职生所处的环境和本科生不同，出现心理问题的程度和表现有差别。

心理特点不同。高职生的心思更多在个人兴趣上。人际交往特别容易出现问题。有些高职生群体很单纯，更容易被引导。有些高职院校实行五年制教育，学生入学年龄小，年龄特点导致高职生与大学生有区别。

陕西师范大学焦点访谈会议纪要

一、时　间

2016 年 10 月 25 日 15：00～17：00。

二、地　点

陕西师范大学心理学院 9217 会议室。

三、与会人员

大学生心理健康教育课题组、陕西师范大学心理学院党委、陕西师范大学心理学院行政领导、心理学院分党委秘书、辅导员、心理学院本科生及研究生

等共 20 人参加了座谈会。

四、主持人

陕西师范大学心理学院行政领导。

五、会议主要议程

第一，陕西师范大学心理学院行政领导介绍与会人员。

第二，调研课题组成员介绍座谈会背景和主要目的。

第三，与会人员围绕访谈提纲踊跃发言，热烈讨论。

六、会议主要内容

(一)高校教师特别是领导应对大学生心理健康教育的重要性有怎样的认识？您认为大学生心理健康教育最重要的基本原则是什么？

心理健康教育的基本原则应包括，全面性与针对性相结合的原则、普及性与差异性相结合的原则、理论性与实践性相结合的原则。在对大学生进行心理健康教育时，不仅要重视心理健康教育的普及性、全面性，照顾到每位学生，还应充分考虑学生之间的差异性，对个别问题学生进行有针对性的教育。大学开展心理健康教育，首先应有理论科学指导，进而因地制宜开展心理健康教育活动。

(二)大学生心理健康教育的主要任务是什么？如何才能更有效地推进这项工作？

大学生心理健康教育的主要任务应是帮助学生更好地生活、学习。大学生心理健康教育的对象不应局限于少数问题学生，应以大多数学生为主，帮助大多数学生在大学期间能够更好地成长、学习，为进入社会打下基础。有效推进大学生心理健康教育，不仅需要学校的努力，还需要家庭、学生的积极配合。学校应大力普及心理健康知识，鼓励学生积极参与心理健康教育活动，家长要密切关注孩子的心理健康状态。

(三)大学生心理健康教育的主要内容包括哪些方面？

大学生心理健康教育的内容应包括挫折与抗压能力教育、人际关系教育、性教育、职业生涯规划、生命教育、社会认知技能教育、自我认识教育等。

（四）大学生心理健康教育的途径与方法包括哪些方面？

途径与方法包括多种，比如，开设心理健康教育课程、进行团体辅导、进行个体咨询、设立互助小组、展映心理影片、建立心理社团、心理健康普查、设立心理委员、表演心理剧等。

（五）从组织管理看，如何才能真正提高大学生心理健康教育的针对性和实效性？

应将大学生心理健康教育纳入正常教育计划当中，使之政策化。基础的心理健康教育课程应被纳入一般教学体系当中，使全体学生能够了解心理健康知识。应建立一支专业的心理学人才队伍开展工作，使之由专人负责。将学生参与心理健康教育活动的积极性与学分挂钩，增强学生的心理健康意识。

（六）一些具体工作问题

1. 关于本校心理健康教育组织、机构建设

学校建立了由学校领导小组—学生心理健康教育咨询指导中心和专家指导委员会—学生辅导员—班级心理委员—宿舍心理专干构成的立体化、网格式、全覆盖的心理健康教育领导体制和工作机制。

2. 关于本校心理健康教育的制度、规范、条例等的情况

学校心理健康教育工作现有的文件和制度包括：《陕西师范大学大学生心理健康教育工作管理规定》《陕西师范大学危机干预制度》《心理咨询师工作守则》《来访者须知》《新生心理健康测评工作流程》等，保证了全校心理健康教育工作规范有序地开展。

3. 关于本校心理健康教育师资队伍的建设

学校学生心理健康教育咨询指导中心现有专职教师 4 名（3 名教师、1 名管理岗人员），兼职研究生咨询师 15 名（均有国家心理咨询师资格认证），各学院辅导员，心理专干 21 名（国家心理咨询师资格认证人员 10 名）。

4. 关于本校对心理健康教育课程建设的教学要求、课时标准与评价

学校现开设了大学生心理健康选修课一门，面向大二、大三、大四非免费师范生，共 18 学时。课程评价主要以由教务处组织的学生评价选修课的形式进行。

5. 关于本校心理健康辅导室建设与伦理规范的情况

心理辅导室包括预约接待室、个体咨询室、团体辅导室、沙盘辅导室、情绪宣泄室、督导室、音乐放松室、情绪调节反馈室八大功能室。在伦理规范方面，学校设立了《心理咨询师工作守则》。

6. 关于本校心理健康教育环境氛围建设

环境氛围建设包括进行课程设置、举行专题讲座及培训，在校园内进行心理健康教育宣传活动，发挥心理委员的主动性，在班级中开展主题班会活动等。

7. 关于本校心理健康教育的相关条件、专项经费等保障

心理健康教育的相关条件已提到专业队伍建立、硬件设施建设、相关制度的设立。本校的专项经费保障为每年 8 万元，另会根据培训需求额外拨款，但还达不到国家规定的每年每位学生 10 元标准。

8. 关于本校对心理健康教育科研项目与科研成果的基本要求

本校对心理健康教育科研项目与科研成果没有硬性要求，个别专职教师评职称需要科研成果。

9. 关于本校心理健康教育的工作成效与考核评价标准

本校心理健康教育中心成为陕西省高校大学生心理健康教育培训基地及示范中心。本校心理健康教育中心坚持"全面教育与重点预防"相结合的工作方针，以心理健康知识宣传、专业心理咨询和学生危机干预为内容，全面开展心理健康教育活动。目前学校还未有明确的考核评价标准。

(七)和普通本科生相比，高职生有哪些独特的心理特点？高职院校心理健康教育又有哪些独特性？在主要任务、教育内容、途径、方法上存在哪些区别？

与普通本科生相比，高职生的心理特点有自我定位不准确、学习动机不足、

学习态度不端正、行为问题较多、人际关系处理不得当、择业困惑等。高职院校在进行心理健康教育时应更加强调心理健康教育的针对性及预防性，及时发现问题，及时纠正，还应更多地给予高职生职业生涯上的指导。在心理健康教育的主要任务上，应以预防为主，对于出现的心理健康问题应及时干预；在教育内容上，应以自我管理、求职择业、交友恋爱、人格发展为主要内容；在途径、方法上，应多采用互动的方式，比如，采用个体咨询、团体咨询，激发学生的积极性。

陕西宝鸡文理学院焦点访谈会议纪要

一、时　间

2016年10月14日9：00～12：00。

二、地　点

宝鸡文理学院思贤楼211学工部会议室。

三、与会人员

大学生心理健康教育调研课题组、宝鸡文理学院党委宣传部、大学生心理健康教育与咨询中心、教育学院党总支、学工部、地理与环境学院党总支、美术学院党总支、外国语言文学系党总支、学工部教育科、学工部秘书、心理健康与咨询中心专职教师、心理健康与咨询中心兼职教师、学生干部等共20人。

四、主持人

宝鸡文理学院学工部负责人。

五、会议主要议程

第一，学工部负责人介绍参会人员。

第二，调研课题组负责人介绍座谈会议题。

第三，座谈交流。

六、会议主要内容

（一）宝鸡文理学院心理健康教育现状

宝鸡文理学院2001年起成立了心理健康教育专门工作机构，并于2005年、

2008 年、2015 年三次对心理健康教育工作相关制度进行了修订、完善。目前，学校心理健康教育工作人员既包含专职教师和兼职教师，也包含从社会机构聘请的两名心理咨询师。学校落实了生均 10 元的标准，经费上不存在问题。工作场在进行转型升级，新建成的标准化大学生心理健康教育与咨询中心已正式揭牌。在心理健康教育课程方面，学校开设了 1 门必修课，于一年级第 2 学期开设，共 12 课时，包含 5 个专题；成立了心理健康教育教研室。学校已建立起从学校到学生的心理健康教育四级网络机制，并正在完善转介机制，以向五级网络机制发展。每年 9 月至 10 月，学校以新生为主体开展心理健康教育工作，3 月至 6 月为心理健康宣传季，学校积极开展各项活动。除此以外，学校还在每年 3 月和 9 月对学生的心理健康问题进行排查。

(二)宝鸡文理学院心理健康教育工作存在的问题

第一，心理健康教育师资队伍水平有待提高。目前的心理健康教育教师太年轻，缺乏经验，有些辅导员无法对心理问题的严重程度进行判断，缺乏必要的专业技能。目前关于心理健康教育教师的培训有很多，但学校无法判断这些培训是否有效，因而在怎样对教师进行培训上存在困惑。

第二，心理测评工具对心理问题的检出率存在局限性。在心理普查中那些被心理健康量表筛选出来的学生经过进一步了解，往往没有太严重心理问题，而那些表现出心理问题的学生往往在普查中没有被筛查出来。与此类似，心理咨询中同样存在着这样的问题，即主动来咨询室进行心理咨询的学生往往没有严重的心理问题，存在严重心理问题的学生可能不会主动求助于心理咨询师。

第三，家庭对于学生心理健康影响很大。生源中 80% 以上是农村学生，有些家长对学生心理健康教育一是不理解，二是不配合。完善心理危机干预机制，提高家长对心理健康教育工作的配合度和认知度成为当务之急。

第四，目前，大学生心理健康问题主要存在于以下几个方面，适应性问题、情感问题、人际关系问题、就业问题等。由于面临入学适应和思考毕业去向等问题，大一和大三往往是学生心理问题多发期。

第五，当前辅导员的任务很重，根据陕西省关于辅导员职业能力标准的相关规定，辅导员需要拥有心理咨询师、创业指导师、职业指导师三个职业资格认证，导致辅导员对心理健康教育实际工作关注度降低。

第六，学生对心理健康知识了解较少，对于心理健康教育和班级心理联络员存在排斥情绪，对心理咨询存在偏见，认为接受心理咨询会被"扣帽子""贴标签"。对于一些心理健康教育活动，学生不愿参加，存在抵触情绪。

第七，心理健康教育教师在职业发展、业务考评、职称评定等方面存在瓶颈。例如，学校对心理健康教育教师工作量的计算没有明确规定，工资待遇与工作量不成正比，在一定程度上缺少激励机制。

(三)对心理健康教育工作的意见和建议

第一，学校心理健康教育工作不能过于依赖心理普查，对学生的心理健康状况要给予持续关注。学校要通过设立班级心理联络员、安全员等方式，在学生群体中"安置眼线"，及时了解学生的心理动态。

第二，宿舍是生活矛盾的产生地，与此同时，宿舍也可以成为心理健康教育的重要场所。有些学生不愿到心理咨询室，而愿意在宿舍向舍友倾诉问题，学校可以实现心理健康教育工作的重心下移。如该校新闻传播学院曾在宿舍楼内开设"闻传聊吧"，使心理辅导进入宿舍，收到了较好效果。

第三，应加强心理健康教育的校园文化建设，提高学生参与心理健康教育的主动性，充分发挥朋辈和心理健康联络员的作用。

第四，关于心理健康教育的课程设置，如果课时太多，排课上存在困难，希望结合本校实际情况对开课内容、课时安排等灵活处理。

陕西咸阳职业技术学院焦点访谈会议纪要

一、时　间

2016 年 10 月 13 日 9：00~11：30。

二、地　点

咸阳职业技术学院院务楼 321 会议室。

三、与会人员

大学生心理健康教育调研课题组、咸阳职业技术学院学工部、化工学院党总支、心理教育科、心理健康教育教师、各二级学院心理健康教育行政管理人员、教师等共 19 人。

四、主持人

咸阳职业技术学院学工部负责人。

五、会议主要议程

第一，咸阳职业技术学院学工部负责人介绍与会人员。

第二，调研课题组负责人介绍座谈会背景和主要目的。

第三，与会人员围绕访谈提纲踊跃发言，热烈讨论。

六、会议主要内容

(一)咸阳职业技术学院心理健康教育的现状

咸阳职业技术学院于 2005 年整合而成，占地 600 亩①，在校生 15000 余名，教师近 800 名，共有 38 个高职专业。生源主要来自高考录取和五年制大专，以高考录取为主体。该校设立了心理教育科，包含科长 1 名、副科长 2 名、干事 1 名，为负责学校心理健康教育工作的专职人员。

学校心理咨询室及团训室、发泄室正在建设中，共投资 30 余万元；心理健康教育工作专项经费已落实生均 10 元标准；对新生开展了全面心理普查；建立了问题学生心理档案，实现了每个问题学生都有一个档案；辅导员与心理健康教育教师积极开展活动并与家长保持密切联系；学校每年从 3 月 25 日到 5 月 25 日开展为期两个月的心理健康教育季活动，通过大型团训、户外心理咨询、举行心理健康教育报告会、表演心理情景剧等，推进大学生心理健康教育；对学生辅导员积极进行两方面的工作，一是关注辅导员心理健康教育工作培训，二

———————

① 1 亩≈666.7 平方米。

是关注辅导员自身心理保健。

(二)咸阳职业技术学院心理健康教育存在的问题

第一,在心理健康教育的师资上,与会教师认为,现在高职院校更关心怎样把心理健康教育课上起来、怎样把心理健康教育工作开展起来,顾不上关心心理健康教育教师拥有怎样的资质,因此存在着心理健康教育工作专业化水平不高的现状。虽然省教工委会开展心理健康教育教师的培训,但是收费很高,1人需要两三千的培训费,因此很难像辅导员培训一样普及。

第二,辅导员由于知识结构的欠缺不能够很好意识到学生的心理问题。

第三,教师对于心理健康教育课程是不是要开设、开设多少存在迷茫,不清楚理论课与实践课以怎样的方式开设,怎样增强课程的吸引力等。

第四,在转介机制上,家长不认可学校采取的必要措施。有心理问题或精神异常的学生家长曾质问学校:"我这孩子没问题,怎么到学校就有问题了?"表现出不配合态度。

第五,与本科院校相比,高职院校在科研、硬件配备、资金投入等方面存在欠缺。

第六,与本科生相比,高职生存在独特的心理特点,有自卑感和学业上的挫败感,生活缺乏动力,存在迷茫与焦虑情绪,对自己的人生没有规划、不知道做什么,独立性较本科生差,心理更为脆弱、敏感。

(三)主要建议

第一,应提高教师和学生对心理健康教育的重视程度。每 1 名教师需要认识到心理健康教育是青年成才的重要保障;心理健康教育应成为课程计划中的重要内容;学生应意识到心理健康教育是人才成长的必修课。

第二,心理健康教育的基本原则应包括面向全体原则、学以致用原则以及树立活动理念原则。

第三,心理健康教育的主要内容应包括,学生对心理健康教育有正确认识;能够掌握自我调适的方法;引导学生交流和表达;尤其要重视人际关系、情绪管理、入学适应、职业规划等方面。

第四，学校对于心理健康教育师资队伍建设应有强制性规定。要明确规定心理健康教育教师应具备的资质；建立培训、提高机制，可以分期分批进行，通过轮训，使教师对课程详细了解；应提高辅导员心理健康教育工作素养；对心理健康教育教师数量予以明确规定。

第五，关于心理健康教育的途径，与会者认为，心理健康教育课程不能单纯讲述概念，重点应在提高认识与技能方面；应重视心理健康教育活动的作用，团训和朋辈互助是非常有效的心理健康教育途径；辅导员可以有针对性地对学生进行心理健康教育；要注重心理健康教育宣传，尤其使家长和全社会认识到心理健康的重要性。

第六，关于心理健康教育课程，学校应将其纳入人才培养方案，对心理健康教育课程的课时与课程性质予以明确规定；课程目标是促进学生心理健康发展，不是防止出现心理问题；理论课程应与实践课程穿插进行，着力提升课程吸引力。

第七，针对高职学生自卑的心理特点，教师应使其通过多参与活动、技能比赛等，增加成功体验；教师应多和学生谈话，多给予学生鼓励。

广州大学焦点访谈会议纪要

一、时　间

2016 年 11 月 4 日 14：00~16：30。

二、地　点

广州大学图书馆副楼 108 会议室。

三、与会人员

大学生心理健康教育调研课题组、广州大学学工部、心理健康教育与咨询中心专职教师、土木工程学院党委、旅游学院党委等学院党委副书记、辅导员共 17 人。

四、主持人

广州大学学工部负责人。

五、会议主要议程

第一，广州大学学工部负责人介绍参会人员。

第二，调研课题组负责人介绍座谈会背景和主要目的。

第三，心理健康教育与咨询中心负责人介绍学校心理健康教育现状。

第四，座谈交流。

六、会议主要内容

（一）广州大学心理健康教育的基本情况

在组织机构上，广州大学在学校层面成立了心理健康教育指导委员会和心理健康教育与咨询中心，在学院层面设立了二级心理辅导站，在学生层面成立了心理卫生协会（包括 1 个总会和 24 个学院分会），设置了班级心理委员和宿舍心理保健员，学生参与心理健康教育的比例达到 1/6。学校组建了包括 4 位专职心理教师、教育学院心理专家、学院辅导员、合作医院、学生工作队伍在内的心理健康教育工作队伍，并组织了各项培训。学校建立了心理健康教育教学体系，开设了面向全体新生的 1 学分的必修课，自编了教材《大学生心理健康教育与拓展训练（微课版）》。学校建立了心理健康教育活动体系，除了举办主题讲座、进行团辅等常规活动外，还开展了"五室一站""舍友伴我行""王国华工作室"等特色活动。"五室一站"包括党团活动室、综合阅览室、专业辅导室、互助学习室、休闲康体室、心情驿站；"舍友伴我行"以"携手同行、你我共享、助人自助、共同成长"为活动理念，每月开展 1 次主题活动；"王国华工作室"面向有困难的学生采取"长程跟踪、多管齐下、帮扶到位"的措施。学校还从专业危机评估、院系联动关注危机学生、危机干预预警机制三个方面对学生的心理危机进行预防与干预。

（二）广州大学心理健康教育中存在的问题

第一，广州大学心理健康教育存在经费不足、场所面积受限等问题，加之近两年学生心理问题大幅增加，使得心理健康教育与咨询中心超负荷运转，急需改变。

第二，大学生心理问题较中小学生更为严重，这可能是由于在中小学阶段，学生有着明确的升学目标，而在大学阶段，学生的目标不明确，这是导致心理问题出现的一个诱因。

第三，在心理健康教育工作中，工作人员关心较多的依然是对有心理疾病学生的干预，较少关注心理健康的积极面，即提升全体大学生的心理素质。

第四，家长对于学校的心理健康教育工作表现出不理解、不配合态度，认为学生出现心理问题都是学校的责任。

第五，近年来，学生心理问题变得复杂化，专职和兼职心理健康教育教师急需接受进一步培训。

第六，媒体和社会舆论在心理健康教育中没有起到积极作用，反而起到了消极作用。如某高校学生连续跳楼事件就与大众传媒存在关联。

第七，医院不对学生心理问题给予明确证明，导致学校在对有心理问题的学生的处理上存在困难。

(三)关于心理健康教育的意见和建议

第一，应深刻认识大学生心理健康的重要性。大学生的心理问题很有可能辐射到其他群体，影响整个社会的心理健康水平。

第二，心理健康教育的原则应包括教育性原则、主体性原则、全体性原则、差异性原则和活动性原则等。

第三，心理健康教育的内容应涉及观念、情绪、人际关系等方面，使学生知道什么是心理健康、能够判断心理是否健康并能够对心理状态进行调节。

第四，心理健康教育的方法不应局限于课堂授课，可以通过开发网络课程，使学生通过客户端接受心理健康教育。广州大学的自编教材中有 12 节微课，实现了心理健康教育的线上教学与线下教育的结合。另外，学校可以更多地加入实践环节，使学生多参与一些活动。

第五，要通过加强家校合作，使心理健康教育观念普及到家长群体，防止出现"一回家，把学校的教育抵消了"的情况。教师应通过自身努力，用辛勤的工作使家长相信学校和教师，而不是"故意找学生的问题"。

广东技术师范学院焦点访谈会议纪要

一、时　间

2016 年 11 月 4 日 9：00~11：00。

二、地　点

广东技术师范学院第一教学楼马克思主义学院会议室。

三、与会人员

大学生心理健康教育调研课题组、广东技术师范学院马克思主义学院、学工部、学生处、计算机科学学院党委、自动化学院党委、政法学院党委、心理健康教育与咨询中心教师、经济贸易学院等学院辅导员、学生代表等共 19 人。

四、主持人

广东技术师范学院马克思主义学院负责人。

五、会议主要议程

第一，广东技术师范学院马克思主义学院负责人介绍参会人员。

第二，调研课题组负责人介绍座谈会背景和主要目的。

第三，学生处负责人介绍学校心理健康教育现状。

第四，座谈交流。

第五，总结研讨。

六、会议主要内容

(一)广东技术师范学院心理健康教育现状

广东技术师范学院党政领导高度重视心理健康教育工作，成立了心理健康教育领导小组，定期听取工作汇报。学校建立了五级网络架构，学校层面设有心理健康教育领导小组领导下的心理健康教育与咨询中心，学院设有心理辅导站，班级设有心理委员，宿舍设有心理信息员。学校共拥有心理健康教育专职教师 3 名、兼职咨询师 8 名，并聘任了督导师；已落实生均 10 元的经费标准。学校重视辅导员在心理健康教育中的作用，通过培训、研讨会、督导活动等形式对辅导员开展专题培训。学校已有 13 名辅导员获得了心理咨询师三级证书，6 名辅导员获得了心理咨询师二级证书。2012 年开始，学校开设了心理健康教育必修课，共 36 课时，记 2 学分，实现了学生全覆盖。该课程每学期举办一两次备课会，并在广东省心理健康教育课评比中获得第一名。学校已建立心理健康危机干预制度，每年危机干预达到 60 人次。一旦发现学生存在心理危机，及时上报心理健康教育与咨询中心，并进行转介、休学、退学等处理。学校积极拓展心理健康教育的形式与载体，增加心理健康教育渠道，重视网络和心理咨询热线在心理健康教育中的作用。

(二)广东技术师范学院心理健康教育中存在的问题

第一，心理健康教育的专业性不足。学生工作管理者、辅导员面对心理问题学生缺少专业技术知识，不知如何处理；有的课程过于强调学生参与度，忽视了课程理论性，没有把握好二者之间的度；一些团体辅导的专业性有所欠缺，一位辅导员戏称"团辅被玩坏了"。

第二，学校和教师责任的权限界定不明确。在对心理问题学生的危机干预中，相关教师不知道什么该做、什么不该做，不知道哪些是自己的责任、义务，哪些不是自己的责任、义务。相关政策规定，学生出现心理问题必须要告知家长，但一旦遇到家长不配合的情况，教师不知道应该怎样继续处理。这导致学校在极少数个案上消耗了巨大精力和资源，影响到工作正常开展。另外，有些新生认为入学时的心理普查工作侵犯了个人隐私权，拒不填答，学校不知道应该怎样处理。

第三，尽管学校已经在班级设立了心理委员，在宿舍设立了心理信息员，但有些心理委员和心理信息员有时不能意识到问题的严重性。同学也对心理委员和心理信息员有一定排斥心理，认为他们和老师汇报工作是"打小报告"。

第四，由于学校将心理健康教育课程作为必修课，只能以大班形式授课(四个班一起上)，这使大家对于心理健康教育课程的实际效果担忧。

(三)关于心理健康教育工作的意见和建议

第一，心理健康教育应更加关注学生的主体性。具体而言，心理健康教育应包括对全体学生的教育、对部分学生的预防、对个别学生的干预三个部分。

第二，建议《高等学校学生心理健康教育指导纲要》对高校在心理健康教育中的责任予以划分，明确学校、家庭和社会共同承担大学生心理健康教育的责任。

第三，应出台相应的工作流程，对一线教师的工作进行指导，阐明在各种情形下教师应采取怎样的措施。例如，当家长拒不承认学生存在心理问题时，教师应如何处置？又如，大学生作为成年人，是否可以自己承担责任？

第四，在心理健康教育中，普通教师也应发挥更大作用。例如，学校曾有1名学生坚决不写毕业论文，指导老师并没有意识到学生存在心理问题，当发现问题时，离该学生的自杀倒计时只剩3天了。因此，在工作中，学校应增强心理健康教育全员意识，加大所有教师培训力度。

第五，应增加对心理委员的培训力度，使他们掌握更多的观察、沟通与发现问题的技巧，获得同学的广泛信任，发挥更大作用。

第六，建议开发新的信息管理平台，建立心理健康信息化管理系统。例如，有些高校的学生工作系统能够明确知道学生几天没有在学校住宿，这一信息能够被及时告知辅导员，如果辅导员在一定时限内没有进行处理，情况会被告知学院主管领导。类似这样的信息管理系统将有助于对学生心理状态的监管、跟踪，也有助于相关管理者的沟通。

第七，在心理健康教育课程上，应提供优质课程展示，以有助于教师进行学习。高校间应建立共享机制，形成合力，共同提高心理健康教育课程质量。

广州市工贸技师学院焦点访谈会议纪要

一、时　间

2016 年 11 月 3 日 11：00~12：30。

二、地　点

广东省广州市工贸技师学院会议室。

三、与会人员

大学生心理健康教育调研课题组、广州市工贸技师学院党委领导、行政领导、团委、心理健康教育教师、各系主管学生工作领导、辅导员代表、学生代表等共 22 人。

四、主持人

广州市工贸技师学院负责人。

五、会议主要议程

第一，广州市工贸技师学院负责人介绍参会人员。

第二，调研课题组负责人介绍座谈会背景和主要目的。

第三，座谈交流。

六、会议主要内容

(一)广州市工贸技师学院心理健康教育基本情况

广州市工贸技师学院每年新生为 3000~3800 人，学校通过心理普查发现，新生的心理问题大多数表现在人际交往上，即在症状自评量表(SCL-90)人际敏感因子上的得分较高。从 2013~2015 年的普查结果看，学生有较多的强迫行为和观念。在发现学生可能存在心理问题后，心理中心会立即通知班主任，告知某些学生应被特别关注。学校共有 3 名心理健康教育专职教师，开设了"健康·幸福·人生"的课程；每年举办现场心理咨询等大型心理健康教育活动；与广州市白云心理医院积极展开合作，如"女生节"时，请白云心理医院的女医生为女生介绍身心健康知识；在班级中设立了心理委员，他们可以传播心理健康知识并及时发现学生的心理危机。学校心理健康教育教师认为，通过开展心理知识竞赛、幸福标语征集等活动，使学生在心理健康观念上有所改变。

(二)广州市工贸技师学院心理健康教育工作中存在的问题

第一，在心理健康教育师资配备上，广东省建议师生比达到 1∶1500，但暂无硬性规定。另外，对心理健康教育专职教师的资格有明确规定，但对于哪些教师有资格成为心理健康教育兼职教师并没有明确依据；如果将心理健康教育课程设置为必修课，当前的师资力量不足以胜任的。

第二，学生主动到咨询室进行心理咨询的不多，很多是被迫来的，这说明出学生的心理健康意识仍然较为缺乏。

第三，学生的很多心理问题是由家庭引起的，尤其是单亲、离异家庭可能更加不配合学校的工作。

第四，对于有精神疾病的学生，学校不知道合适的处理方法。

第五，有心理问题的学生会"失去很多伙伴"，同学们会排斥这些同学。

第六，有教师指出，其他学校存在着伪科学性质的心理健康教育，如有的教师通过和学生玩塔罗牌进行所谓的心理健康教育。

(三)对心理健康教育的建议

第一，心理健康教育工作不应单单着眼于心理问题，应从积极角度进行考虑，提高全体学生的心理健康素质。

第二，应把心理学思想融入德育工作，团组织也应在其中发挥作用。通过开展志愿者活动、团训活动，达到提高学生心理素质的目的。

第三，相比本科生，与会人员认为高职生的抗挫折能力差、情感较为脆弱、容易被人左右，应想方设法提升高职生的自信与成功体验。心理健康教育的形式应更为多样化，多开展活动式、体验式的心理健康教育。

第四，关于心理健康教育的内容，与会者认为学习和婚恋是应该尤其引起关注的问题。

第五，高校心理健康教育应强调家庭、学校、社会的协作，倡导社工与学校建立联系。

北京师范大学珠海分校焦点访谈会议纪要

一、时　间

2016 年 11 月 3 日 15：30~18：00。

二、地　点

北京师范大学珠海分校国际交流中心会议室。

三、与会人员

大学生心理健康教育调研课题组、北京师范大学珠海分校教育学院党总支、心理健康教育与咨询中心、学生处、学生社区辅导员、法政学院、物流学院等 13 个学院的学生工作相关负责同志、学生代表等共 21 人。

四、主持人

北京师范大学珠海分校教育学院党总支、心理健康教育与咨询中心负责人。

五、会议主要议程

第一，北京师范大学珠海分校教育学院党总支、心理健康教育与咨询中心负责人介绍参会人员。

第二，调研课题组负责人介绍座谈会背景和主要目的。

第三，学生处负责人介绍学校心理健康教育现状。

第四，座谈交流。

六、会议主要内容

（一）北京师范大学珠海分校心理健康教育基本情况

北京师范大学珠海分校于 2005 年成立了心理健康教育与咨询中心，按照"独立设置、学校直管、院校共建"的原则，委托教育学院对心理健康教育工作进行指导。目前学校共有 6 名心理健康教育专职教师，相比于 22000 余名在校学生，师生比达到 1：4000 的标准。目前该校已建立学校—学院—班级—宿舍四级网络机制，并已落实生均 10 元经费标准。学校对学生实行社区式管理，在各社区建立了社区工作站，作为心理健康教育的重要工作节点，配备了 16 名辅导员负责社区心理健康教育工作。广东省从 2014 年开始，开展大学生区域中心建设工作，成立了跨院校的心理健康教育联盟。该联盟共有 30 多位心理健康教育教师，他们经常在一起进行督导、学习，目前正在考虑怎样利用网络进一步增强各院校心理健康教育工作之间的联系。学校已开设 36 学时必修课，记 1 学分。课程以混成式方式开展，包括 32 课时的网上教学和 4 课时的线下学习。线下学习全部为小班教学，每班有 30~40 人，选择 2~3 个专题，以交流式、体验式形式进行心理健康教育。由于教务处不同意不考试就给学分，因此该课程目前还进行统一考试。

(二)关于心理健康教育的意见和建议

第一，要重视辅导员在心理健康教育中的重要作用。与会者认为，辅导员更多的工作是要进行心理危机干预，导致了辅导员的负担很重，因此对辅导员进行培训非常必要。辅导员应将思想政治教育工作、心理健康教育工作、个人成长规划等内容融入日常工作，增强学生对辅导员工作的认可。

第二，要重视学生朋辈群体的力量。可以通过建立"朋辈成长联盟"等方法，通过系统培训，增加学生朋辈群体对心理健康知识的了解。

第三，心理健康教育的主要内容应包括心理健康认知、压力疏导和人际关系等方面，以普及性教育和针对性教育相结合为原则，通过师资培训、文化营造和活动开展，达到普及心理健康知识、提高心理健康意识的目的。

第四，心理健康教育的途径应包括进行课程教学、开展心理健康普查、举行心理健康座谈会、开展心理健康教育专业活动等。

河南大学焦点访谈会议纪要

一、时　　间

2016 年 10 月 17 日 9：30~12：00。

二、地　　点

河南大学金明校区行政楼 455 学生处会议室。

三、与会人员

大学生心理健康教育调研课题组、河南大学学生处、心理健康教育与咨询中心、教育科学学院党委、心理健康教育专兼职教师、学生朋辈辅导员等共22人。

四、主持人

河南大学学生处负责人。

五、会议主要议程

第一，河南大学学生处负责人介绍参会人员。

第二，调研课题组负责人介绍座谈会背景和主要目的。

第三，心理健康教育与咨询中心负责人介绍心理健康教育工作基本情况。

第四，座谈交流。

六、会议主要内容

(一)河南大学心理健康教育工作现状

河南大学建立起较为完善的心理健康教育组织机构，在学校层面建立了心理健康教育与咨询中心，在学院层面建立了各学院心理健康工作领导小组和心理健康教育工作站，在学生层面设置了学生朋辈辅导员、学生心理委员和宿舍心理联系员，已实现对学生全覆盖。学校制定了心理健康教育工作规划和建设标准，并被评为河南省心理健康教育示范单位。学校已形成专兼职结合的心理健康教育师资队伍。学校已开设心理健康教育课程，共 36 课时，记 2 学分，有些学院已经实现全覆盖，有些学院可以选修，保证每年 4000 人能接受心理健康教育课程。学校重视心理辅导室建设，心理健康教育与咨询中心现占地室内面积为 1300m^2，室外面积为 600m^2；各心理健康教育工作站都建立了规章制度；拨款 50 万购买了放松仪 28 台，供各学院使用。学校以"5·25"大学生心理健康日和"10·10"精神卫生日为契机，每年开展两次大型活动。学校已落实生均 10 元的经费标准，并得到中央财政支持和地方建设经费的支持，用于建设心理素质拓展基地、购置仪器设备等。

（二）河南大学心理健康教育工作中存在的问题

第一，心理健康教育一线队伍仍然欠缺，对辅导员等教师培训的效果并不明显，许多教师虽然拿到了资格证书，但仍然做不好咨询。另外，辅导员的工作压力过大，每个辅导员需要管理 100 至 800 名学生。

第二，心理健康教育教师的职业发展存在障碍。尽管心理健康教育专职教师允许评职称，但工资待遇不按照职称发放，而是按照行政职务发放。由于心理健康教育与咨询中心只有 1 个科长职位，导致年轻的心理健康教育教师的工资待遇可能会长期得不到提高。也正因为这一点，毕业的博士生往往不愿意到心理健康教育与咨询中心工作。

第三，在转介问题上，河南省第五人民医院对精神疾病与心理问题的诊断只提供检验结果，不提供明确鉴定意见。这就导致学校对学生的处理存在困难，很难获得家长的支持与配合。

第四，关于学生选修心理健康教育课的动机，大体可以分为以下三种。一部分学生是为了获得自我提高；一部分学生是为了获得学分；还有一部分学生是因为不知道选什么课，觉得心理健康教育课很"高大上"。

（三）对心理健康教育工作的意见和建议

第一，心理健康教育的任务应包含，让学生认识到心理健康的重要性；让学生掌握心理健康的标准；让学生掌握心理健康的自我调适方法。

第二，心理健康教育除了要重视生活层面和心理层面的教育外，还应重视观念层面的教育。具有利他精神的学生有更高的心理健康水平，而自我中心倾向严重的学生心理健康水平往往较低。因此，加强三观教育可能是心理健康教育的治本之策。

第三，心理健康教育的内容应包含正确认识自我、培养乐观积极的心态和培养学生的抗挫折能力等内容，促进学生自我与人格的发展，提高人际交往能力与社会适应能力。通过开展专题活动、翻转课堂和表演心理情景剧等形式，增强心理健康教育的实效性，激发个体对心理健康的关注度。与此同时，还要注重课程与活动的质量。

第四，心理健康教育是一个系统问题，不单单是学校的事情。要提高全社会心理健康教育的覆盖面，在社会上加大对《高等学校学生心理健康教育指导纲要》的宣传力度，提高领导和社会对心理健康教育的重视程度，这将有利于相关部门开展工作。很多心理问题源于家庭，应加强学校与家庭之间的联系。要转变有心理问题的学生和心理健康教育工作者的观念，使他们正确认识心理问题。

第五，应重视学生自助群体在心理健康教育中的重要作用，充分发挥朋辈辅导员的监督、互助功能，解决学生不愿主动求助的问题。

第六，希望《高等学校学生心理健康教育指导纲要》对心理健康教育工作经费能做出明确、刚性的规定，促使相关单位落实经费。努力提高心理健康教育教师的工资待遇，降低科研在业务考核中的比重，把案例数量和课时数量作为评价心理健康教育教师工作的重要依据。建议让心理健康教育教师自主选择按行政系列或技术系列领取工资。

杭州师范大学焦点访谈会议纪要

一、时　间

2016 年 11 月 10 日 13：30～16：00。

二、地　点

杭州师范大学学生处会议室。

三、与会人员

大学生心理健康教育调研课题组、杭州师范大学学生处、大学生心理健康教育与咨询中心教师、各学院党委副书记、辅导员、学生代表共 14 人。

四、主持人

杭州师范大学学生处负责人。

五、会议主要议程

第一，杭州师范大学学生处负责人介绍参会人员。

第二，调研课题组负责人介绍座谈会背景和主要目的。

第三，座谈交流。

六、会议主要内容

杭州师范大学设有大学生心理健康教育与咨询中心，心理健康教育活动场所面积达到 3000 平方米，每年为大学生提供心理健康服务 1400 人次。学校配有心理健康教育专职教师，按照辅导员序列对专职教师工作量进行计算。学校开设了 16 课时心理健康教育课程。

与会人员围绕心理健康教育工作提出了以下意见和建议。

第一，建议《高等学校学生心理健康教育指导纲要》对心理健康教育相关标准提出明确要求，如明确人、财、物的基本配备标准，明确学校心理健康教育的职责。

第二，心理健康教育专职教师职称评定和薪酬制度不明确，建议心理健康教育教师的职称单列，提高心理咨询师的地位。

第三，建议对心理咨询师的职业要求予以明确规定，提高心理咨询师专业化水平。

第四，每年用于心理健康教育的专项经费不得低于人均 10 元的标准，保障各项活动的顺利进行。

第五，重视心理健康教育课程建设，课程可记 2 学分。要将理论与实践相结合，既要对内容有明确规定，又要采取丰富多样的教育形式，如进行团辅、举办专题讲座等，在活动中增加学生的体验。课程的开设能使学生的心理健康观念有所转变。

第六，心理健康教育专职教师数量较少，应对师资配备予以明确规定。

第七，应在政策层面对危机管理与转介机制予以明确。加强医院与学校之间的联结，医院应对学生是否有精神疾病和心理问题提供明确证明。

第八，学校应提高对心理健康教育工作的重视程度，为工作开展提供条件保障。

第九，心理健康教育工作既要重视面上教育，又要加强对点上个案的重视。

第十，应开设课程，对辅导员从事心理健康教育工作的技能进行培训。

第十一，应将生涯规划与心理健康教育结合起来。

第十二，心理健康教育的目标应是使心理健康的学生更健康，使心理不健康的学生变健康。

第十三，应提高家长对心理健康教育工作的配合度。

第十四，大学生主动接受心理咨询的一个普遍原因是人际关系问题，宿舍里发生的很多事情给学生心理造成了困扰。

第十五，应重视朋辈互助和心理委员在心理健康教育工作中的作用。

第十六，心理健康量表的可适用性存在问题，应开发有更高效度的心理健康筛查量表。

第十七，学生参与心理健康教育活动的积极性不够，心理健康意识较弱，应提供符合学生需求的心理健康教育。

贵州师范大学焦点访谈会议纪要

一、时　间

2016 年 11 月 18 日 10：30~12：30。

二、地　点

贵州师范大学田家炳教学楼三楼会议室。

三、与会人员

大学生心理健康教育调研课题组、贵州师范大学学工部、教育科学学院心理健康教育与咨询中心教师、各学院党委书记、副书记、辅导员、学生代表共21 人。

四、主持人

贵州师范大学学工部负责人。

五、会议主要议程

第一，贵州师范大学学工部负责人介绍参会人员。

第二，调研课题组负责人介绍座谈会背景和主要目的。

第三，座谈交流。

六、会议主要内容

针对当前大学生心理健康教育工作中的问题，与会者提出了如下意见和建议。

第一，心理健康教育工作应是思政工作的一部分，但在工作开展的过程中，工作人员应讲究方式方法，用活动的形式代替灌输，努力创设心理健康教育的良性环境氛围。

第二，辅导员身兼数职，工作压力很大，如果辅导员出现心理问题，将对学生的成长产生巨大影响。因此，应关注辅导员队伍的心理健康状况，重视对心理健康教育教师的督导，排解他们的负性情绪。

第三，教育部应加强对辅导员队伍在心理健康教育方面的培训，编制指导心理健康教育教师实操手册。一是对培训时长进行规定，建议每学期至少 1 周；二是培训的内容应在理论基础上更多地注重实际操作；三是培训应向西部地区倾斜。

第四，要强调心理健康教育的全员意识。一要充分发挥思政干部在心理健康教育中的作用；二要使专业教师加入心理健康教育工作中。

第五，在心理健康教育课程上，应建立学科建设与应用机制；与此同时，要注意充分利用网络在心理健康教育课程中的作用；还应对心理健康教育教材进行规范化。

第六，学生心理问题很多源于家庭教育的问题，家长如果过于强势，就容易造成学生出现抑郁症等状况，因此，需要提高家庭在心理健康教育中的作用。

第七，建议《高等学校学生心理健康教育指导纲要》对心理健康教育的场地、经费、教师工作量、教师资质予以明确规定，以保障相关工作的落实。

第八，各校的心理健康教育专职机构具有"新生筛查—分析研判—指导实践"的职责，工作人员要通过开展课程教学和实践活动，推进大学生心理健康教育工作。

第九，重视对心理问题的排查与干预，努力提前悉知学生的心理变化，确定重点监测对象，并进行针对性预防与干预。

第十，心理健康教育应注意教育方式，通过校园文化活动、表演心理情景剧、团体辅导等形式，保障大学生主体地位。

第十一，同学之间的交流有助于提高学生心理健康水平，应重视朋辈互助在心理健康教育中的作用。

武汉商贸职业学院焦点访谈会议纪要

一、时　间

2016 年 11 月 7 日 9：00~11：30。

二、地　点

武汉商贸职业学院图书馆 201 会议室。

三、与会人员

大学生心理健康教育调研课题组、武汉商贸职业学院领导、教育教学委员会领导、学工部领导、团委、心理健康教育中心专职教师、各学院党总支副书记、辅导员、学生代表共 24 人。

四、主持人

武汉商贸职业学院教育教学委员会领导。

五、会议主要议程

第一，武汉商贸职业学院教育教学委员会领导介绍参会人员。

第二，武汉商贸职业学院领导讲话，介绍学校基本情况。

第三，调研课题组负责人介绍座谈会背景和主要目的。

第四，座谈交流。

六、会议主要内容

与会者在座谈交流中讲述了学校心理健康教育工作中遇到的问题，并提出了意见与建议。

第一，武汉商贸职业学院是一所民办院校，与公办院校相比，民办院校在资源配置上存在差距。由于师资力量欠缺，日常管理工作占据了教师大量时间，因而教师开展心理健康教育工作非常有限。政府应从师资和资金两个方面增加对高职心理健康教育的投入。

第二，高职生与本科生相比存在着不同类型的心理问题，由于高职生在初、高中时学习成绩较差，经常被老师忽视，存在着一定程度的受挫心理、自卑心理。因此高职院校的心理健康教育工作应结合高职生心理特点因材施教，在课程设置、教材教案上体现高职特点。

第三，学校学生心理健康状况不容乐观，今年的新生心理普查表明，有10%的学生可能存在心理问题，有3.3%的学生有过自杀意念，高于全国大学生常模。这导致心理健康教育教师工作压力很大，学校目前只有 2 名专职教师，应进一步增加师资配置。

第四，学生对于心理健康教育表现出一定抵触情绪，不愿意接受心理健康教育，认为自己没有问题，对老师不信任，认为"老师在找他的麻烦"。一方面，表明学生并没有形成正确的心理健康意识；另一方面，表明学校没有提供与学生心理需要相匹配的心理健康教育。

第五，学校的心理健康教育工作有时得不到家庭和社会的认可和配合。一方面，要从社会层面呼吁家长关注学生心理健康状况；另一方面，应由相关部门建立专门协调机构，以做好转介学生的社会承接工作。

第六，学校对存在生活困难、学习困难和生理困难的学生给予了很多关注，对前两者，学校通过努力可以实现对他们的帮助，但对于生理困难学生的帮助，学校往往力所不能及。这些学生的性格往往偏激、内向，对毕业之后怎么办心存困惑。国家应加大对生理困难学生的帮扶力度，在就业上予以照顾，减弱他们的焦虑感。

第七，教师是高校心理健康教育的关键，既要提高教师对心理健康教育的重视程度，也要加强对一线教师心理健康知识的普及，还应提高教师心理健康水平，解决教师自身存在的心理问题。

第八，心理健康教育工作应重视同学之间的互助，充分发挥朋辈群体在心理健康教育中的作用。

第九，网络环境对学生的心理健康会产生影响，一方面，要遏制网络游戏、网络直播对学生心理带来负面影响；另一方面，要创造有利于学生心理健康的网络环境，如搭建心理健康教育网络平台，开展权威的网络心理咨询活动等。

第十，学校教师对于心理健康教育的具体操作流程存在困惑。例如，发现学生存在心理问题应该怎样去做？只在新生入学时进行一次心理筛查够不够？怎样对学生的心理问题进行认定？对学生进行危机干预、转介的法律依据是什么？这些问题都需要对教师进行常态性培训才能解决。

第十一，大学的生活环境与高中完全不同。一方面，学校应注重持续教育，做好中小学与大学心理健康教育的衔接工作；另一方面，学校应注重阶段教育，根据各学习阶段学生心理特点进行有区别的心理健康教育。仅从大学三年来看，学生普遍的心理特点也不相同。大一学生面临适应问题，大二学生更易感到迷茫，大三学生面临毕业，会更为浮躁。因此，可以适当增加课程，以满足不同年级学生的心理健康教育需要。

第十二，高校心理健康教育要教给学生自愈能力，教会学生如何进行自我调节；要告诉学生遇到心理问题时应该怎么办，使学生拥有求助意识；要增强学生心理"抵抗力"，使心理健康教育真正成为学生"强身健体的一剂良药"，从而"少受负能量的侵袭，提高生活质量"。

附录 2

——

作者心理健康教育著作一览(2000 年至今)

1. 心理自测文库(10 册), 俞国良(戈骆)主编, 台北:台湾国际少年村出版社, 2000。

2. 小学心理健康教育教师指导手册(上、下册), 俞国良、陈虹主编, 北京:开明出版社, 2001。

3. 中学心理健康教育教师指导手册(上、下册), 俞国良、陈虹主编, 北京:开明出版社, 2001。

4. 课外心理(6 册), 林崇德、俞国良主编, 沈阳:辽宁人民出版社, 2001。

5. 心理健康教育(24 册), 俞国良主编, 北京:中国和平出版社, 2002。

6. 心理健康教育教程(上、下册), 俞国良副主编, 北京:人民教育出版社, 2004。

7. 心理健康教育(学生用书、教师用书), 俞国良主编, 北京:高等教育出版社, 2005。

8. 现代心理健康教育, 俞国良主编, 北京:人民教育出版社, 2007。

9. 心理健康教育读本(24 册), 俞国良主编, 北京:北京师范大学出版社, 2008。

10. 现代教师心理健康教育, 俞国良、宋振韶著, 北京:教育科学出版社, 2008。

11. 心理健康(中职国家规划教材), 俞国良主编, 北京:高等教育出版社, 2009。

12. 心理健康教学参考书，俞国良、李媛主编，北京：高等教育出版社，2009。

13. 心理健康自测与指导，俞国良主编，北京：高等教育出版社，2009。

14. 心理健康教育案例集，俞国良、文书锋主编，北京：高等教育出版社，2009。

15. 生涯自测与指导，俞国良主编，北京：高等教育出版社，2009。

16. 大学生心理健康通识，文书锋、胡邓、俞国良主编，北京：中国人民大学出版社，2010。

17. 心理健康经典导读（上、下册），俞国良、雷雳主编，北京：开明出版社，2012。

18. 健康与幸福（12 册），俞国良、雷雳总主持，杭州：浙江教育出版社，2014。

19.《中小学心理健康教育指导纲要（2012 年修订）》解读，林崇德、俞国良主编，北京：北京师范大学出版社，2013。

20. 心理健康（24 册，国家纲要课程教材），俞国良主编，北京：北京师范大学出版社，2013。

21. 健康与幸福（高中上、中、下册），俞国良、雷雳等译校，杭州：浙江教育出版社，2013。

22. 心理学大师心理健康经典论著通识丛书（17 册），俞国良主编，杭州：浙江教育出版社，2013。

23. 心理健康（中职国家规划教材，修订版），俞国良主编，北京：高等教育出版社，2013。

24. 心理健康自测与指导（修订版），俞国良主编，北京：高等教育出版社，2013。

25. 大学生心理健康通识（第 2 版），文书锋、胡邓、俞国良主编，北京：中国人民大学出版社，2013。

26. 心理健康教学参考书（修订版），俞国良、李媛主编，北京：高等教育出版社，2013。

27. 心理健康教育（24 册），俞国良主编，合肥：安徽大学出版社，2013。

28. 心理健康教学设计选，俞国良主编，北京：高等教育出版社，2014。

29. 成长不困惑，俞国良等译校，北京：中国人民大学出版社，2014。

30. 心理健康教育（十二五高职教材），俞国良主编，北京：人民教育出版社，2014。

31. 中等职业学校心理健康教育培训教程，俞国良主编，北京：高等教育出版社，2016。

32. 心理健康教育教学参考（小学），俞国良主编，北京：北京师范大学出版社，2017。

33. 心理健康教育教学参考（初中），俞国良主编，北京：北京师范大学出版社，2017。

34. 心理健康教育教学参考（高中），俞国良主编，北京：北京师范大学出版社，2017。

35. 20 世纪最具影响的心理健康大师，俞国良著，北京：商务印书馆，2017。

36. 社会转型：心理健康教育报告，俞国良著，北京：北京师范大学出版社，2017。

37. 心理健康（中职国家规划教材，第三版），俞国良主编，北京：高等教育出版社，2018。

38. 心理健康教学参考书（第三版），俞国良、李媛主编，北京：高等教育出版社，2018。

39. 心理健康自测与指导（第三版），俞国良主编，北京：高等教育出版社，2018。

40. 大学生心理健康，俞国良主编，北京：北京师范大学出版社，2018。

41. 心理健康大师：认知与评价，俞国良著，北京：开明出版社，2019。

42. 中小学心理健康教育书系（14 册），俞国良主编，北京：开明出版社，2019。

43. 中小学校心理健康教育研究，俞国良著，北京：北京师范大学出版社，2019。

44. 心理健康教育理论政策研究，俞国良著，北京：北京师范大学出版社，2019。

45. 心理健康（中职国家规划教材，第四版），俞国良主编，北京：高等教育出版社，2019。

46. 心理健康经典导读，俞国良、雷雳等著，北京：北京师范大学出版社，2019。

图书在版编目(CIP)数据

高等学校心理健康教育研究／俞国良著. —北京：北京师范大学出版社，2020.7(2021.8重印)
 ISBN 978-7-303-24147-7

Ⅰ. ①高… Ⅱ. ①俞… Ⅲ. ①心理健康-健康教育-教学研究-高等学校 Ⅳ. ①G444

中国版本图书馆 CIP 数据核字（2018）第 201139 号

营 销 中 心 电 话　010-58807651
北 师 大 出 版 社 高 等 教 育 分 社 微 信 公 众 号　新外大街拾玖号

GAODENG XUEXIAO XINLI JIANKANG JIAOYU YANJIU
出版发行：北京师范大学出版社　www.bnup.com
　　　　　北京市西城区新街口外大街 12-3 号
　　　　　邮政编码：100088
印　　刷：北京盛通印刷股份有限公司
经　　销：全国新华书店
开　　本：710 mm×1000 mm　1/16
印　　张：22.5
字　　数：330 千字
版　　次：2020 年 7 月第 1 版
印　　次：2021 年 8 月第 2 次印刷
定　　价：88.00 元

策划编辑：周雪梅　　　　　　责任编辑：董洪伟　朱冉冉
美术编辑：李向昕　　　　　　装帧设计：邓　聪
责任校对：康　悦　　　　　　责任印制：马　洁